# 도쿠가와 이에야스

일본사傳 ④

# 도쿠가와 德川家康
# 이에야스

절망을 딛고
대망을 이루다

구태훈

HUMANMAKER

# 차례

| | |
|---|---|
| 책을 내면서 | 9 |
| **제1부** | **19** |
| CHAPTER1. 이에야스의 선조 | 21 |
| CHAPTER2. 인질 시절 | 32 |
| CHAPTER3. 이에야스와 오다 노부나가 | 44 |
|    1) 이에야스·노부나가 동맹 | 44 |
|    2) 미카와 평정 | 49 |
|    3) 지배조직 정비·改姓 | 55 |
|    4) 영지 확장 | 61 |
| CHAPTER4. 이에야스와 다케다 가문 | 71 |
| CHAPTER5. 5개 구니国를 점유한 다이묘 | 87 |

## CHAPTER6. 이에야스와 도요토미 히데요시　　　**98**

1) 고마키·나가쿠테 전투　　　98

2) 히데요시의 신하　　　105

3) 오다와라·오슈 출진　　　112

4) 조선 침략　　　121

5) 도요토미 정권의 실권자　　　130

## CHAPTER7. 세키가하라 전투　　　**146**

1) 동군과 서군　　　146

2) 전후 처리　　　163

3) 이에야스의 직할령　　　173

## CHAPTER8. 에도 막부 개설　　　**182**

## CHAPTER9. 오고쇼 이에야스　　　**201**

1) 양두정치 체제　　　201

2) 통제정책　　　213

　(1) 천황·조정　　　213

　(2) 사원·신사　　　219

　(3) 크리스트교　　　224

　(4) 다이묘　　　230

## CHAPTER10. 도요토미 가문 멸망　　　**234**

1) 이에야스와 히데요리　　　234

2) 오사카 겨울 전투　　　240

3) 오사카 여름 전투　　　　　　　　　　　　251
CHAPTER11. **임종과 장의**　　　　　　　　　　　**270**


# 제2부　　　　　　　　　　　　　　　　　**281**


CHAPTER1. **처첩과 자녀**　　　　　　　　　　　**283**

CHAPTER2. **가신과 군단**　　　　　　　　　　　**296**

CHAPTER3. **인물과 사상**　　　　　　　　　　　**314**

CHAPTER4. **민정과 징세**　　　　　　　　　　　**330**

CHAPTER5. **에도와 에도성**　　　　　　　　　　**344**

CHAPTER6. **대외관계**　　　　　　　　　　　　**360**

　　1) 조선　　　　　　　　　　　　　　　　360
　　2) 유구　　　　　　　　　　　　　　　　372
　　3) 중국　　　　　　　　　　　　　　　　376
　　4) 서양　　　　　　　　　　　　　　　　378


**참고문헌**　　　　　　　　　　　　　　　　**395**
**색인**　　　　　　　　　　　　　　　　　　**398**

## 책을 내면서

　도쿠가와 이에야스德川家康는 절망을 딛고 야망을 이룬 전국시대 최후의 영웅이었다. 이에야스는 갓난아이 때 모친과 생이별했고, 여섯 살 때부터 오다·이마가와 가문으로 끌려가 13년 동안 인질로 생활했다. 열아홉 살이 되어서야 고향으로 돌아왔지만, 세력이 약한 이에야스가 선조 대대로 지배하던 미카와三河 지역을 다스리려면 오다 노부나가와 동맹을 맺을 수밖에 없었다. 동맹이라고 하지만, 노부나가와 이에야스는 상하관계였다. 이에야스는 노부나가의 명령에 따랐다.

　1582년 6월 오다 노부나가가 교토의 혼노지本能寺에서 비참한 최후를 맞이하고 도요토미 히데요시가 새로운 실력자로 부상했다. 히데요시는 오다 노부나가의 후계자 지위를 쟁취한 후 천황의 권위를 배경으로 다이묘들을 위압했다. 이에야스는 한동안 히데요시와 대립했지만 결국 히데요시를 섬기게 되었다. 이에야스는 히데요시의 명령에 따라 전쟁터를 전전했다. 임진·정유 왜란 때는 교토와 규슈의 나고야성에 머물면서 히데요시를 보좌했다.

1598년 8월 도요토미 히데요시가 사망하면서 이에야스가 권력을 장악했다. 하지만 이에야스의 권력은 어디까지나 도요토미 정권의 수상이라는 지위에서 나오는 것이었다. 치밀하고 노회한 이에야스는 히데요시가 정한 법도를 무력화하고, 히데요시에게 충성하는 다이묘들을 이간하고, 실력이 있는 다이묘들과 동맹을 맺으면서 세력을 키웠다. 그러자 히데요시의 충직한 부하 이시다 미쓰나리石田三成가 이에야스의 야망을 저지하기 위해 군사를 일으켰다. 1600년 9월 세키가하라關ヶ原 전투가 벌어졌다. 이시다 미쓰나리 편을 서군, 도쿠가와 이에야스 편을 동군이라고 했다.

이에야스가 세키가하라 전투에서 대승했다. 이에야스는 전투 후 논공행상으로 서군의 다이묘 90여 가문의 영지를 몰수하거나 감봉하면서 도요토미 가문의 권력구조를 무너뜨렸다. 권력이 도요토미 가문에서 도쿠가와 가문으로 이동했다. 1603년 2월 이에야스가 정이대장군 즉, 쇼군将軍에 취임하면서 에도江戶에 막부를 열었다. 1605년 4월 이에야스는 쇼군의 지위를 아들에게 물려주었다. 이에야스는 슨푸성으로 물러나 실권을 행사하면서 에도 막부의 지배체제가 영속할 수 있는 기반을 구축한 후 1616년 4월 17일 사망했다.

일본의 전국시대는 전쟁의 시대였다. 오다 노부나가·도요토미 히데요시·도쿠가와 이에야스 시대를 거치면서 비로소 평화가 도래했다. 서민들이 마음 놓고 생업에 종사할 수 있는 세상이 되었다. 노부나가·히데요시·이에야스 세 사람은 각자 일본 역사 발전에 중요한 역할을 했다. 일본인들은 세 사람의 역사적 역할을 다음과 같이 풍자했다. "노부나가가 방아를 찧고 히데요시가 반죽한 떡을 이에야스가 앉은 채로 먹었다." 노부나가가 중세적 질서를 철저하게 파괴하고, 히데요시가 새 시대의 기초를 다지고, 이에야스가 그 터전 위에 근세적 봉건 질서를 재편한 과정을 명쾌하게 설명했다.

요즈음 일본의 NHK에서 도쿠가와 이에야스의 일대기를 다룬 대하드라마 『どうする徳川家康』가 방영되고 있다. 'どうする'는 '어떡해' '어떡하나'라는 뜻인데, 색다른 타이틀에 이미 장중한 이미지와 다른 관점에서 도쿠가와 이에야스의 삶을 조명하고 싶다는 시나리오 작가

의 의지가 반영되어 있다고 할 수 있다. 올해 1월 8일부터 시작된 드라마는 연말까지 방영될 예정이다. 각본은 만화가로 활동한 경력이 있는 고사와 료타古沢良太가 썼다. 이에야스역은 아이돌 그룹 출신 배우 마쓰모토 쥰松本潤이 맡았고, 노부나가 역은 가수 출신 배우 오카다 준이치岡田准一가 맡았다.

도쿠가와 이에야스의 생애를 다룬 NHK의 대하드라마는 이미 1983년에 방영된 적이 있었다. 1983년 1월 9일부터 12월 18일까지 1년간 방송된 드라마는 야마오카 소하치山岡荘八의 소설『德川家康』를 원작으로 했다. 주연은 연극배우 출신 다키타 사카에滝田栄가 맡았다. 가장 강렬한 조연 오다 노부나가로 분장한 것은 야쿠쇼 고지役所広司였다. 그때까지 이름이 알려지지 않았던 야쿠쇼 고지는 오다 노부나가 역할을 맡으면서 일약 스타의 반열에 올랐고, 1984년에 방영된 NHK대하드라마『미야모토 무사시宮本武蔵』의 주연으로 발탁되었다.

야마오카 소하치가 집필한 역사소설『德川家康』는 1950년 3월부터 1967년 4월까지 홋카이도신문北海道新聞, 도쿄신문東京新聞, 주니치신문中日新聞, 니시닛폰신문西日本新聞 등 일본 각지의 신문에 연재되었고, 1953년에 고단샤講談社에서 단행본 제1권을 간행한 이래 1967년까지 모두 26권이 잇따라 출간되었다. 야마오카의 『德川家康』는 1964년에 텔레비전 방송에서 드라마로 방영되고, 1965년에 영화로 제작되면서 일본인이 오랫동안 품고 있던 도쿠가와 이에야스에 대한 부정적인 생각을 변하게 했다.

예부터 도쿠가와 이에야스는 곧잘 도요토미 히데요시와 비교되었다. 일본인은 도요토미 히데요시가 밝고 활달한 성격의 인물이라고 여겼다. 일본인은 히데요시의 바로 그런 점을 좋아했다. 이에 비하여 이에야스는 매우 음험하고 교활한 인물로 알려졌다. 이에야스에게는 음흉한 너구리라는 별명이 따라다녔다. 밝고 활달한 성격의 히데요시와 음험하고 교활한 이에야스가 극명하게 대비되었다. 히데요시는 이에야스와 비교되면서 더욱 인기를 얻었고, 이에야스는 히데요시가 있어서 국민적 인기를 누릴 수 없었다.

야마오카 소하치는 매우 보수적인 인물이었다. 태평양전쟁이 발발하자, 1942년부터 종군작가로 전쟁터를 누비며 천황과 그의 군대를 찬양하는 글을 썼다. 1945년 9월 일본을 점령한 연합군 최고사령관 맥아더가 야마오카 소하치를 공직에서 추방했다. 그러나 야마오카는 1950년 한국전쟁이 일어나면서 슬그머니 복권되었다. 그 후 야마오카

는 극우파 정치인·문화인·종교인과 어울렸다. 1974년에는 '일본을 지키는 모임日本を守る会'을 결성하고, 1976년에는 천황 재위 50년 봉축실행위원장을 맡기도 했다. '일본을 지키는 모임'은 1997년에 결성된 '일본회의'의 전신이었다.

'일본회의'는 극우파 인사들의 모임이었다. '일본회의' 인사들이 사실상 오늘날 일본을 움직이고 있다고 할 수 있다. 그들은 전쟁할 수 있는 국가를 만들기 위하여 헌법을 개정하고, 일본군을 창설하고, '자학적'이고 '반국가적'인 교과서의 내용을 바꾸고, 외국인 특히 재일조선인의 정치참여를 반대하고 있다. 또한 국회의원과 총리대신이 야스쿠니 신사에 직접 참배하라고 압박하고 있다. 그들의 역사인식은 다음과 같은 주장에 오롯이 담겨있다. "태평양전쟁은 동아시아를 해방하기 위한 전쟁이었다. 일본 정부의 사죄 외교는 일본의 역사나 전몰자를 모독하는 것이다." "종군위안부는 강제연행이 아니고 공창제도였다." "남경대학살은 없었다."

필자는 소설『德川家康』나 그것을 원작으로 하는 NHK의 대하드라마 속에 야마오카 소하치의 사상이 물처럼 스며있다고 생각하고 있다. 그는 소설에서 '어떠한 경우라도 사려 깊고 신중하게 처신했던 이에야스' '한번 맺은 인연을 소중히 하고 끝까지 의리를 지켰던 이에야스' '부하들을 인간적으로 대하여 스스로 복종하게 했던 이에야스' '전쟁이 없는 세상을 만들기 위해 고심했던 이에야스' '오사카의 전투를 회피하여 도요토미 히데요리의 목숨을 구하고 싶었던 이에야스' '천황 가문을 존숭하는 마음이 남달랐던 이에야스' '다른 나라가 일본의 영토를 한발이라도 침범하면 일본인이 일치단결하여 물리쳐야 한다고 생각했던 이에야스'를 그려내기 위해 노력했다.

야마오카 소하치가 그려낸 도쿠가와 이에야스의 이미지는 일본사 연구 성과와 동떨어진 부분이 적지 않다. 하지만 소설『德川家康』를 읽은 일본인 중에 그동안 갖고 있었던 '너구리와 같이 음험한 이에야스'에 대한 편견을 버리는 사람이 많았다. 소설의 힘은 상상 이상이었다. 그 무렵 여러 대기업 회장, 프로레슬러 자이언트 바바, 프로야구선수 오치아이 히로미쓰落合博満, 만화가 요코야마 미쓰테루橫山光輝 등 저명인사들이 소설『德川家康』를 읽고 감명했다고 밝히면서 도쿠가와 이에야스의 인기가 더욱 높아졌다.

1982년부터 고단샤가 야마오카 소하치의『德川家康』를 만화로 제작하면서 도쿠가와 이에야스의 인기가 청소년층으로 확산했다. 도쿠가와 이에야스의 인기를 확인한 NHK가 기민하게 움직였다. 오사나이 미에코小山内美江子에게 각본을 의뢰하고, 오하라 마코토大原誠에게 연출을 맡겼다. 당시 NHK는 '1984년부터 대하드라마는 근대노선으로 이행한다.'라는 방침을 세우고 있었다. NHK는 시대극 최후의 작품으로 전국시대 최후의 영웅 도쿠가와 이에야스를 주인공으로 하는 대하드라마를 제작했다. 결과는 대성공이었다. 1983년 1월 방영이 시작되자마자 시청률이 치솟았다. 대하드라마『德川家康』는 1년 내내 30퍼센트 이상의 시청률을 기록했다. 최고시청률은 37.4퍼센트였다.

야마오카 소하치의『德川家康』는 한국에서도 많이 읽힌 소설이었다. 1975년 4월부터 동서문화사가 번역하여 간행했다.『大望』이라는 제목을 붙인 이 책은 모두 36권으로 구성된 대작이었다.『大望』은 100만 질 이상 팔린 베스트셀러가 되었다. 1999년에는 솔 출판사가 일본의 고단샤와 정식 계약을 맺고『도쿠가와 이에야스』를 간행했다.『德川家康』는 2007년 가을에 중국에서도 간행되었다. 지금까지 200만 질 이상 팔린 것으로 알려졌다.

필자는 이미『전국시대 다이묘들』,『오다 노부나가』,『도요토미 히데요시』등을 출간했다.『오다 노부나가』에 '중세적 권위를 차갑게 베다', 『도요토미 히데요시』에 '난세를 잠재우고 치세를 열다'라는 부제를 달았다. 그리고 이번에 도쿠가와 이에야스의 생애와 업적을 실증적으로 조명한 『도쿠가와 이에야스』를 집필하게 되었다. '절망을 딛고 대망을 이루다'라는 부제를 달았다. 이번에 필자가 『도쿠가와 이에야스』를 출간하면서 전국시대를 온몸으로 돌파하며 새 시대를 연 노부나가·히데요시·이에야스의 일대기가 완결되는 셈이다.

필자는 일본의 전국시대에서 도쿠가와 시대로 전환하는 과정을 좀 더 깊이 공부하고 싶은 독자들을 염두에 두고 이 책을 썼다. 생소한 인명과 지명이 독서에 적지 않은 걸림돌이 되겠지만, 이 책을 정독한다면 일본근세사(도쿠가와 시대사) 공부에 도움이 될 것이다. 그리고 필자는 그동안 야마오카 소하치의 『德川家康』를 직접 읽었거나 한국에서 번역된 책을 읽은 독자에게도 이 책을 권하고 싶다. 소설 속의 이야기와 이 책의 내용을 비교하면서 어느 부분이 허구이고 어느 부분이 실상인지 분별하고, 또 야마오카 소하치의 '애국심'이 어떤 장면에서 어떻게 표현되었는지 살펴볼 필요가 있다. 그 과정은 국가주의가 가질 수 있는 맹목성에 대하여 생각해 보는 시간이기도 할 것이다.

2023년 가을

구 태 훈

# 제1부

미카타가하라 전투 직후의 도쿠가와 이에야스
「德川家康像」, 德川美術館 소장

# CHAPTER1. 이에야스의 선조

도쿠가와 이에야스德川家康(1542~1616)는 미카와三河(아이치현 동부) 마쓰다이라松平 가문의 혈통을 이은 인물이었다. 이에야스가 도쿠가와씨를 칭하기 시작한 것은 1569년 봄이었다. 마쓰다이라씨 일족이 모두 도쿠가와씨로 성을 바꾼 것이 아니었다. 당시 조정은 마쓰다이라 가문에서 이에야스 한 사람만 도쿠가와씨를 칭할 수 있도록 허가했다. 이에야스의 친족과 일족은 예전과 같이 마쓰다이라씨를 칭했다.

마쓰다이라씨는 무로마치室町 시대 중엽에 미카와의 가모군加茂郡 마쓰다이라 마을(아이치현 도요타시 마쓰다이라초)에서 일어난 호족 가문이었다. 미카와 마쓰다이라씨 시조는 마쓰다이라 지카우지松平親氏였고, 그 뒤를 이어 2대 야스치카泰親, 3대 노부미쓰信光, 4대 지카타다親忠가 당주의 지위를 계승했다. 지카타다의 장남 지카나가親長가 종가의 지위를 계승했으나 몰락했고, 지카타다의 셋째 아들 나가치카長親가 5대 당주의 지위를 쟁취했다. 그가 이에야스의 고조부였다. 그 뒤를 이어 6대 노부타다信忠, 7대 기요야스淸康, 8대 히로타다広忠, 9대 이에야스가 당주의 지위를 계승했다.

시조 마쓰다이라 지카우지는 전국 각지를 떠돌던 정토교 계통의 승려였는데, 그가 가모군 사카이坂井 마을(아이치현 니시오시 기라초)에 들어와 그곳 농민의 딸과 혼인하면서 환속했다는 이야기가 전해진다. 그런데 얼마 지나지 않아 지카우지가 처음 혼인한 여인과 사별하고, 가모군 마쓰다이라 마을의 토호 마쓰다이라 노부시게松平信重의 양자로 들어가서 마쓰다이라 가문의 대를 이었다. 그 후 지카우지는 마쓰다이라 마을 일대를 다스리는 호족으로 성장했다. 그러나 이러한 이야기는 훗날 도쿠가와 이에야스가 에도 막부江戶幕府를 개설한 후의 기록이다. 사실로 확정하려면 더 많은 자료가 필요할 것이다.

2대 마쓰다이라 야스치카의 생몰 연도나 행적 또한 분명하지 않다. 지카우지와 야스치카는 부자라는 설도 있고 형제라는 설도 있다. 『오카자키시사岡崎市史』에 따르면 야스치카는 지카우지의 동생이었고, 형 지카우지의 아들 노부미쓰를 양육했다고 기록되어 있다. 하지만 18세기 말에 에도 막부가 편찬한 『간세이초슈쇼카후寬政重修諸家譜』에는 야스치카가 지카우지의 아들이라고 기록되어 있다. 야스치카는 산간 지대에서 미카와의 중부 평야 지대로 진출했다. 가모군에 인접한 누카타군額田郡(아이치현 오카자키시)의 이와즈성岩津城과 오카자키성岡崎城을 손에 넣었다.

마쓰다이라씨 선조 중에서 비교적 행적이 분명한 인물은 3대 당주 마쓰다이라 노부미쓰였다. 그는 이와즈성을 본거지로 삼고 헤키카이군碧海郡(아이치현의 헤키난시·가리야시·안조시·지류시·다카하마시를 아우르는 지역)으로 세력 범위를 넓혔다. 노부미쓰는 먼저 안조安城(아이치현 안조시)로 진출하여 야하기가와矢作川의 서쪽에 펼쳐진 평야를 차지하기 위한 교두보를 확보했다. 그는 처첩을 여러 명 거느리며 48명의 자식을 두었고, 여러 아들에게 미카와 각지의 토지를 나누어 주었다. 이 무렵에 마쓰다이라씨가 분파되어 호이군宝飯郡(아이치현 도요하시시·도요카와시·가마고오리시를 아우르는 지역)에 다케노야竹谷·가타하라形原·나가사

1. 이에야스의 선조 23

와長沢・고이五井, 누카타군에 오구사大草・노미能見・후코우즈深溝 등 일곱 가문이 창립되었다. 이들은 모두 마쓰다이라 노부미쓰의 아들이었다. 일본 중세는 정략결혼이 당연시되던 시대였다. 노부미쓰는 미카와 각지의 토호들에게 딸을 시집보내 마쓰다이라 가문의 세력 범위를 넓혔다.

노부미쓰의 아들 마쓰다이라 지카타다가 4대 당주의 지위를 계승했다. 지카타다는 1467년 8월에 시나노品野(아이치현 세토시 시나노초)와 이호伊保(아이치현 도요타시 호미초)의 호족을 제압했다. 1470년에는 오늘날 오카자키시岡崎市 이가초伊賀町에 마쓰다이라 가문의 사당을 세웠다. 1475년에는 누카타군에 마쓰다이라 가문의 수호 사원이라고 할 수 있는 다이주지大樹寺(아이치현 오카자키시 가모다초)를 창건했다. 이 무렵 지

다이주지

카타다는 가모군에 오규大給·다키와키瀧脇 가문을 창립했다.

지카타다는 여러 아들을 두었다. 장남 마쓰다이라 지카나가는 마쓰다이라 가문의 본거지 이와즈성 성주의 지위를 계승하면서 이와즈 마쓰다이라씨로 불렸다. 셋째 아들 마쓰다이라 나가치카는 안조성安祥城(아이치현 안조시)을 본거지로 삼으며 안조 마쓰다이라씨로 불렸다. 그 무렵 마쓰다이라 가문은 국경을 접하고 있던 이마가와 가문의 침략에 시달렸다. 1508년 8월 이마가와군이 이와즈성을 공격했다. 그때 안조성 성주 나가치카가 군사를 이끌고 달려가 이마가와군을 물리쳤다. 그 후 이와즈 마쓰다이라씨가 교토로 이주하면서 역사의 뒤안길로 사라졌고, 안조 마쓰다이라씨 당주 나가치카가 일족의 소료惣領 즉, 통솔자로 부상했다.

1508년 마쓰다이라 가문의 5대 당주의 지위를 쟁취한 나가치카가 물러나고, 그의 아들 마쓰다이라 노부타다가 6대(안조 마쓰다이라씨 2대) 당주가 되었다. 이 무렵에 나가치카의 아들 네 명이 각각 헤키카이군 지역에 후카마福釜·사쿠라이櫻井·후지이藤井 가문, 하즈군幡豆郡(아이치현 니시오시 일대) 지역에 도조東條 가문 등 모두 4개 가문을 창립했다. 그 후 노부타다의 장남 마쓰다이라 기요야스가 7대 당주가 되었을 때,

그의 동생이 헤키가이군 지역에 미쓰기三木 가문을 창립했다. 이리하여 미카와 지역에 마쓰다이라씨 혈통을 이은 열네 가문이 마쓰다이라씨 무사단의 핵심 세력으로 성장했다.

이에야스의 증조부 마쓰다이라 노부타다는 통솔자로서의 기량이 부족했던 것 같다. 오쿠보 타다타카大久保忠教(1560~1639)가 저술한 『미카와모노가타리三河物語』에 다음과 같은 기록이 있다. "마쓰다이라 노부타다는 종가의 당주가 갖추어야 마땅한 무용武勇 · 정애情愛 · 자비慈悲 어느 것도 갖추지 못했다." "어리석고 고집이 센 기질의 소유자였다." "가신은 물론 서민들도 노부타다의 명령에 따르지 않았다." 그러자 1523년경에 마쓰다이라씨 일족과 가신들이 협의하여 노부타다를 당주의 지위에서 물러나게 하고, 그의 아들 마쓰다이라 기요야스를 7대(안조 마쓰다이라씨 3대) 당주로 옹립했다.

이에야스의 조부 마쓰다이라 기요야스는 무력을 앞세워 일족과 중신들을 제압했다. 1525년경에는 아스케성足助城(아이치현 도요타시 아스케초) 성주 스즈키 시게마사鈴木重政를 공격하여 항복시키고, 오카자키성 성주 마쓰다이라 마사야스松平昌安(?~1525)를 굴복시켰다. 기요야스는 이전의 오카자키성을 파괴하고, 오늘날 아이치현 오카자키시 고세

이초康生町에 새로운 오카자키성을 건설했다. 그리고 안조성에서 오카자키성으로 본거지를 옮겼다.

오카자키성

16세기 초엽 마쓰다이라 가문이 처한 정치적 환경은 매우 불안했다. 미카와 지역의 동쪽에는 스루가駿河(시즈오카현 중부와 북동부)·도토미遠江(시즈오카현 서부)를 지배하던 다이묘 이마가와 요시모토今川義元(1519~60)가 있었다. 서쪽에는 오다씨 일족이 오와리尾張(아이치현 서부)를 나누어 지배하고 있었는데, 그중에서 오다 노부나가織田信長(1534~82)의 부친 오다 노부히데織田信秀(1511~52)가 가장 강력한 경제력과 군사력을 보유하고 있었다. 이마가와 요시모토와 오다 노부히데는 때때로 미카와 지역을 침략했다.

적의 침략보다도 두려운 것은 동족 간의 내분이었다. 1535년 12월 마쓰다이라 기요야스가 오다 노부히데를 공격하기 위해 모리야마森山(아이치현 나고야시 모리야마쿠)로 나아가 진을 쳤을 때 가신 아베 마사토요

阿部正豊(?~1535)에게 살해되었다. 당시 기요야스의 나이는 24세였다. 그의 숙부 마쓰다이라 노부사다松平信定(?~1538)가 마사토요를 사주했다고 전해진다. 노부사다는 오다 노부히데와 동서지간이었다.

졸지에 통솔자를 잃은 마쓰다이라 가문의 가신들이 오카자키성으로 돌아왔다. 퇴각하는 마쓰다이라군을 추격한 오다 노부히데의 군대가 오카자키성을 포위했다. 마쓰다이라군이 농성 작전으로 오다군에 맞섰다. 군량이 바닥난 오다군이 일단 오와리로 물러갔다. 그렇다고 오카자키성에 평화가 찾아온 것은 아니었다. 당시 이에야스의 부친 마쓰다이라 히로타다松平広忠(1526~49:안조 마쓰다이라씨 4대)는 겨우 10살이었는데, 노부사다가 오카자키성을 점령하고 있었다. 어린 히로타다가 언제 어느 때 마쓰다이라 노부사다의 모략에 걸려 죽을지 알 수 없는 처지였다.

아베 사다요시阿部定吉(1505~56)를 비롯한 가신들이 상의하여 어린 주군 히로타다를 이세伊勢(미에현 북·중부와 아이치현 일부) 지역으로 망명시켰다. 히로타다는 그 지역의 호족 기라 모치히로吉良持広(?~1539)에게 몸을 의탁했다. 그러나 얼마 지나지 않아서 기라 가문에서 당주 승계를 둘러싸고 내분이 일어나 모치히로가 권력을 상실했다. 그러자 기라 가문의 외교 방침이 변경되었다. 오다 노부히데와 연대를 강화했다. 히로타다는 다시 이세에서 도토미로 도망하여 이마가와 요시모토의 보호를 받았다. 1537년 6월 히로타다는 이마가와 가문의 도움으로 오카자키성으로 돌아올 수 있었다.

히로타다가 귀환하면서 오카자키성을 탈취하려던 마쓰다이라 노부사다의 계획이 무산되었다. 1538년 11월 노부사다가 사망하면서 마쓰다이라 가문의 내분이 수습되었다. 하지만 이마가와 요시모토가 마쓰다이라 가문의 내정에 간섭하기 시작했다. 오다 노부히데는 이마가와 가문이 미카와로 진출하는 것을 좌시하지 않았다. 노부히데가 자주 미카와를 침략했다. 그러자 이마가와 요시모토가 군대를 미카와에 주둔시켰다. 마쓰다이라 히로타다는 이마가와 요시모토의 지원을 받으며 오다 노부히데의 침략에 맞섰다.

1542년 12월 26일 이에야스가 오카자키성에서 마쓰다이라 히로타다의 장남으로 태어났다. 이에야스의 생모는 가리야성刈谷城(아이치현 가리야시) 성주 미즈노 타다마사水野忠政(1493~1543)의 딸 오다이於大였다. 당시 히로타다는 17살, 오다이는 15살이었다. 쇼묘지称名寺(아이치현 세키난시 소재)의 주지 고아其阿가 이에야스에게 다케치요竹千代라는 아명을 지어주었다. 이에야스의 조부와 부친의 아명이 다케치요였다. 다케치요는 훗날 부친 히로타다의 뒤를 이어 미카와 마쓰다이라씨 9대(안조 마쓰다이라씨 5대) 당주가 되었다.

마쓰다이라 히로타다의 장인 미즈노 타다마사는 오다 노부히데가 미카와를 침략할 때 앞장서 도왔던 인물이다. 히로타다는 타다마사와 적대하지 않기 위해 그의 딸과 혼인했다. 다케치요가 태어난 다음 해인 1543년 7월에 타다마사가 사망하고 그의 아들 미즈노 노부모토水野信元(?~1575)가 당주의 지위를 승계했다. 노부모토와 오다이는 남매간이었다. 그런데 1544년 미즈노 노부모토가 오다 노부히데에게 복종했다. 당시 히로타다는 이마가와 가문의 지원이 없으면 오다 가문의 침략을 막을 수 없었다. 이마가와 가문과의 관계가 악화할 것을 염려한 히로타다가 오다이와 이혼했다.

1545년 마쓰다이라 히로타다는 아쓰미군渥美郡의 다하라성田原城(아이치현 다하라시 다하라초) 성주 도다 야스미쓰戶田康光(?~1547)의 딸 마키히메真喜姬를 후처로 맞아들였다. 이 또한 오다 가문과 인연이 깊은 도다씨를 회유하기 위한 정략결혼이었다. 태어난 지 1년여 만에 모친과 생이별한 다케치요는 계모와 유모의 손에 양육되는 신세가 되었다. 마쓰다이라 가문이 수난 시대를 맞이하면서 인고의 세월이 어린 이에야스를 기다리고 있었다.

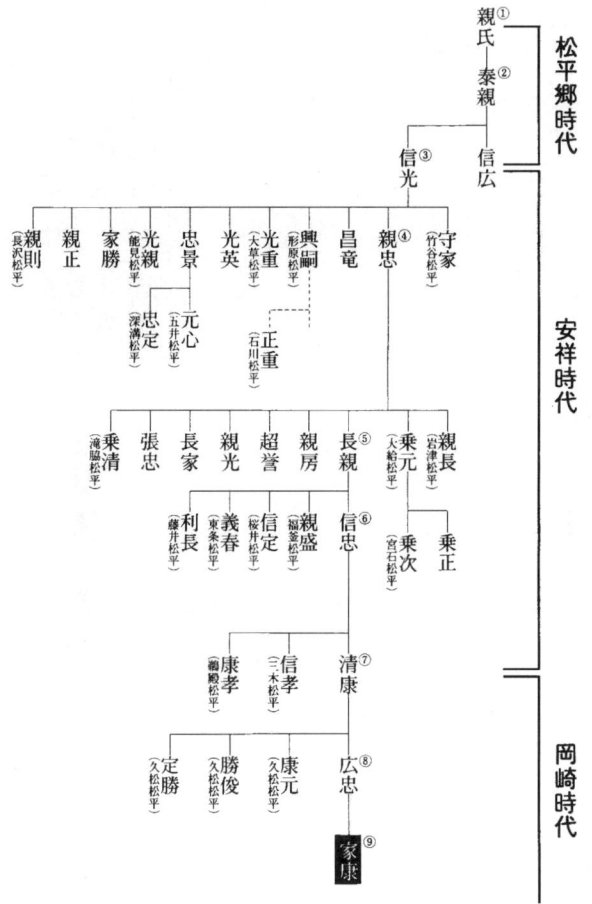

이에야스 가계도, 『德川家康』(神坂次郎, 成美堂出版, 1991)

# CHAPTER2. 인질 시절

1547년 오다 노부히데가 미카와의 안조성을 공략했다. 마쓰다이라 히로타다는 이마가와 요시모토에게 지원을 요청했다. 그때 6살 난 다케치요가 이마가와 가문에 인질로 보내졌다. 그런데 다케치요가 이마가와 가문의 본거지 슨푸성駿府城(시즈오카현 시즈오카시 아오이쿠)으로 향하던 중, 오다 가문을 섬기던 도다 야스미쓰에게 납치되어 오와리의 오다 노부히데에게 보내졌다. 노부히데는 다케치요를 납치한 야스미쓰에게 당시 일본에서 화폐로 유통되던 영락전永樂錢 1천 관貫을 주었다

슨푸성 터

고 전한다. 도다 야스미쓰는 히로타다의 장인이었다. 야스미쓰는 영락전 1천 관에 눈이 멀어 의붓손자 다케치요를 원수 오다 노부히데에게 팔아넘겼던 것이다.

다케치요를 인질로 잡은 오다 노부히데는 사자를 히로타다에게 보내 복종을 요구했다. 히로타다는 노부히데의 요구에 응하지 않았다. 다케치요가 오다 가문에 인질로 잡혀있던 1549년 3월 부친 히로타다가 급사했다는 비보를 접했다. 히로타다는 가신 이와마쓰 하치야岩松八弥에게 암살당했다. 당시 히로타다의 나이는 24세였다. 마쓰다이라 가신단이 크게 동요했다. 주군 가문의 대를 이을 후계자가 부재한 상황이었다. 그야말로 진퇴양난의 형국이었다.

이마가와 요시모토는 서둘러 군대를 보내 오카자키성을 접수하고 마쓰다이라 가문의 중신과 그 가족을 슨푸로 이주시켰다. 마쓰다이라 가문의 가신 중에서 도리이 타다요시鳥居忠吉(?~1572)를 비롯한 몇 명만 오카자키성에 남겨두어 조세 업무와 행정 사무를 관장하게 했다. 이마가와 가문에서 파견한 군대가 오카자키성을 지켰다. 졸지에 주군을 잃고 나서 공황 상태에 빠진 마쓰다이라 가문의 유신들이 오다 노부히데에게 복속하는 것을 저지하기 위한 긴급 조치였다.

1549년 11월 8일 이마가와군이 오다 노부히데의 아들 오다 노부히로織田信広(?~1574)가 지키는 안조성을 공략했다. 다음 날 안조성을 점령한 이마가와군이 노부히로를 포로로 잡았다. 이마가와 요시모토와 오다 노부히데는 노부히로와 다케치요를 교환하는 조건으로 강화했다. 11월 12일 다케치요가 잠시 오카자키성으로 돌아와 부친 히로타다의 묘소에 참배했다. 그리고 27일 이번에는 이마가와 가문의 인질이 되어 슨푸로 끌려갔다. 이리하여 다케치요는 오다 가문의 인질로 2년, 이마가와 가문의 인질이 되어 8살에서 19살까지 11년 동안 지내게 되었다.

다케치요는 비록 어린 나이에 인질 생활을 시작했지만, 큰 어려움 없이 유소년 시절을 보냈던 것 같다. 외할머니가 다케치요를 돌봤으니 심리적으로도 안정되었을 것이다. 다케치요가 슨푸의 어디에서 살았는지 분명하지는 않지만, 『三河物語』에 '미야노마치宮の町'에 살았다는 기록이 있고, 마쓰다이라 가문의 창업 시대 역사 『마쓰다이라키松平記』에 '신사의 앞에 있는 저택'이었다는 기록이 있고, 1740년에 편찬된 도쿠가와 이에야스의 전기 『부토쿠헨넨슈세이武德編年集成』에는 '미야노사키宮の崎'라고 기록되어 있다. 어린 이에야스는 슨푸의 한적한 신사 근처의 저택에서 유소년 시절을 보냈던 것 같다. 이에야스가 살던 저택 옆에는 호조 가문이 인질로 보낸 호조 우지노리北条氏規(1545~1600)가 살고 있었다. 우지노리는 자기보다 3살 위인 이에야스를 잘 따랐다.

전국시대 다이묘 중에는 글을 모르는 자들이 많았다. 어렸을 때부터 말을 타고 무기를 다루는 훈련을 받으며 중신의 자제들과 침식을 같이 하는 경우가 많았다. 서책을 접할 기회가 거의 없었다. 그러나 어린 이에야스는 인질 생활할 때 승려 다이겐太原(1496~1555)의 가르침을 받았다. 그래서 글을 읽고 쓰는 능력을 갖출 수 있었다. 다이겐은 임제종 승려이며 이마가와 가문의 가신이었다. 그는 이마가와 요시모토를 보좌하며 외교·군사 면에서 수완을 발휘한 인물이었다. 안조성을 공격하여 다케치요와 오다 노부히로를 교환하자는 의견을 제시한 것도 그였다. 다이겐이 아니었다면 다케치요는 오랫동안 오다 가문에 인질로 잡혀 오와리에서 생활하는 신세가 되었을 것이다. 다이겐은 이에야스가 평생 잊지 못할 인물이었다.

에도 막부의 창업 연대기라고 할 수 있는 『고토케키넨로쿠御当家紀年錄』에 다음과 같은 일화가 실려있다. 1551년 1월 신년 하례식 때 다케치요가 이마가와 가문의 저택 툇마루에서 정원을 향해 오줌을 누었다. 그의 천연덕스러운 배짱에 이마가와 가문의 가신들이 놀랐다고 한다. 5월 5일 단오에 아베카와安倍川(시즈오카시 아오이쿠와 스루가쿠 사이에 흐르는 하천) 천변에서 아이들이 인지우치印地打 즉, 돌싸움을 벌였다. 당시 일본에서는 아이들이 놀 때도 전투기술을 연마했는데, 단오에 여러 마을 아이들이 패를 갈라 돌을 던져서 상대방을 공격하는 싸움을 벌였다. 돌에 맞으면 크게 다치거나 더러는 죽기도 했다. 이날 두 마을 아이들이 천변에서 대치했는데, 한 마을의 인원이 150여 명, 다른 마을의 인원이 300여 명이었다. 구경꾼들은 당연히 인원이 많은 쪽이 쉽게 이길 것이라고 예상했다. 그러나 다케치요는 인원이 적은 쪽이 이긴다고 말했다. 이윽고 돌싸움이 벌어졌다. 처음에는 인원이 많은 쪽이 이기는 듯했으나 시간이 지나면서 점점 밀리기 시작하더니 어느 순간에 흩어져 도망쳤다. 다케치요가 말했다. "인원이 많은 쪽은 그 수에 의지하는 마음이 크지만, 인원이 적은 쪽은 죽을힘을 다하여 싸우기 마련이다. 각오가 다른 것이다." 수행하던 가신이 다케치요의 판단력에 감탄했다고 한다. 물론 이런 일화는 모두 사실이라고 단정할 수는 없다.

1554년 2월 이마가와 요시모토가 분국법 『가나모쿠로쿠쓰이카仮名目錄追加』를 제정했다. 요시모토의 부친 이마가와 우지치카今川氏親(1471~1526)가 제정한 『仮名目錄』에 21개조를 추가했는데, 그것의 끝부분에 있는 「사다메定」 13조에 "매월 16일, 21일, 26일에 미카와의 공무를 처리한다."라는 조목이 있다. 요시모토는 마쓰다이라 가문이 다스리던 미카와 지역의 행정·소송·재판권을 장악하고 있었다. 미카와는 이마가와 가문의 식민지나 다름 없었던 것이다.

이에야스가 슨푸에서 인질로 지내는 동안, 이마가와 요시모토는 미카와에서 징수한 조세를 슨푸로 가져갔다. 이에야스의 가신들은 봉록도 제대로 받을 수 없는 형편이었다. 대대로 마쓰다이라 가문을 섬기던 무사들의 생활은 곤궁함을 넘어 비참했다. 미카와 무사들은 직접 경작에 종사하면서 생계를 유지할 수밖에 없었다. 이마가와 요시모토가 오다군과 싸울 때 미카와 무사단을 선봉에 배치했다. 당연히 미카와 무사단에서 전사자가 많이 나왔다. 미카와 무사들이 절규했다. "이마가와 요시모토는 미카와 무사들을 화살받이로 내몰아 몰살시키려 하고 있다. 다케치요님을 오카자키성으로 돌려보내지 않을 심산인가?"

하지만 미카와 무사단은 이마가와 가문에 절대복종하면서 훗날을 기약했다. 미카와 무사가 오카자키성에 파견된 이마가와 가문의 가신을 만나면 비굴하리만치 공손하게 처신했다. 그때의 상황이 『三河物語』에 다음과 같이 기록되어 있다. "길을 비켜주고, 머리를 조아리고, 허리를 구부리고 눈치를 살피면서 조심스럽게 걸었다." 미카와 무사들은 비굴하기 그지없는 자신들의 처지를 '상갓집 개'라고 자조하면서 인고의 세월을 견뎠다. 혹시 주군 다케치요에게 피해가 가지 않을까 염려했기 때문이다.

1555년 3월 열네 살이 된 다케치요가 겐푸쿠元服 즉, 성인식을 올렸다. 그때 다케치요의 머리를 단장하고 의관을 갖추게 하며 성인식 준비를 한 것은 이마가와 요시모토의 가까운 친족이며 모치부네성持船

城(시즈오카현 시즈오카시 스루가쿠)의 성주였던 세키구치 요시히로関口義広 (?~1562)였다. 이마가와 요시모토는 대부의 자격으로 다케치요의 성인식을 주관하면서 자기의 이름 '義元' 중에 '元'자를 다케치요에게 물려주었다. 성인식을 올린 다케치요는 마쓰다이라 모토노부松平元信라는 정식 이름을 사용하기 시작했다.

1556년 3월 모토노부가 오랜만에 고향 오카자키를 방문했다. 선친 히로타다의 추모 법회에 참석하기 위해서였다. 그때 모토노부는 오카자키성의 혼마루本丸에 들어가지 않았다. 그곳에 이마가와 요시모토가 파견한 관리가 거주하고 있었기 때문이다. 모토노부는 니노마루二の丸에서 머물렀다. 『武德編年集成』에 다음과 같은 기록이 있다. 마쓰다이라 가문의 노신 도리이 타다요시가 은밀히 모토노부를 자신이 마련한 창고로 안내했다. 그곳에는 그동안 남몰래 모아둔 쌀과 화폐가 가득 차 있었다. 타다요시가 말했다. "훗날 주군께서 오카자키성으로 돌아왔을 때 마쓰다이라 가문을 다시 일으키기 위한 자금으로 쓰기 바랍니다." 모토노부는 노신 도리이 타다요시의 손을 잡고 통곡했다.

1557년 1월 16살이 된 모토노부가 세키구치 요시히로의 딸과 혼인했다. 요시히로는 이에야스의 성인식 때 행사를 준비한 인물이었다. 요시히로는 스스로 우지스미氏純를 칭하기도 했으나 공식적으로는 주군 이마가와 우지치카가 하사한 지카나카親永라는 이름을 사용했다. 요시히로의 처는 이마가와 요시모토의 여동생이라고 알려졌다. 그의 딸은 요시모토의 조카뻘이 되는 셈이었다. 혼인 당시 요시히로의 딸은 20세 전후였다. 그녀는 훗날 스루가고젠駿河御前 또는 쓰키야마도노築山殿(?~1579)로 불렸다.

1558년 2월 5일 마쓰다이라 모토노부는 이마가와 요시모토의 명령에 따라 고향 오카자키로 가서 미카와 가신단을 이끌고 초진初陳 즉, 처음 전투에 출진했다. 모토노부는 데라베성寺部城(아이치현 도요타시 데라베초) 성주 스즈키 시게타쓰鈴木重辰(?~1558)를 공격했다. 데라베성을 점령한 모토노부는 여세를 몰아 고로모挙母(아이치현 도요타시) · 우메가쓰보梅ヵ坪(아이치현 가스가이시) 일대를 공략했다. 같은 해 7월경에 마쓰다이라 모토노부가 이름을 모토야스元康로 개명했다. 초진을 치른 후에 용맹했으나 뜻을 이루지 못하고 비명횡사한 조부의 이름 '清康'의 '康'자를 계승했을 것이다.

1559년 3월 마쓰다이라 모토야스의 장남이 태어났다. 모토야스는 아들에게 다케치요竹千代라는 아명을 물려주었다. 다케치요는 훗날 노부야스信康라는 정식 이름을 사용했다. 모토야스는 비록 이마가와 가문에 인질로 잡혀있었지만, 가끔 마쓰다이라 가문의 가신들에게 금령을 내리고 미카와 지역의 사원에 금전이나 물품을 헌납했다. 미카와가 비록 이마가와 가문의 식민지였지만, 이마가와 가문은 모토야스에게 마쓰다이라 가문이 대대로 지배하던 지역의 지배권을 일부 허용했던 것 같다.

1559년 5월 16일 마쓰다이라 모토야스가 오카자키의 가신들에게 7개조 금령을 내렸다. 그 내용은 다음과 같다. (1) 공적인 재판의 일정에 불평하는 것을 금할 것 (2) 슨푸에 있는 모토야스의 판결에 복종할 것 (3) 공무에 힘쓰지 않는 자는 영지를 몰수함 (4) 매사에 제각기 불평을 말하지 말 것 (5) 상의 없이 멋대로 소송을 제기하지 말 것 (6) 재판정에서 사사로이 조력하지 말 것 (7) 사사로운 싸움이 벌어졌을 때 가담하지 말 것. 7개조 금령은 모토야스의 이름으로 내려졌지만, 실상은 이마가와 요시모토의 지령이었다. 당시 미카와 무사단의 동요가 매우 심각했던 것 같다.

1560년 5월 이마가와 요시모토는 오와리尾張 침략 준비를 마쳤다. 5월 10일 마쓰다이라 모토야스가 이마가와군의 선발대로 슨푸에서 출진했다. 5월 12일 총대장 요시모토가 이끄는 2만5,000여 명의 이마가와군이 출진했다. 이마가와군은 스루가의 후지에다藤枝(시즈오카현 후지에다시), 가케가와掛川(시즈오카현 가케가와시), 하마마쓰浜松(시즈오카현 하마마쓰시), 요시다吉田(아이치현 도요하시시)를 지나 5월 16일에 오카자키岡崎 일대에 진을 쳤다. 이마가와군의 선봉대는 지류知立(아이치현 지류시)에 이르렀다.

5월 18일 이마가와 요시모토가 모토야스에게 오다카성大高城(아이치현 나고야시 미도리쿠)에 군량을 공급하라고 명령했다. 오다카성은 오다 가문의 영지 오와리에서 가장 가까운 이마가와군의 최전선이었다. 모토야스는 무사히 오다카성에 군량을 공급하고, 19일 새벽에 노부나가의 중신 사쿠마 모리시게佐久間盛重(?~1560)가 지키는 마루네丸根 요새를 공략한 후에 오다카성에 입성했다. 그 시각에 이마가와군의 장수 아사히나 야스요시朝比奈泰能(1497~1557)가 오다군의 와시즈鷲津(아이치현 나고야시 미도리쿠) 요새를 점령했다. 이마가와군은 서전의 승리에 들떠 있었다.

5월 19일 오후 2시경 오다 노부나가가 오케하자마桶狹間(아이치현 나고야시 미도리쿠)에 진을 친 이마가와군의 본진을 급습했다. 이마가와 요시모토가 전사했다. 그러자 사방에 포진하고 있던 이마가와군이 서쪽으로 달아나기 시작했다. 요시모토가 사망했다는 보고를 받은 마쓰다이라 모토야스는 그날 밤 오다카성에서 나와 다음 날 오카자키의 다이주지大樹寺에 진을 치고 머물렀다. 5월 23일 이마가와군이 모두 물러간 것을 확인한 모토야스는 부대를 이끌고 오카자키성으로 들어갔다. 마쓰다이라 모토야스가 이마가와 가문의 인질에서 해방되었다.

# CHAPTER3. 이에야스와 오다 노부나가

## 1) 이에야스 · 노부나가 동맹

 이마가와 요시모토의 전사는 이에야스가 이마가와 가문으로부터 독립할 수 있는 절호의 기회였다. 하지만 이에야스는 신중하게 처신했다. 미카와에 주둔하던 이마가와군이 모두 슨푸駿府로 돌아갔다. 그러나 이에야스는 오카자키성에 머물면서 오다군과 싸웠다. 1560년 여름부터 북상하여 오다 가문의 전진기지 고로모, 우메가쓰보, 구쓰카케沓懸(아이치현 도요아케시) 등을 공격했다. 1561년에 다시 북상하여 히로세広瀬(시즈오카현 이와타시)를 공격하고, 말머리를 서쪽으로 돌려 가리야성 성주 미즈노 노부모토와 싸웠다. 이에야스는 이마가와 요시모토의 서진 정책을 계승하는 한편 자력으로 마쓰다이라 가문이 지배하던 지역을 탈환하는 작전을 전개했다. 한편 이에야스는 요시모토의 아들 이마가와 우지자네今川氏眞(1538~1615)에게 부친의 원수를 갚기 위해 군사를 동원해야 한다고 진언했다. 그러나 우지자네는 움직이지 않았다.

이에야스는 이마가와 가문으로부터 자립하기로 결심했다. 그 무렵 이에야스의 생모 오다이의 오빠 미즈노 노부모토가 오다 노부나가에게 이에야스와 화친하는 것이 좋다고 진언했다. 『武德編年集成』에 다음과 같은 기록이 있다. "이마가와 우지자네는 어리석고, 욕심이 많고, 유약할 뿐만이 아니라 음탕합니다. 군비를 갖추지 않고 무사의 기풍도 없습니다. 그러나 모토야스(훗날 이에야스)는 성품이 강건·과감하고 재주가 뛰어납니다. 모토야스와 화합하여 동쪽의 우환을 덜고 미노美濃(기후현 남부)의 사이토斎藤 가문 정벌을 서두르시어 창업의 공을 속히 이루소서." 노부나가는 미즈노 노부모토의 진언을 받아들였다.

노부나가는 다키가와 가스마스滝川一益(1525~86)에게 마쓰다이라 가문에 화친의 뜻을 전하라고 명령했다. 가즈마스는 이에야스의 가신 이시카와 가즈마사石川数正(1533~93)에게 노부나가의 뜻을 전했다. 노부나가의 뜻을 확인한 이에야스는 중신들을 모아놓고 의견을 물었다. 중신 중에는 노부나가가 손을 내밀었을 때 화친하는 것이 좋다고 말하는 자도 있었고, 노부나가와 화친을 맺는 것에 반대하는 자도 있었다. 특히 우에노성上野城(아이치현 도요타시 가미고초) 성주 사카이 타다나오酒井忠尚(?~1565)는 이마가와 가문과 단교하는 것에 반대했다. 가신들의 의견을 경청한 이에야스는 이마가와 가문과 인연을 끊고 오다 가문과 화친한다는 방침을 정했다.

이에야스는 이마가와 가문을 섬기는 미카와 지역의 호족들을 공격했다. 1561년 4월경 이에야스가 가모군 서쪽에서 작전을 전개했다. 이에야스는 도조성東条城(아이치현 니시오시 기라초)과 니시오성西尾城(아이치현 니시오시 긴조초)을 잇달아 공격했다. 그리고 예부터 다미네田峰(아이치현 기타시타라군)·나가시노長篠(아이치현 신시로시) 일대를 지배하던 호족 마쓰다이라 이에히로松平家広(?~1571), 사이고 마사카쓰西郷正勝(?~1562), 스가누마 사다카쓰菅沼定忠(?~1582), 스가누마 사다미쓰菅沼定盈(1542~1604) 등을 제압했다.

1561년 6월 이에야스가 누카타군額田郡·호이군宝飯郡 일대를 지배하던 호족들을 차례로 복속시켰다. 9월에는 끈질기게 저항하던 도조성과 니시오성 성주가 이에야스에게 항복했다. 이에야스는 자신이 인질로 잡혀있던 시절에 이마가와 가문을 섬겼던 미카와 지역의 호족들을 공격하거나 회유하여 마쓰다이라 가문의 가신단에 편입시켰다. 미카와 서부 지역을 평정한 이에야스는 동부 지역으로 눈을 돌렸다.

1562년 새해가 밝자 이에야스·노부나가 동맹이 급속하게 추진되었다. 일설에 따르면 1월 15일에 이에야스가 노부나가의 거성 기요스성清洲城(아이치현 기요스시)으로 가서 처음으로 노부나가와 회견하고 동맹을 맺었다. 노부나가 측의 기록『소켄키総見記』에 그때의 상황이 다음과 같이 기록되어 있다. "이에야스가 기요스清洲로 왔다. 가로家老는 사카이 타다쓰구酒井忠次(1527~96), 이시카와 가즈마사 그 밖에 친위대 100여 기가 호위했다. 노부나가가 직접 이에야스를 맞이했다. 하야시 미치카쓰林通勝(1513~80), 다키가와 가스마스, 스가야 나가요리菅屋長頼(?~1582) 등이 배석했다."

이에야스·노부나가 동맹은 이마가와 우지자네를 분노하게 했다. 여전히 슨푸에 머물고 있던 이에야스의 처 쓰키야마도노, 아들 마쓰다이라 노부야스松平信康(1559~79), 딸 가메히메亀姫 등이 위험에 처했다.
이에야스는 이마가와 요시모토의 여동생이 호이군 가미고성上郷城(아이치현 도요타시 오노세초) 성주 우도노 나가모치鵜殿長持(1513~57)와 혼인했다는 것을 알고 있었다. 1562년 2월 이에야스가 가미고성을 공격하여 우도노 나가모치의 아들 나가테루長照(?~1562)를 죽이고 그의 두 아들을 포로로 잡았다. 이에야스는 가신 이시카와 가즈마사를 슨푸성으로 보내 포로 교환 협상을 벌였다. 이에야스는 우도노 나가테루의 두 아들을 이마가와 우지자네에게 보내고, 우지자네는 이에야스의 처·아들·딸을 이에야스에게 보냈다.

1563년 이에야스가 22세가 되었다. 3월 2일에 이에야스의 장남 노부야스와 오다 노부나가의 딸 도쿠히메德姫(1559~1636)가 혼인하기로 정해졌다. 당시 노부야스와 도쿠히메는 5살 동갑내기였다. 7월 6일 이에야스가 이름을 모토야스元康에서 이에야스家康로 개명했다. 이에야스가 이마가와 요시모토로부터 물려받은 '元' 자를 버린 것은 자립의 뜻을 공식적으로 선언한 것이었다. 그런데 이에야스의 개명 시기에 대하여 이설이 있다. 1561년 또는 1562년에 개명했다는 설이 있다. 하지만 필자는 1563년 7월경에 개명한 것으로 보는 것이 합리적이라는 나카무라 고야中村孝也의 연구(『德川家康文書の研究』)에 따르고 있다.

## 2) 미카와 평정

1563년 9월 미카와에서 정토진종淨土眞宗 혼간지파本願寺派 신도가 봉기했다. 정토진종의 혼간지파는 보통 잇코슈一向宗로 불렸고, 그들의 권력에 맞선 조직적인 봉기를 잇코잇키一向一揆라고 했다. 미카와에서 잇코잇키가 봉기한 직접적인 요인은 잇코슈 사원의 쌀을 강제로 징수한 사건이었던 것 같다. 이에야스의 가신이며 사사키성佐崎城(아이치현 오카자키시 가미사사키초) 성주였던 스가누마 사다아키菅沼定顕가 조구지上宮寺(오카자키시 가미사사키초)의 쌀을 강제로 징수했다. 당시 조구지는 혼쇼지本證寺(아이치현 안조시 노데라초), 쇼만지勝鬘寺(아이치현 오카자키시 하리사키초) 등과 함께 미카와 지역 잇코슈를 대표하는 사원이었다.

당시 우에노성 성주 사카이 타다나오가 몇 개월 전부터 농성하며 이에야스에게 맞서고 있었다. 이에야스는 타다나오가 잇코잇키 세력과 내통하고 있다고 의심했다. 특히 조구지가 타다나오에게 군량을 공급하고 있다고 생각했던 것 같다. 이에야스는 스가누마 사다아키에게 조구지가 확보한 쌀을 징발하라고 명령했다. 사다아키는 조구지 측에 쌀을 내놓으라고 요구했으나 승려들이 거절했다. 사다아키가 군사를 동원하여 조구지 창고에 있는 쌀을 탈취했다. 그러자 조구지의 주지가 신도들에게 봉기하라고 명령했다. 미카와 지역이 내란의 소용돌이에 휩싸였다.

잇코잇키가 일어나자 이에야스에 반감을 품고 있던 세력이 잇코잇키에 가담하여 반란을 일으켰다. 반란의 핵심 세력은 도조성 성주 기라 요시아키, 요시아키의 일족으로 아라카와성荒川城(아이치현 니시오시 야쓰오모테초) 성주였던 아라카와 요시히로荒川義広, 우에노성 성주 사카이 타다나오 등이었다. 마쓰다이라 가문의 가신 중에도 잇코슈 신자들이 많았다. 주군과 가신의 의리보다 종교적 신념을 우선시했던 그들이 이에야스에게 창을 겨눴다. 미카와 무사단이 분열되었다.

잇코잇키 조직은 강렬한 종교적 신념과 엄격한 상명하달 체계를 갖추고 있었다. 신도 중에 싸움에 이골이 난 무사들이 많았다. 이런 무사들이 이끄는 잇코슈 신도들은 강력한 전투력을 보유하고 있었다. 그들은 게릴라전을 전개하면서 이에야스의 군사 조직을 위협했다. 1563년 11월 25일에는 쇼만지 신도로 구성된 잇코잇키 세력이 오카자키성 인근의 아즈키자카小豆坂(아이치현 오카자키시 하네초)에서 이에야스의 정예군과 싸웠다. 그때 잇코잇키 세력을 이끄는 무사 중에 하치야 사다쓰구 蜂屋定次(1539~64)가 있었다. 그는 훗날 이에야스의 열여섯 신장神將 중의 한 사람으로 일컬어지는 인물이었다.

    다음과 같은 일화가 전한다. 하치야 사다쓰구가 창을 비껴들고 말을 달리면 순식간에 적의 목이 떨어졌다. 사다쓰구가 잇코잇키 세력의 선두에서 도쿠가와군과 싸우고 있을 때, 멀리 이에야스의 모습이 눈에 들어왔다. 그러자 사다쓰구는 창을 어깨에 메고 말머리를 돌려 도망했다. 그때 사다쓰구를 본 마쓰다이라 긴스케松平金助가 큰 소리로 외쳤다. "하치야, 도망하는가? 비겁하다. 돌아와라." 사다쓰구가 말머리를 돌리면서 외쳤다. "주군이 오셨기 때문에 도망했다. 네놈에게는 등을 보이지 않는다." 사다쓰구는 순식간에 긴스케를 창으로 찔러 죽였다. 그 광경을 본 이에야스가 창을 겨누며 외쳤다. "네 이놈, 하치야, 가만두지 않겠다." 그러자 사다쓰구가 고개를 숙이고 말머리를 돌려 도망했다. 비록 종교 세력을 위해 전투에 앞장섰지만, 주군 앞에서 '한없이 작아지는' 용장의 모습이 손에 잡힐 듯 그려진다.

    이에야스의 가신 중에 주종 간의 의리와 종교적 연대감 사이에서 고뇌하는 자들이 적지 않았을 것이다. 그러나 잇코잇키 세력의 전투력은 상상을 초월했다. 1564년 1월 11일 잇코잇키 세력이 오쿠보 타다요大久保忠世(1532~94)와 그 일족이 지키는 가미와다上和田(아이치현 오카자키시

가미와다초) 요새를 공격했다. 이에야스가 군대를 이끌고 출진했다. 이 전투에서 이에야스가 총탄 두 발을 맞는 중상을 입었다. 갑옷이 두꺼웠기 때문에 다행히 목숨은 건졌으나 하마터면 총대장이 전사했을 수도 있는 격전이었다. 하지만 시간이 지날수록 이에야스에게 항복하는 자들이 속출했다. 2월 13일 조구지의 잇키 세력이 오카자키성을 공격한 것을 마지막으로 싸움이 진정되었다. 원래 이에야스의 가신이었으나 잇코잇키 세력의 참모로 활약했던 혼다 마사노부本多正信(1538~1616)가 교토로 도망했다.

반란의 주모자 기라 요시아키와 아라카와 요시히로가 교토로 잠적했고, 사카이 타다나오는 스루가駿河로 도망하여 이마가와 가문에 몸을 의탁했다. 이에야스는 예의를 갖추어 귀순한 혼다 마사노부와 마쓰다이라 이에쓰구松平家次(?~1563) 등의 죄를 묻지 않았다. 이에야스는 반란 세력에 가담한 자들을 모두 처벌하면 자칫 마쓰다이라 가문의 가신단이 약화될 수 있다고 판단했던 것 같다. 이에야스는 1564년 4월경에 잇코잇키 세력을 물리친 공로가 있는 가신들에게 영지를 하사하는 한편 잇코슈 사원과 도장을 모두 파괴했다. 잇코슈 승려들이 항의하자 이에야스가 말했다. "이곳은 원래 벌판이었으니 원래 모습으로 되돌리는 것이다."

잇코잇키 세력을 물리친 것을 계기로, 이에야스는 지배지 내의 잇코슈 신도 조직은 물론 다이묘 권력에 대항하는 호족과 부농 세력도 철저하게 탄압했다. 그리고 마쓰다이라씨 일족과 대대로 마쓰다이라 가문을 섬기던 무사 자제들을 가신단에 편입시켰다. 이러한 과정은 이에야스가 마쓰다이라 가문의 통솔자에서 전제적인 센고쿠다이묘戰国大名로 거듭나는 과정이기도 했다. 젊은 이에야스는 잇코잇키 세력과 싸우면서 많은 교훈을 얻었을 것이다. 특히 호족과 사원을 회유하여 자기편으로 끌어들이는 것이 무엇보다도 중요하다는 것을 실감했을 것이다.

1564년 4월 20일 우시쿠보성牛久保城(아이치현 도요카와시 우시쿠보초) 성주 마키노 나리사다牧野成定(1525~66)가 오카자키성으로 와서 이에야스에게 충성을 서약했다. 5월에는 니렌기성二連木城(아이치현 도요하시시 니렌기초) 성주 도다 시게사다戶田重貞(?~1564)가 이마가와 가문을 배반하고 이에야스에게 충성을 서약했다. 마키노 나리사다와 도다 시게사다가 이에야스를 섬기면서 미카와 동쪽 지역 호족들이 잇달아 이에야스에게 복종했다.

1564년 6월 20일 이에야스는 사카이 타다쓰구에게 요시다성吉田城(아이치현 도요하시시 이마하시초)을 공격하라고 명령했다. 요시다성을 지키

미카와 지역

던 이마가와 가문의 가신 오하라 시게자네小原鎮実(?~1568)가 도망하면서 사카이 타다쓰구가 요시다성으로 들어갔다. 이에야스는 타다쓰구에게 요시다성과 그 주변 지역을 영지로 하사했다. 이에야스는 혼다 히로타카本田広孝(1528~97)에게 아쓰미군의 다하라성田原城 공격을 명령했다. 혼다 히로타카가 다하라성을 점령하자 이에야스는 히로타카에게 다하라성과 그 주변 지역을 영지로 하사했다. 사카이 타다쓰구와 혼다 히로타카는 마쓰다이라 가문의 가신 중에서 처음으로 거성을 보유한 인물이 되었다.

### 3) 지배조직 정비 · 改姓

이에야스는 잇코잇키 세력을 진압하고 4개월 만에 미카와 동부 지역을 평정했다. 이 과정에서 특히 주목되는 점이 사카이 타다쓰구에게 미카와 동부를 관장하는 가로家老의 지위를 부여한 것이었다. 家老는 전시에 구미가시라組頭 또는 요리오야寄親의 역할 즉, 군사 지휘권을 행사할 수 있었다. 미카와 동부의 니렌기성, 사쿠라이성桜井城(아이치현 안조시 사쿠라이초), 후카마성福釜城(아이치현 안조시 후카마초) 등에 본거지를 둔 마쓰다이라씨 일족이 사카이 타다쓰구의 명령에 따랐다. 미카와 서부의 호족은 이시카와 가즈마사의 명령에 따르도록 했다.

이에야스는 먼저 우마마와리馬回 즉, 대장을 가까이에서 호위하는 친위대를 편성했다. 그리고 혼다 시게쓰구本田重次(1529~96)·고리키 기요나가高力清長(1530~1608)·아마노 야스카게天野康景(1537~1613)를 부교奉行로 임명하여 민정과 소송 사무를 처리하도록 했다. 이에야스의 통치 조직이 정비되기 시작했다. 가신단 내에서는 '부처와 같은 고리키, 귀신같은 혼다, 어느 쪽에도 치우치지 않는 아마노'라는 평판이 있었다. 가신들은 인물을 적재적소에 기용한 이에야스의 인사에 감탄했다.

『寬政重修諸家譜』에 따르면 고리키 기요나가는 잇코잇키 세력의 본거지였던 잇코슈 사원을 평정한 후에 훼손된 불상을 수리하고 흩어진 경전을 수습하여 원래 자리에 돌려놓았다고 전한다. 고리키 기요나가의 행동에 온화하고 자비로운 성품이 드러났다. 혼다 시게쓰구는 거침없고 호방한 성격으로 마쓰다이라 가문의 3대 즉, 기요야스·히로타다·이에야스를 주군으로 보필한 노신이었다. 아마노 야스카게는 공평하고 엄정함을 신조로 삼았던 인물이었다. 이에야스는 가신의 개성과 능력을 살펴서 직책을 부여했다. 물론 세 명의 부교가 임명되었을 당시에는 민정과 군정이 명확하게 구분되지 않았다. 항상 군정이 민정보다 우선시 되었다.

당시 가이甲斐(야마나시현)·시나노信濃(나가노현과 기후현의 일부)를 지배하던 다이묘 다케다 신겐武田信玄(1521~73)은 호조 우지야스北条氏康(1515~71)·이마가와 우지자네와 3국 동맹을 맺고 있었다. 그런데 1565년 11월 13일 오다 노부나가가 다케다 신겐과 동맹을 맺고 양녀를 신겐의 아들 다케다 가쓰요리武田勝頼(1546~82)에게 시집보냈다. 오다·다케다 동맹으로 이에야스의 입장이 난감해졌다. 노부나가·신겐 동맹으로 오다 노부나가·호조 우지야스·이마가와 우지자네의 관계가 좋아졌기 때문이다. 이에야스가 국경을 접한 이마가와·호조 가문의 영지를 침략할 수 없게 되었다. 이에야스는 1565년 말부터 약 3년 동안 군사를 움직이지 않고 영국 경영에 전념했다.

이에야스는 1564년경부터 조정으로부터 관직을 받고 개성改姓 즉, 성을 바꾸는 작업을 은밀히 추진했던 것 같다. 이에야스는 미카와노카미三河守라는 관직과 미나모토씨源氏라는 본성을 원했다. 미카와노카미라는 관직은 자신이 미카와 지역을 지배하는 다이묘라는 것을 공인받는 것이었다. 미나모토씨는 일본 제일의 명문 가문이라는 것을 과시하고 나아가 운이 열린다면 장차 일본 무사 사회의 도료棟梁 즉, 최고 통솔자가 될 수 있는 발판을 마련하는 것이었다. 현실적으로는 이에야스가 가신단을 효과적으로 통제하려면 관직이라는 전통적인 권위가 필요했고 또 자신을 마쓰다이라씨 일족과 차별화하기 위한 수단으로서 개성이 필요했을 것이다. 그런데 관직은 자신이 미카와를 지배하는 다이묘라는 사실을 앞세워 청원할 수 있었지만, 이에야스는 태생조차 분명하지 않은 떠돌이 승려 마쓰다이라 지카우지를 시조로 하는 지방 호족 가문 출신이었다. 당시 일본 무사들이 가장 선호하던 미나모토씨 후예로 행세하려면 가계도를 조작하는 수밖에 없었다. 실제로 당시 무사들이 가계도를 조작하는 일은 매우 흔한 일이었다.

「닛코도쇼구몬조日光東照宮文書」에 1566년 말에 이에야스가 조정의 칙허를 받아 松平에서 德川로 改姓했다는 기록이 있다. 나카무라 고야 中村孝也(1885~1970)를 비롯한 연구자는 위의 설을 따랐다. 그러나 『도쿠가와짓키德川実記』, 『武德編年集成』 등 권위 있는 사료에 1569년 봄에 오기마치 천황正親町天皇(재위:1557~86)의 칙허로 이에야스가 松平에서 德川로 성을 바꾸었다는 기록이 있다. 필자는 전자와 후자의 설을 절충하여 다음과 같은 설을 제기했다. 즉, 1566년경에 이에야스가 조정에 관직의 수여와 개성의 허가를 청원했고, 그로부터 3년 후인 1569년에 뜻을 이루었다.

마쓰다이라씨는 원래 미나모토씨를 본성으로 하는 닛타씨新田氏의 후예라고 주장했던 것은 이에야스의 조부 마쓰다이라 기요야스였다. 그는 스스로 세라다 기요야스世良田淸康라고 서명했다. 세라다는 닛타 장원의 도쿠가와德川 마을(군마현 오타시 오지마초)에 있던 지명이었다. 기요야스가 세라다씨를 칭한 것은 곧 닛타씨 후예를 자처한 것이었다. 이에야스는 조부 기요야스가 세라다씨를 칭했다는 것을 근거로, 1566년경 조정에 미카와노카미라는 관직을 주고, 마쓰다이라씨에서 도쿠가와씨로 성을 바꾸어 달라고 청원했다. 그러나 오기마치 천황은 세라다씨에게 미카와노카미라는 관직을 수여한 전례가 없고, 마쓰다이라씨의 태생이 불명하다는 이유로 이에야스의 청을 거절했다.

그러나 이에야스는 포기하지 않았다. 그는 세이간지誓願寺(교토시 주쿄쿠)의 주지를 앞세워 귀족 고노에 사키히사近衛前久(1536~1612)에게 접근했다. 이에야스는 사키히사에게 매년 현금 300관과 말 1필을 바치겠다고 약속했다. 사키히사는 오기마치 천황에게 이에야스의 청을 들어달라고 청원했다. 천황은 오랫동안 응답하지 않다가 1568년 봄에 측근을 이에야스에게 보내 헌금을 요구했다. 고나라 천황後奈良天皇(재위:1526~57) 13주기 법회 비용 명목이었다. 이에야스는 거금을 헌납했다. 그러자 한 귀족이 도쿠가와씨는 미나모토씨의 후예라는 기록을 필사해서 제출했다. 오기마치 천황은 이에야스에게 종5위하 미카와노카

3. 이에야스와 오다 노부나가 59

미라는 관직을 수여하고, 마쓰다이라씨에서 도쿠가와씨로 성을 바꾸는 것을 허가했다. 단, 도쿠가와씨는 마쓰다이라씨 일족 중에서 오직 이에야스 한 사람만 사용할 수 있도록 했다.

1567년 5월 27일 이에야스의 장남 노부야스와 노부나가의 딸 도쿠히메가 혼인했다. 당시 노부야스와 도쿠히메는 9살이 된 동갑내기였다. 아직 신방을 차릴 나이가 되지 않은 두 어린이의 혼인은 노부나가와 이에야스의 동맹을 확인하는 정략결혼이었다. 다행히 혼인한 노부야스와 도쿠히메는 사이가 좋았다. 그런데 두 사람의 사이가 너무 좋은 것을 질투한 이에야스의 정실 쓰키야마도노가 아들 노부야스에게 다른 여자를 가까이하는 것이 좋다고 말했다. 그러자 노부야스와 도쿠히메 사이가 멀어졌다. 쓰키야마도노는 자신의 신중하지 못한 처신이 훗날 대사건으로 발전할 줄 몰랐을 것이다.

1567년 10월 이에야스는 도다 야스나가戶田康長(1562~1633)에게 마쓰다이라 성을 사용하는 것을 허락했다. 『寬政重修諸家譜』에 따르면 이에야스가 가신에게 마쓰다이라 성을 하사한 것은 도다 야스나가가 처음이 아니었다. 전년에도 마쓰이 타다쓰구松井忠次에게 마쓰다이라 성을 하사했다. 그후 타다쓰구는 이름을 바꾸어 마쓰다이라 야스치카

松平康親(1521~83)라 칭했다. 이 무렵부터 이에야스는 공훈을 세운 가신에게 영지를 하사하는 것은 물론 능력이 출중한 가신에게 마쓰다이라 성을 하사했다. 가신단을 효과적으로 통제하기 위해서였을 것이다.

## 4) 영지 확장

이 무렵 다케다·이마가와·호조 가문의 3국 동맹에 금이 가기 시작했다. 먼저 다케다 신겐과 이마가와 우지자네의 관계가 악화했다. 다케다 가문의 영지는 바다에 접하지 않은 내륙에 있었다. 다케다 신겐은 일찍부터 바다에 접한 땅을 차지하고 싶었다. 신겐은 이마가와 가문이 지배하는 스루가駿河(시즈오카현 중부와 북동부)로 진출하여 수군을 양성할 계획을 세웠다. 신겐은 이마가와 가문의 가신들을 회유하는 한편 첩자를 적진으로 보내 민심을 교란하는 공작을 벌였다.

이마가와 가문의 가신단이 동요했다. 유약한 이마가와 우지자네가 주군의 지위에 있는 한 스루가는 어차피 국경을 맞대고 있는 호조 우지야스나 도쿠가와 이에야스가 차지하게 될 것이다. 그렇다면 기회가 왔을 때 다케다 신겐 편에 붙는 것이 좋을 것이다. 이렇게 생각한 이마가와 가문의 가신들이 신겐과 내통했다.

1568년 1월 11일 오기마치 천황이 이에야스에게 좌경대부左京大夫라는 관직을 수여했다. 2월 10일 이에야스가 마쓰다이라 이에타다松平家忠(1555~1600)에게 영지를 하사하며 도토미遠江의 우쓰야마성宇津山城(시즈오카현 고사이시 소재)을 지키라고 명령했다. 오다 노부나가와 다케다 신겐이 동맹을 맺은 후 동쪽으로 진출하는 것을 자제했던 이에야스가 드디어 이마가와 가문의 영지를 침략할 수 있는 여건이 조성되었다.

1568년 2월 다케다 신겐은 다케다씨의 혈족이며 가장 신뢰하는 가신 아나야마 노부타다穴山信君(1541~82)와 다케다 가문의 사천왕四天王으로 불리는 용장 야마가타 마사카게山県昌景(1515~75)를 도쿠가와 이에야스에게 사자로 보내 다음과 같이 제안했다. "다케다 · 도쿠가와 가문이 이마가와 우지자네가 다스리는 스루가 · 도토미를 각각 동쪽과 서쪽에서 동시에 침략하자. 그리고 이마가와 가문의 영지를 반씩 즉, 스루가는 다케다 가문이 도토미는 도쿠가와 가문이 나누어 차지하자." 이에야스는 신겐의 제안을 흔쾌히 수락했다.

1568년 12월 6일 다케다 신겐이 대군을 이끌고 출진하여 12일에 우쓰부사內房(시즈오카현 후지노미야시 시바카와초)에 진을 쳤다. 12월 12일 이에야스가 도토미遠江로 출병했다. 이에야스는 시라스카성白須賀城(시즈오카현 고사이시 시라스카초)과 오늘날 시즈오카현 하마쓰시에 있던 이이노야성井伊谷城, 오사카베성刑部城 등을 잇달아 점령했다. 그 지역의 호족과 농민들이 호리카와성堀川城(시즈오카현 하마마쓰시 기타쿠)에 들어가 농성하며 도쿠가와군의 진격을 막아보려고 노력했지만, 도쿠가와군은 12월 18일에 히쿠마성引馬城(시즈오카현 하마마쓰시)을 점령했다. 이마가와 가문의 가신들이 잇달아 이에야스에게 복속했다.

다케다 신겐이 슨푸성駿府城(시즈오카현 시즈오카시)을 점령하자 이마가와 우지자네는 싸우지도 않고 가케가와성掛川城(시즈오카현 가케가와시)으로 도주했다. 이때 이마가와 우지자네를 따르는 가신은 겨우 50여 명이었고, 우지자네의 처자는 가마에 타지도 못하고 걸어서 우지자네를 따랐다고 전한다. 12월 23일 다케다 신겐이 이에야스에게 사신을 보내 가케가와성을 공격하라고 재촉했다. 도쿠가와군이 가케가와성을 총공격했다.

가케가와성은 이마가와 우지자네의 마지막 보루였다. 이마가와군이

3. 이에야스와 오다 노부나가 63

사력을 다해 저항했다. 성 주변에서 치열한 전투가 벌어졌다. 1569년 1월 12일에는 덴노잔天王山(시즈오카시 시미즈쿠) 일대에서 격전이 벌어졌다. 5월 17일 승산이 없다고 판단한 이마가와 우지자네가 호조 가문의 영내에 있는 이즈伊豆 도쿠라성戶倉城(시즈오카현 슨토군)으로 도망쳤다. 스루가·도토미 지역을 지배하면서 한때 미카와 지역을 식민지로 삼았던 이마가와 가문이 멸망했다.

이에야스는 가신 이시카와 이에나리石川家成(1534~1609)에게 가케가와성을 지키게 했다. 이에야스가 500여 명의 군사를 거느리고 오이가와 주변을 순시했다. 1569년 6월 이에야스는 이마가와 가문의 요충지였던 아마가타성天方城(시즈오카현 슈치군 모리마치)을 점령하는 등 도토미 지역 평정을 서둘렀다. 이 무렵 이에야스는 이마가와 가문을 섬기던 도토미의 호족들에게 혼료안도本領安堵状 즉, 원래 다스리던 지역의 지배권을 인정한다는 증서, 지교아테가이조知行宛行状 즉, 호족들에게 새로이 영지를 하사한다는 증서를 빈번하게 발급했다. 이마가와 가문을 섬기던 호족이나 무사들이 잇달아 이에야스에게 복종했다는 것을 알 수 있다.

이에야스는 도토미 일대를 평정한 후에 옛 이마가와 가문이 지배하던 여러 성에 마쓰다이라씨 일족과 후다이譜代 즉, 대대로 마쓰다이라씨를 섬기는 상급 무사를 배치했다. 이마가와 가문의 가신으로서 예전과 같이 성주에 임명된 것은 구노久野・오가사와라小笠原 두 가문뿐이었다. 이에야스는 두 가문이 예부터 점유하던 영지의 지배권을 그대로 인정하고 무사단도 계속 거느리도록 허락했다. 중급 이하의 무사 중에도 예부터 보유하던 영지와 특권을 그대로 유지한 채 이에야스의 부장 휘하에 배속된 경우도 많았다.

게가氣賀 마을(시즈오카현 하마마쓰시 기타쿠)에서 잇코잇키 세력이 봉기했을 때 나구라 기하치名倉喜八라는 무사가 이에야스에게 복속했다. 기하치의 처자는 여전히 잇키 세력이 농성하던 호리카와성에 남아있었다. 기하치가 가족의 안위를 걱정하자 이에야스는 그를 호리카와성에서 가까운 호리에성堀江城(시즈오카현 하마마쓰시 니시쿠) 성주 오사와 모토타네大沢基胤(1526~1605)에게 보냈다. 기하치는 기회를 엿보다가 호리카와성에 있던 가족을 구출하여 호리에성으로 데려왔다. 그 무렵 한때 이에야스에게 복속했던 오자와 모토타네가 다케다 신겐과 내통했다. 모토타네는 기하치를 신겐에게 보낼 사자로 선정했다. 기하치는 계략을 써서 일단 가족을 호리에성에서 탈출시키고, 모토타네가 신겐에게 보내는 밀서를 이에야스에게 바쳤다. 이에야스는 공을 세운 나구라 기하치에게 영지를 하사하고 부장의 휘하에 배속시켰다.

도쿠가와 이에야스가 다른 다이묘가 다스리던 영지를 점령한 후 그곳에 거주하던 무사를 가신단에 편입시킨 예는 적지 않았다. 이 무렵 이에야스는 혼다 타다카쓰本多忠勝(1548~1610)에게 52명의 무사를 거느리도록 했다. 그중에는 대대로 이마가와 가문을 섬기던 무사가 많이 포함되어 있었다. 그들은 이에야스가 이마가와 가문이 지배하던 도토미 지역을 평정한 후에 혼다 타다카쓰 휘하에 배속된 자들이었다. 이들이 훗날 혼다 타다카쓰 가신단의 핵심 무력으로 성장했다.

이에야스는 단기간에 이마가와 가문이 다스리던 지역을 점령함과 동시에 그곳의 유통경제도 장악하는 수완을 발휘했다. 1569년 7월 이에야스는 교통의 요지로 상업이 발달한 미쓰케슈쿠見附宿(시즈오카현 이와타시의 중심부)의 도매상인 12명에게 도쿠가와 가문이 공인한 도량형을 사용하라고 명령했다. 이것은 영내의 상품 유통을 활발하게 하기 위한 혁신적인 조치였다. 오이가와 서쪽 지역이 이미 이에야스의 영지로 편입되었다는 것을 알 수 있다.

한편 스루가 지역을 침략한 다케다 신겐은 호조 우지마사北条氏政

(1538~90)의 공격으로 수세에 몰렸다. 이마가와·호조 가문은 대대로 혼인으로 맺어진 사이였다. 호조군은 하코네箱根를 넘고 이즈伊豆(이즈반도)의 미시마三島(시즈오카현 미시마시)를 거쳐 스루가의 삿타산薩埵山(시즈오카현 이오하라초)에 진을 치고 다케다군의 배후를 노렸다. 다케다군이 동쪽으로 호조군, 서쪽으로 도쿠가와군에게 포위되는 형국이 되었다. 다케다 신겐이 섣불리 오이가와 서쪽으로 출병할 수 있는 상황이 아니었다. 호조 우지마사는 다케다 신겐과 싸우기 위해 에치고越後(니이가타현)의 다이묘 우에스기 겐신上杉謙信(1530~78)과 동맹을 맺었고 이에야스 또한 우에스기 가문과 원만한 관계를 유지하며 다케다 신겐을 견제했다. 이러한 대립 구도는 1582년 3월 다케다 가문이 멸망할 때까지 유지되었다.

오다 노부나가는 자신이 옹립한 무로마치 막부室町幕府의 15대 쇼군 아시카가 요시아키足利義昭(재위:1568~88)를 견제하기 시작했다. 1570년 1월 23일 노부나가는 쇼군 요시아키가 명령을 내릴 때 반드시 자기의 허락을 받도록 조치했다. 또 노부나가는 천황 궁전을 수리한다는 명분으로 전국의 다이묘들에게 상경하라고 명령했다. 2월에 이에야스가 노부나가의 거성 기후성岐阜城(기후현 기후시)으로 갔다. 이에야스는 노부나가와 함께 상경할 계획을 세웠다. 노부나가의 동맹자로서 의무를 다하기 위해서였다.

 2월 25일 기후성을 떠난 노부나가와 이에야스가 3월 5일에 교토에 입성했다. 이에야스는 한동안 교토에 머물렀다. 4월 14일 노부나가는 쇼군 아시카가 요시아키가 거주할 니조성二条城(교토시 나카교쿠)을 조영했다. 노부나가는 니조성 조영 기념 연극을 상연했다. 그 자리에 이에야스가 동석했다. 이 무렵부터 노부나가와 이에야스의 관계가 상하관계로 전환되었다. 이에야스는 노부나가의 명령에 따라 아사쿠라朝倉·

하마마쓰성

아자이浅井 가문을 공격하는 전투에 앞장섰다.

이에야스가 도토미를 평정한 후에 도쿠가와 가문의 영지가 늘어나면서 군단의 규모도 급속히 팽창했다. 이에야스는 한층 증강된 군사력을 앞세워 동진정책을 추진했다. 1570년 6월 오카자키성을 장남 노부야스에게 물려준 이에야스는 히쿠마성을 개축하고 그곳으로 본거지를 옮겼다. 이때 히쿠마성을 하마마쓰성浜松城으로 개칭했다. 오카자키성은 미카와·도토미 2개 구니国를 지배하는 다이묘가 된 이에야스가 영지를 효과적으로 다스리기에는 너무 서쪽에 치우쳐 있었다. 도토미를 경영하고 나아가 동쪽으로 진출하기 위해서는 도토미 지역에 본거지를 마련할 필요가 있었을 것이다.

하마마쓰성에 입성하고 얼마 지나지 않아서 이에야스는 생애 처음으로 큰 전투에 나아갔다. 1570년 6월 27일 이에야스가 노부나가의 명령에 따라 5,000여 명의 군사를 거느리고 아네가와姉川 전투에 출진했다. 오다·도쿠가와 연합군이 오늘날 시가현 나가하마시 노무라초 일대에서 아자이 나가마사·아사쿠라 요시카게朝倉義景(1533~73) 연합군에게 큰 승리를 거두었다. 오다·도쿠가와군이 올린 수급이 그 수를 헤아릴 수 없었고, 논밭과 들판이 아자이·아사쿠라군의 시체로 뒤덮였다고 전한다.

　원래 이에야스의 가신이었으나 미카와 잇코잇키 세력의 참모로 활동하다가 교토로 도망했던 혼다 마사노부本多正信가 아네가와 전투에 백의종군했다. 교토로 도망한 혼다 마사노부는 한때 가가加賀(이시카와 현 남부) 지역 잇코잇키 집단의 지도자로 활약했으나 두각을 나타내지 못하고 전국을 유랑하고 있었다. 그의 재능이 아깝다고 생각한 오쿠보 타다요大久保忠世가 이에야스에게 마사노부의 사면을 청원했다. 이에야스는 마사노부의 죄를 묻지 않고 다시 가신으로 맞아들였다.

# CHAPTER 4. 이에야스와 다케다 가문

1570년 10월 8일 도쿠가와 이에야스가 에치고越後의 다이묘 우에스기 겐신에게 서신을 보내 다케다 신겐武田信玄과 단교한다고 서약했다. 국경을 접하고 있던 다케다·우에스기 가문은 예부터 첨예하게 대립하고 있었다. 신겐과 겐신은 1553년 8월부터 10여 년간 시나노信濃(나가노현) 북부의 지배권을 놓고 가와나카지마川中島 전투를 치른 호적수였다. 그런데 이에야스가 우에스기 가문 편에 선다면 다케다·우에스기 가문의 세력 균형이 무너질 수 있었다. 분노한 다케다 신겐은 도쿠가와 가문의 영지를 공격하기로 결심했다.

1571년 2월 다케다 신겐은 오이가와를 건너 이에야스가 점유한 도토미遠江 일대를 침략했다. 다케다군은 다카텐진성高天神城(시즈오카현 가케

다케다 신겐

가와시) 주변을 순시하고, 가케즈카掛塚(시즈오카현 이와타시) 항구를 점령하고, 미카와 지역 서쪽에 있는 이에야스의 여러 성 즉, 가케가와성掛川城·구노성久能城(시즈오카현 시즈오카시)·이누이성犬居城(시즈오카현 하마마쓰시)을 공략하고 유유히 시나노信濃의 이이다성飯田城(나가노현 이이다시)으로 물러갔다.

1571년 3월 26일 다케다 신겐이 2만3,000여 명의 군사를 거느리고 본거지 다카토성高遠城(나가노현 이나시)을 출발했다. 그 소식을 들은 노

부나가는 이에야스에게 하마마쓰성을 버리고 요시다성으로 후퇴하라고 권고했다. 그러나 이에야스는 하마마쓰성을 사수하겠다는 방침을 고수했다. 다케다군이 다카텐진성을 공략했다. 4월 중순에는 미카와三河(아이치현 동부)를 침략하여 이에야스의 가신이 지키는 아스케성足助城(아이치현 히가시카모군)을 점령하고, 남쪽으로 진군하여 노다성野田城(아이치현 신시로시) 일대를 철저하게 파괴했다.

이윽고 다케다군이 요시다성吉田城(아이치현 도요하시시)을 포위했다. 도쿠가와 이에야스를 하마마쓰성에 고립시키기 위한 작전이었다. 요시다성 성주 사카이 타다쓰구酒井忠次가 성 주변에 요새를 구축하고 다케다군의 공격을 막아내면서 측근을 이에야스에게 보내 전황을 보고했다. 급보를 접한 이에야스는 3,000여 명의 군사를 거느리고 요시다성으로 달려갔다. 4월 29일에는 다케다군이 니렌기성二連木城(아이치현 도요하시시)을 공격했다. 다케다군이 연전연승했다. 하지만 군량 보급이 원활하지 못했던 다케다군이 물러갔다.

다케다 신겐과 전면전을 치른 이에야스에게 또 다른 시련이 닥쳤다. 1571년 10월 13일 호조 우지야스가 사망했다. 그때까지 호조 가문은 우에스기·도쿠가와 가문과 동맹을 맺고 다케다 가문을 견제했다. 그러나 호조 우지야스가 사망한 후 호조 가문의 4대 당주 호조 우지마사가 다케다 신겐과 강화를 모색했다. 부친 우지야스의 유언에 따른 결정이었다. 우지마사는 우에스기·도쿠가와 가문과 절교하고 다케다 신겐과 동맹을 맺었다. 다케다 신겐은 호조 가문과 동맹을 맺으면서 후방의 우환을 덜었다. 다케다·호조 동맹은 도쿠가와 이에야스의 세력 확장을 견제하는 역할을 했다. 이 무렵 우에스기 겐신은 시나노 지역으로 출병할 여력이 없었다. 다케다 신겐이 상경할 수 있는 여건이 마련되었다.

1572년 9월 27일 교토로 향하는 다케다군 선발대가 출발했다. 10월 1일 다케다 신겐도 출발했다. 다케다 신겐은 3만여 명의 군사를 3개 군단으로 편성했다. 미카와 지역으로 진군한 다케다군 장수는 야마가타 마사카게山縣昌景였다. 미카와 북부의 적을 제압한 다케다군은 도토미의 후타마타성二俣城(시즈오카현 하마마쓰시 덴류쿠)을 공격했다. 이 성은 도토미 평야의 요충지에 있었다. 그곳에서 남쪽으로 약 18킬로미터 떨어진 곳에 도쿠가와 이에야스의 본거지 하마마쓰성이 있었다. 이에야스는 어떻게 해서든지 후타마타성을 지켜야 했다. 그 성은 하천이 삼면을 감싸고 흐르는 곳에 있었다. 하천을 따라 가파른 절벽이 이어져 있었다. 소수의 병력으로 지킬 수 있는 성이었다. 하지만 그 성에는 치명적인 약점이 있었다. 성안에 우물이 없었다. 다케다군이 포위망을 좁혔다. 물을 기를 수 없었던 도쿠가와군이 항복했다.

후타마타성을 점령한 다케다군은 12월 22일 아침 하마마쓰성을 향해 남하했다. 도쿠가와 이에야스는 다케다군과 정면 대결을 피했다. 다케다군은 하마마쓰성을 우회하여 전진했다. 다케다군은 미카타가하라三方ヶ原(시즈오카현 하마마쓰시 북쪽)를 지나 게가氣賀(하마마쓰시 서부 지역) 방향으로 향했다. 다케다 신겐은 도쿠가와군을 가능한 한 하마마쓰성에서 멀리 떨어진 곳으로 유인하여 호우다祝田(시즈오카현 하마마쓰시 기타쿠) 언덕에서 역습한다는 작전을 세웠다.

다케다군의 선발대가 호우다 언덕을 지나고 있었다. 그곳의 지형은 길이 갑자기 좁아지는 분지였다. 그때 도쿠가와 이에야스가 군사를 거느리고 모습을 드러냈다. 다케다군은 일제히 언덕으로 올라가 진을 치고 도쿠가와군을 기다렸다. 다케다군의 선봉은 오야마다 노부시게小山田信茂(1539~82)와 야마가타 마사카게, 제2진은 다케다 가쓰요리와 바바 노부하루馬場信春(1515~75), 제3진은 총대장 다케다 신겐, 후비대는 아나야마 노부타다穴山信君였다.

1572년 12월 22일 오후 4시경 도쿠가와군이 먼저 다케다군의 최전선에 있던 오야마다 부대를 공격했다. 출진한 지 2개월 반이나 된 다케다군은 지쳐있었다. 이에 비하여 도쿠가와군의 사기는 하늘을 찔렀다. 도쿠가와군의 공격에 오야마다 부대가 뒤로 밀렸다. 그러자 야마가타·바바 부대가 전진하여 도쿠가와군에 맞섰다. 해가 질 무렵 다케다 가쓰요리가 이끄는 기마대가 도쿠가와군의 좌익에 포진하던 오다 노부나가의 원군을 급습했다. 오다군이 순식간에 무너졌다. 오다군의 뒤에는 도쿠가와 이에야스의 본진이 있었다. 그때 다케다 신겐이 총공격 명령을 내렸다. 다케다군이 진격하자 도쿠가와군이 패주했다. 이 전투에서 도쿠가와군 장수 여러 명이 전사했다. 수많은 전사자를 낸 이에야스는 겨우 목숨을 부지하여 하마마쓰성으로 도망했다. 미카타가하라 전투였다.

　도쿠가와군이 비록 패배했지만, 이에야스는 미카타가하라 전투에서 값진 경험을 했다. 무엇보다도 다케다 신겐의 전략을 배울 수 있었다. 또 도쿠가와군의 용맹함이 세상에 알려지게 되었다. 『德川實記』에 다음과 같은 바바 노부하루의 말이 기록되어 있다. "이번에 전사한 미카와 무사는 죽을 때까지 싸우지 않은 자가 한 사람도 없었다. 그 시신이 우리 쪽을 향하여 엎어져 있었고, 하마마쓰 쪽으로 넘어져 있는 시신은 뒤로 젖혀져 하늘을 보고 있었다."

　미카타가하라 전투에서 대승한 다케다 신겐은 오사카베刑部(시즈오카현 아나사군 호소에초)에서 새해를 맞이했다. 그곳에서 이에야스의 본거지 하마마쓰성까지 약 30리 거리였으나 도쿠가와군이 접근할 엄두도 내지 못했다. 하지만 당시 다케다 신겐은 병석에 누워 있었다. 그의 지병 폐결핵이 도졌다. 신겐은 고열에 시달렸다. 겨우 가라앉았던 기침이 재발했다. 총대장이 병과 싸우는 동안에도 다케다군의 싸움은 계속되었다. 1573년 2월 15일 노다성野田城(아이치현 신시로시)을 공격하여 점령하고 500여 명을 포로로 잡았다. 이어서 가까이에 있는 나가시노성長篠城을 접수하여 거점으로 삼았다. 이 무렵 다케다 가문의 중신들은 총대장 신겐이 회생할 가망성이 없다고 판단했다. 신겐을 태운 가마가 고향으로 향했다. 신겐은 고마바駒場(나가노현 이이다시)로 향하던 도중에 사망했다. 1573년 4월 12일이었다.

　다케다 신겐이 사망하면서 도쿠가와 이에야스가 두려움에서 벗어났다. 1573년 5월 9일 이에야스가 스루가 침략을 개시했다. 이에야스는 7월 중순부터 다케다군이 점령한 나가시노성을 공략했다. 8월 20일에는 가메야마성亀山城(아이치현 신시로시) 성주 오쿠다이라 사다요시奥平貞

能(1537~99) 부자를 회유하여 아군으로 끌어들였다. 가메야마성을 손에 넣은 이에야스는 9월 10일 나가시노성을 점령했다. 이에야스가 다케다 가문에게 빼앗긴 도토미 지역을 수복했지만, 그 지역에는 여전히 다케다 가문을 섬기는 호족들이 많았다.

1574년 4월 6일 도쿠가와군이 도토미의 이누이성犬居城(시즈오카현 하마마쓰시 덴류쿠)을 공격했다. 이누이성 성주는 아마노 후지히데天野藤秀였다. 후지히데는 원래 이마가와 가문의 가신이었는데, 이마가와 가문이 몰락하자 다케다 신겐을 섬겼다. 아마노 후지히데는 도쿠가와군의 공격을 잘 막아내고 있었다. 때마침 장마철에 접어들었다. 도쿠가와군이 성을 적극적으로 공격하기 어려운 상황이었다. 그러는 동안에 다케다 가쓰요리가 2만5,000여 명의 대군을 거느리고 스루가 지역으로 진입했다.

4월 12일 다케다군이 다카텐진성高天神城을 공격했다. 이 성은 도토미 지역에서 가장 중요한 요새로, 이마가와 가문의 가신이었다가 이에야스에게 복속한 오가사와라 노부오키小笠原信興(?~1590)가 지키고 있었다. 노부오키는 이에야스에게 원군을 요청했다. 하지만 이에야스는 원군을 보내지 못하고 오다 노부나가에게 지원을 요청했다. 그러나 당시 교토에 머물던 노부나가도 원군을 보낼 수 없었다. 다케다군이 다카텐진성을 점령했다. 다케다 가쓰요리는 이 성을 도토미 지역 침략의 교두보로 이용하면서 이에야스와 맞섰다.

다케다 가쓰요리는 이에야스의 가신 오가 야시로大賀彌四郎를 자기편으로 끌어들였다. 가쓰요리는 야시로가 제공하는 정보를 활용하여 때때로 미카와를 침략했다. 『三河物語』에 따르면 오가 야시로는 농민 출신으로 무사가 되었다. 그는 농촌 사정에 밝았을 뿐만이 아니라 재능이 뛰어났다. 이에야스는 야시로를 미카와의 아쓰미군渥美郡 20여 개 마을을 관리하는 다이칸代官으로 임명했다. 다이칸은 조세의 징수는 물론 이에야스를 섬기는 무사들에게 영지를 배분하는 권력을 행사하는 직책이었다. 전쟁터를 누비는 무사들이 후방에서 근무하는 다이칸 야시로의 안색을 살펴야 했다. 무사들이 야시로를 비방하기 시작했다. 가신단 내에서 점점 소외되는 것을 견디지 못한 야시로는 다케다 가문이 내민 손을 잡았다. 하극상 시대에는 드문 일이 아니었다.

1575년 4월 5일 이에야스는 다케다 가쓰요리와 내통한 오가 야시로를 극형에 처했다. 목에 쇠사슬을 두른 야시로의 얼굴이 말의 엉덩이 쪽을 향하게 하여 말안장에 묶고, 나팔과 피리를 불고 징과 북을 치는 악대를 앞세우고, 오카자키성과 하마마쓰성 조카마치城下町를 돌며 조리를 돌린 다음, 오카자키성 조카마치 번화가 사거리에 목만 내밀게 하여 산 채로 땅에 묻었다. 야시로의 손가락을 자르고, 발의 힘줄을 끊고, 대나무로 만든 톱을 옆에 놓아두고 지나는 사람들에게 야시로의 목을 톱질하게 했다. 야시로는 극심한 고통에 시달리다가 7일 만에 죽었다고 전한다.

1575년 5월 1일 다케다군 1만2,000여 명이 나가시노성을 포위했다. 당시 나가시노성은 오쿠다이라 노부마사奧平信昌(1555~1615)가 이끄는 도쿠가와군 500여 명이 지키고 있었다. 다케다군이 매일 나가시노성을 공격했다. 5월 14일 노부마사의 가신 도리이 가쓰아키鳥居勝商(1540~75)가 단신으로 적진을 돌파하여 이에야스에게 원군을 요청했다. 가쓰아키가 임무를 완수하고 나가시노성으로 돌아오던 중에 다케다군에게 붙잡혀 사형당했다. 오쿠다이라 노부마사는 이에야스의 부장 사카이 타다쓰구가 이끄는 특공대가 다케다군의 포위망을 돌파하여 나가시노성으로 들어올 때까지 외롭게 싸웠다.

5월 18일 도쿠가와 이에야스가 8,000여 명의 군사를 이끌고 나가시노성 서쪽 시타라가하라設樂原(아이치현 신시로시)에 진을 쳤다. 이어서 오

나가시노 전투- 오다·도쿠가와 연합군의 뎃포대
「長篠合戦図屏風」, 名古屋市博物館 소장

다 노부나가가 3만 대군을 이끌고 시타라가하라에 도착했다. 오다군은 렌고가와連子川 건너에 펼쳐진 들판에 참호를 이중으로 파고 장애물을 설치했다. 그리고 산기슭에 통나무로 엮은 방책을 설치했다. 노부나가는 방책 뒤에 3,000여 명의 뎃포대鉄砲隊 즉, 화승총 부대를 배치하고 다케다군과 대치했다. 5월 21일 나가시노 전투가 시작되었다.

오다·도쿠가와 연합군 뎃포대의 활약이 두드러졌다. 오다 노부나가는 일찍부터 뎃포 부대를 편성하여 실전에서 큰 효과를 거두었으나 나가시노 전투에서 방책 뒤에 포진한 뎃포대가 다케다군의 기마대를 괴멸시키면서 뎃포의 위력이 증명되었다. 이 전투에서 다케다군의 맹장 여러 명이 탄환에 맞아 전사했다. 다케다군이 괴멸되었다. 총대장 다케다 가쓰요리는 가까스로 전선에서 도망하여 겨우 6명의 무사를 데리고 본거지로 돌아갔다고 전한다. 나가시노 전투에서 패배한 다케다 가문은 끝내 재기할 수 없었다.

나가시노 전투에서 승리한 도쿠가와 이에야스는 1575년 6월 2일 스루가 지역에 침입하여 이곳저곳에 불을 지르고 이어서 다케다 가문의 가신이 지키는 후타마타성을 공격했다. 6월 24일에는 고묘지성光明寺城(아이치현 이치노미야시)을 공략했다. 8월 24일에는 고야마성小山城(시즈오카현 하이바라군 요시다초)을 포위했다. 12월에는 이에야스가 다케다 가문에게 빼앗긴 미카와·도토미 지역을 거의 탈환했다.

나가시노 전투 후 오쿠다이라 노부마사의 기개에 감복한 오다 노부나가는 노부마사와 이에야스의 딸 가메히메亀姫의 혼인을 제안한 적이 있었는데, 1576년 7월 이에야스는 가메히메를 나가시노성 성주 오쿠다이라 노부마사에게 시집보냈다. 이에야스는 미카와三河 지역에 새로이 신시로성新城城(아이치현 신시로시)을 수축하고 오쿠다이라 노부마사의 본거지를 그곳으로 옮기도록 했다. 8월에는 도쿠가와군이 오이가와 하류 지역으로 진출했으나 다케다 가쓰요리가 출진한다는 소문을 듣고 물러났다.

1577년 8월 25일 다케다 가쓰요리가 대군을 이끌고 요코스카横須賀(가나가와현 요코스카시)를 침략했다. 그 소식을 들은 이에야스가 즉시 출진했다. 그러자 다케다군이 스스로 물러갔다. 10월에 다케다 가쓰요리가 다시 도토미 지역으로 출진했다. 10월 21일 다케다군이 고야마성小山城을 공략했다. 이에야스가 오카자키에서 하마마쓰 인근으로 나아가 진을 쳤다. 다케다군과 도쿠가와군이 대치했으나 직접적인 충돌은 없었다.

1578년 3월 9일 이에야스가 다케다군이 지키는 스루가의 다나카성田中城(시즈오카현 후지에다시)을 공격하고 다음날 마키노성牧野城(아이치현 도요카와시 마키노초)에 입성했다. 이에야스는 마키노성을 수축하고 하마마쓰성으로 돌아왔다. 이 무렵부터 도쿠가와군이 수세에서 공세로 전환했다. 3월 13일 이에야스가 다케다군이 지키는 고야마성을 공격했다. 5월 4일 이에야스가 다시 다나카성을 공격했다. 6월 3일 이에야스가 요코스카성을 수축했다. 8월 21일 이에야스가 다시 고야마성을 공략했다.

   1579년에는 이에야스에게 평생 잊을 수 없는 불운이 닥쳤다. 장남 노부야스의 처 도쿠히메가 부친 오다 노부나가에게 남편과 쓰키야마도노가 다케다 가문과 내통했다고 보고했다. 노부나가는 이에야스의 중신 사카이 타다쓰구를 소환하여 사실을 추궁했다. 7월 16일이었다. 사카이 타다쓰구는 노부야스와 쓰키야마도노의 무죄를 적극적으로 해명하지 못했다. 노부나가가 타다쓰구에게 명령했다. "도쿠가와 가문의 중신이 노부야스 모자가 다케다 가문과 내통했다는 사실을 인정했다. 이에야스에게 노부야스와 쓰키야마도노를 처형하라고 전하라." 타다쓰구가 이에야스에게 노부나가의 명령을 전했다. 이에야스가 비통하게 말했다. "누구라도 아들이 귀엽지 않겠느냐. 하지만 할 수 없다. 숙적 다케다 · 호조 가문을 앞에 두고 있다. 노부나가의 후원이 절실하다. 오다 노부나가의 요구를 받아들이지 않을 수 없다." 이에야스는 즉시 장남 노부야스와 처 쓰키야마도노를 유폐했다.

   당시 항간에서는 쓰키야마도노가 인정이 없고 질투심이 많은 여인이라는 소문이 돌았다. 그녀는 이마가와씨 일족이라는 의식이 강했고, 남편 이에야스가 이마가와 가문을 배신했다고 생각하고 있었다. 전국시대 일본은 정략결혼이 당연시되던 사회였다. 혼인한 후에도 일족에 도움이 되는 일을 하는 것이 당연하다고 믿는 여성들이 적지 않았다. 쓰키야마도노도 그러한 여성의 한 사람이었을 것이다. 이마가와 가문이 허망하게 멸망하면서 의지처를 잃은 쓰키야마도노의 불안감이 질투심으로 표출되었을 가능성이 있다. 당연히 주변 사람의 인망을 얻지 못했을 것이다.

1579년 8월 29일 쓰키야마도노가 하마마쓰성에서 가까운 도미쓰카富塚(시즈오카현 하마마쓰시 나카쿠)에서 처형되었다. 이어서 9월 15일 노부야스가 후타마타성二俣城에서 셋푸쿠切腹 즉, 배를 갈라 자결하게 하는 형식으로 처형되었다. 이때 노부야스가 처형을 감독하러 나온 이에야스의 측근 오쿠보 타다요大久保忠世에게 말했다. "내가 다케다 가문과 내통했다는 것은 전혀 사실이 아니다. 아버지께 잘 전해달라." 말을 마친 노부야스는 망설임 없이 앞에 놓인 작은 칼을 들어 배를 갈랐다. 아직 21세의 젊은이였다.

이에야스의 장남 노부야스의 평판은 극단적으로 갈렸다. 성격이 포악하여 가신들의 인망을 얻지 못했다고도 하고, 태생이 유순하고 정이 많았을 뿐만이 아니라 무예에 뛰어났다고 알려지기도 했다. 풍문이야

어쨌든 노부야스는 소년 시절부터 전장을 누비며 눈부시게 활약했다. 그것만큼은 사실로 인정해야 할 것 같다. 이에야스는 아들 노부야스의 활약을 대견스럽게 여겼다. 노부야스가 사망한 후 항간에서 노부나가 자기의 아들 노부타다信忠보다 이에야스의 아들 노부야스가 능력이 뛰어난 것을 시샘했고, 훗날의 화근을 제거하기 위해 노부야스를 죽였다는 풍문이 돌았다.

# CHAPTER5. 5개 구니国를 점유한 다이묘

1579년 이에야스는 대내적으로 견디기 힘든 굴욕의 시간을 보냈는데, 대외적으로는 다케다 가쓰요리의 침략이 가장 활발했던 시기였다. 이에야스는 다케다군의 침략을 격퇴하는데 온 힘을 기울였다. 그런데 호조 우지마사北条氏政가 돌연히 다케다 가문과 맺은 맹약을 철회하고, 이에야스에게 다케다 가문을 같이 공격하자고 제안했다. 국면이 이에야스에게 매우 유리하게 전개되었다.

1580년을 맞이한 이에야스는 다카텐진성 공략 계획을 세웠다. 3월 17일 이에야스는 다카텐진성 주변 여러 곳에 산성과 요새를 구축했다. 6월 18일에는 다카텐진성 주변에 불을 질렀다. 스루가의 다나카성을 공략하기도 했다. 10월부터 요코스카성 주변에 진을 쳤다. 1581년 3월 도쿠가와군이 드디어 다카텐진성을 점령했다. 그동안 다카텐진성을 지키던 장수 오카베 모토노부岡部元信(?~1581)가 도쿠가와군의 공격을 어렵게 막아내면서 다케다 가쓰요리에게 원병을 요청했다. 그러나 호조 우지마사의 공격이 두려운 가쓰요리는 모토노부에게 원군을 보내지 않았다. 다카텐진성의 군량이 바닥을 드러냈다. 3월 22일 오카베 모토노부가 성에서 나와 도쿠가와군과 싸우다 장렬하게 전사했다.

스루가·도토미 지역에서 가장 중요한 요충지 다카텐진성을 빼앗긴 다케다 가쓰요리는 가이甲斐 지역으로 방어선을 물리지 않을 수 없었다. 다케다 가문이 수세에 몰리자 오다 노부나가가 다케다 가문을 공략할 준비를 했다. 1582년 2월 6일 오다 노부타다織田信忠(1557~82)가 이끄는 대군이 시나노信濃로 진격했다. 2월 18일 도쿠가와 이에야스가 슨푸성駿府城(시즈오카현 시즈오카시 아오이쿠)으로 진격하자 다케다군 수비대가 모두 도망했다. 이보다 앞서 이에야스가 밀사를 다케다씨 일족인 아나야마 노부타다穴山信君에게 보내 항복을 권유했다. 이미 대세가 기울었다고 판단한 아나야마 노부타다가 이에야스에게 항복했다.

다케다 신겐은 다른 다이묘와 달리 거성다운 거성을 건설하지 않았다. 고후甲府(야마나시현 고후시) 분지를 둘러싼 산간 지대가 천연의 성벽 역할을 했다. 가이 지역이 거대한 성곽과 같았다. 다케다 가문은 고후를 본거지로 하고 그 주변 평야에 직속 가신단을 배치하고 직할지를 설정했다. 산간 지대에는 토착 무사 집단이 다른 지역으로 나아가는 교통로를 장악하고 있었다. 3월 11일 이에야스가 아나야마 노부타다를 앞세우고 고후에 입성했다. 이날 다케다 가쓰요리가 덴모쿠잔天目山(야마나시현 고슈시 야마토초) 기슭에서 아들과 함께 자결했다. 다케다씨 가문이 멸망했다.

3월 19일 이에야스가 가미스와上諏訪(나가노현 스와시 가미스와마치)에서 오다 노부나가와 합류했다. 3월 29일 오다 노부나가의 논공행상이 있었다. 노부나가는 가와지리 히데타카河尻秀隆(1527~82)에게 가이甲斐, 모리 나가요시森長可(1558~84)에게 시나노의 다카이高井·미노치水内·사라시나更科·하니시나埴科의 4개 군, 모리 히데요리毛利秀頼(1541~93)에게 시나노 이나군伊那郡의 일부를 영지로 주었다. 이에야스에게는 스루가駿河를 영지로 주었다. 이에야스는 스루가·도토미·미카와 3개

5. 5개 구니国를 점유한 다이묘  89

구니国를 지배하는 다이묘가 되었다.

　1582년 4월 오다 노부나가는 도카이도東海道(에도에서 동쪽 해안선을 따라 교토로 이어지는 간선도로)를 따라 태평양 연안을 여행하면서 후지산에 들러 휴식하기도 하고, 스루가·도토미·미카와를 지나며 이에야스의 접대를 받았다. 5월 15일 이에야스는 아나야마 노부타다와 함께 노부나가의 거성 아즈치성安土城(시가현 오미하치만시 아즈치초)으로 갔다. 5월 19일 아즈치의 소켄지摠見寺에서 연극을 관람했다. 5월 21일 노부나가는 이에야스에게 교토 유람을 권했다. 교토를 유람한 이에야스는 5월 29일 사카이堺(오사카부 사카이시)에 이르렀다. 그날 오다 노부나가는 교토의 혼노지本能寺에서 숙박했다.

　6월 1일 이에야스가 사카이에서 이마이 소큐今井宗久(1520~93)를 비롯한 다도인이 마련한 다회에 참석했다. 6월 2일 이에야스에게 위기가 닥쳤다. 아케치 미쓰히데明智光秀(?~1582)가 혼노지를 공격하여 노부나가를 죽인 것이다. 노부나가 참변 소식을 들은 이에야스는 사카이를 떠나 교토로 향한다고 소문을 내고 오늘날 미에현三重県을 가로질러 미카와로 가는 지름길을 따라 행군했다. 2일 밤을 뜬눈으로 지새운 이에야스 일행은 6월 3일에 이세만伊勢灣의 시로코하마白子浜(미에현 스즈카시 시로코초)에서 배를 타고 6월 4일 오전에 고향 오카자키로 돌아올 수 있었다. 이에야스가 상경할 때 동행했던 아나야마 노부타다 일행은 중간에 무장한 농민군에게 살해되었다.

이에야스가 사카이에서 오카자키로 돌아올 때, 교토의 호상 차야시로지로茶屋四郎次郎가 자금을 제공하고 길을 안내하는 공을 세웠다. 차야시로지로는 비록 무사는 아니었지만, 이에야스가 가장 믿었던 측근 중의 한 사람이었다. 그는 교토에서 고후쿠야吳服屋 즉, 주로 비단을 취급하는 포목점을 운영하며 국제 무역에도 관여했던 호상이었다. 그는 1560년대부터 이에야스와 친분을 맺고 도쿠가와 가문에 포목, 생활용품, 군수품 등을 납품하는 한편 교토·오사카 지역의 정보를 이에야스에게 제공했다. 이에야스는 상경할 때 가끔 차야시로지로의 저택에서 지내기도 했다. 혼노지의 변이 있었을 때 차야시로지로는 이에야스와 함께 사카이에 머물고 있었다.

이에야스 일행이 난을 피해 고향으로 향하던 중 여러 곳에서 무장한 농민군이 길을 막았다. 이에야스가 생애 최대의 위기에 직면했다. 이때 이가伊賀(미에현 서부)의 토착 무사 200여 명이 이에야스 일행을 호위하여 무사히 위기에서 벗어날 수 있었다. 이가모노伊賀者로 알려진 토착 무사들은 훗날 이에야스에게 발탁되어 에도 막부의 온미쓰隱密 즉, 첩자로 활약했다고 알려졌다. 그러나 이가모노는 이미 1560년대부터 도쿠가와 가문과 인연을 맺고 있었다. 닌자忍者라고 알려진 온미쓰는 비밀로 운영되던 오늘날 특수부대와 같은 조직이었다. 이에야스가 적과 대치할 때 적진으로 잠입하여 건물에 불을 지르고 화약고를 폭파하는 일을 했다고 전해진다.

이에야스는 위기에 처한 순간에도 침착하게 행동했다. 이에야스는 오다 노부나가 암살 소식이 널리 퍼지면 다케다 가문이 지배하던 시나노·가이 지역에서 혼란이 일어날 것이라고 예상했다. 이에야스는 급히 요다 노부시게衣田信蕃(1548~83)를 고향 시나노의 사쿠군佐久郡(나가노현 사쿠시 일대)으로 돌려보내 그 지역의 민심을 진정시켰다. 노부시게는 원래 다케다 가문을 섬기다가 훗날 도쿠가와군이 다케다 가쓰요리를 치기 위해 가이 지역으로 진군했을 때 이에야스에게 복속했다. 다케다 가문이 멸망하자 노부나가는 다케다 가문의 가신들을 박해했다. 그때 이에야스가 요다 노부시게를 은밀히 도토미의 산속으로 피신시켰다. 그 고마움을 잊지 못한 노부시게는 이에야스의 명령에 복종했다.

1582년 6월 4일 천신만고 끝에 고향 오카자키로 돌아온 이에야스는

6월 6일에 다케다 가문의 유신 오카베 마사쓰나岡部正綱(1542~84)에게 부대를 거느리고 가이 지역으로 가서 후지카와富士川(나가노현에서 야마나시현 · 시즈오카현으로 흐르는 하천) 주변의 요새 시모야마下山(야마나시현 미나미코마군 소재)를 지키도록 했다. 오다 노부나가가 급사한 후 다케다 가문이 지배하던 시나노 · 가이 지역은 무주공산이나 다름없었다. 이에야스는 다케다 가문의 옛 영지를 언제라도 손에 넣을 수 있는 준비를 완료했다.

이윽고 도쿠가와 이에야스는 오다 노부나가의 도무라이갓센弔合戰 즉, 원수를 갚는 복수전에 나선다고 선언했다. 6월 14일 이에야스가 대군을 이끌고 오와리尾張의 나루미鳴海(아이치현 나고야시 미도리쿠)까지 진군했을 때 도요토미 히데요시가 보낸 사자를 만났다. 히데요시가 말했다. "이미 아케치 미쓰히데를 토벌하여 교토 · 오사카 일대가 평정되었으니 돌아가는 것이 좋을 것 같습니다." 히데요시의 서신을 접한 이에야스는 나루미에서 며칠 머물다 6월 21일에 말머리를 돌려 하마마쓰성으로 돌아왔다.

7월 3일 이에야스는 오다 노부나가가 점령했던 다케다 가문의 영지 가이甲斐(야마나시현)와 시나노信濃(나가노현과 기후현의 일부) 지역으로 군대를 보냈다. 그 무렵 호조 우지마사도 가이 지역을 쟁취하기 위해 기민하게 움직이고 있었다. 우지마사는 다케다 가문의 유신과 호족들을 사주하여 봉기하도록 했다. 새로 다이묘가 된 가와지리 히데타카를 몰아내고 그 지역을 점령할 계획을 세웠다. 이에야스도 가신을 파견하여 호족들의 반란을 선동했다. 히데타카가 반란군에게 살해되자 이에야스는 다케다 가문 유신들의 인심을 얻는 일에 힘을 기울였다.

오다 노부나가가 사망한 후 도쿠가와 이에야스에게 복속한 다케다 가문의 유신은 890여 명에 달했다. 이에야스는 그들이 예전부터 거느리던 무사단을 그대로 이끌고 이이 나오마사井伊直政(1561~1602) 또는 오쿠보 타다요 휘하에 편입하는 것을 허락했다. 다케다 가문의 통치 조직도 그대로 유지했다. 이에야스는 충직한 가신 히라이와 지카요시平岩親吉(1542~1612)를 가이 지역의 군다이郡代로 임명했지만, 행정을 담당하는 관리는 그 지역 사정에 밝은 다케다 가문의 유신들을 기용했다. 다케다 가문이 멸망하기 직전에 이에야스에게 복속한 나루세 마사카즈成瀬正一(1538~1620), 구사카베 사다요시日下部定好(1542~1616) 등 다케다 가문의 유신 네 명이 부교奉行로 임명되었다.

이에야스는 지교知行 즉, 무사에게 지급되는 영지의 분배 방식도 다케다 가문의 관행을 존중했다. 이미 사망한 부친이나 가문이 단절된 형제의 영지를 자기의 영지로 인정해 달라는 무사의 요청을 받아들였다. 당시 무사단은 동족으로 조직되어 있는 경우가 많았다. 그래서 부친이나 형제의 영지는 자기의 영지나 다름이 없다고 생각하는 무사들이 많았다. 만약 이에야스가 가이 지역 무사단의 관행을 인정하지 않았다면 그들은 즉시 반란을 일으켰을 것이다. 실제로 가와지리 히데타카가 암살된 것은 그의 강압적인 통치방식 때문이었다. 매사 신중했던 이에야스는 점령지의 지배가 안정될 때까지 그 지역 무사들의 심기를 거스르지 않는 정책 기조를 유지했다. 이에야스는 큰 어려움 없이 점령지를 지배할 수 있었다.

시나노 역시 다케다 가문이 지배했던 땅이었다. 그러나 이에야스의 시나노 지배 방식은 가이의 그것과 달랐다. 시나노는 중세 이래 군소 영주들이 난립하여 항쟁하던 지역이었을 뿐만 아니라, 다케다 가문 이외에 호조 가문 또는 우에스기 가문을 섬기던 호족 세력이 뿌리 깊게 침투해 있는 지역이었다. 시나노를 가이와 같은 방식으로 다스릴 경우, 오히려 매우 혼란스러운 상황이 발생할 수 있었다. 이에야스는 시나노 지역의 문제점을 잘 알고 있었다.

1582년 7월 이에야스는 중신 사카이 타다쓰구에게 시나노 지역 경영을 일임하며 5개 조 법령을 정했다. 그것의 골자는 다음과 같다. 시나노 12개 군에 무나베쓰센棟別錢 즉, 가옥의 동수별로 부과하는 세금을 징수할 것, 여러 종류의 잡세를 징수할 것, 도쿠가와 가문에 충성하지 않는 자는 영지에서 추방할 것, 시나노를 평정하면 무사의 영지 지배권은 2년으로 한정할 것, 만약 시나노를 평정하지 못하면 종래의 영지 지배권을 그대로 인정할 것. 이에야스는 시나노를 평정한 후 그곳의 무사가 보유하던 영지를 재배치한다는 방침을 세웠다는 것을 알 수 있다. 그러나 이에야스의 의도는 관철되지 않았다.

사카이 타다쓰구가 중대한 임무를 띠고 시나노로 향했다. 그는 이나군伊那郡(나가노현 이이다시·이나시·고마가네시 일대)을 거쳐 스와諏訪(나가노현 스와시)에 이르러 다카시마성高島城 성주 스와 요리타다諏訪賴忠(1536~1606)에게 다음과 같이 말했다. "시나노 지역의 영주는 모두 나의 지휘를 받아야 한다. 그러니 그대도 나의 명령에 따르도록 하라." 그러자 스와 요리타다가 크게 화를 내며 말했다. "나는 도쿠가와 가문을 섬기는 몸이지만, 그대의 지휘를 받을 생각이 없다." 요리타다는 군사를 동원하여 타다쓰구에게 항전할 태세를 갖췄다. 그러자 당황한 이에야스가 오쿠보 타다요를 보내 요리타다를 달래며 말했다. "사카이

타다쓰구의 말이 틀렸다. 이전과 같이 다만 도쿠가와 가문을 섬기며 충성을 다하도록 하라." 도쿠가와 이에야스의 변심으로 사카이 타다쓰구의 시나노 지역 진무공작은 그다지 효과를 거두지 못했다.

도쿠가와 이에야스는 이이다성飯田城(나가노현 이이다시)에 본거지를 둔 스가누마 사다토시菅沼定利(?~1602)를 앞세워 이나군을 지배했지만, 사쿠佐久(나가노현 사쿠시)·지이사가타小県(나가노현 지이사가타군)·아즈미安曇(나가노현 마쓰모토시 일대)를 비롯한 다른 지역은 예부터 다케다 가문을 섬기던 영주들의 통치권을 인정하지 않을 수 없었다. 1583년경 이에야스가 점유한 영지는 스루가·도토미·미카와·가이·시나노의 5개 구니国로 확대되었다. 하지만 시나노 지역은 겨우 남부 일대를 장악하는 데 만족하지 않을 수 없었다.

# CHAPTER6. 이에야스와 도요토미 히데요시

## 1) 고마키·나가쿠테 전투

1583년 1월 18일 이에야스가 호시자키星崎(아이치현 나고야시 미나미쿠)에서 오다 노부나가의 아들 오다 노부카쓰織田信雄(1558~1630)와 회견했다. 노부카쓰는 자신이 오다 가문의 중심인물이라는 자부심이 있었다. 그런데 당시 히데요시는 오다 가문을 몰락시키고 스스로 정권을 장악하려는 음모를 꾸미고 있었다. 히데요시가 두려웠던 노부카쓰가 이에야스에게 접근했다. 그렇지 않아도 이에야스는 히데요시의 행위를 마땅치 않게 생각하고 있던 참이었다. 이에야스는 노부카쓰를 자기편으로 끌어들여 히데요시의 독주를 막으려고 했다.

이에야스는 노부카쓰를 지원하면서 히데요시와 대립했다. 그런데 히데요시는 노부나가의 유력한 가신이었다. 오다 가문의 후계 문제에 적극적으로 개입할 자격이 있었다. 그에 비하여 이에야스는 노부나가와 동맹을 맺은 다이묘였다. 원칙적으로 오다 가문의 후계 문제에 간섭할 수 없는 처지였다. 하지만 이에야스는 자타가 공인하는 오다 노부나가의 가장 충직한 협력자였다. 노부나가의 자제들과도 친밀한 사이였다. 더구나 오다 노부카쓰가 먼저 이에야스에게 도움을 요청했다. 이에야스는 절호의 기회를 놓치지 않았다.

하지만 이에야스는 표면적으로 히데요시와 우호적인 관계를 유지했다. 1583년 4월 히데요시와 시바타 가쓰이에柴田勝家(1522~83)가 격돌한 시즈가타케賤ヵ岳 전투 때, 가쓰이에가 이에야스에게 원조를 요청한 적이 있었다. 그러나 이에야스는 가쓰이에의 요청을 거절했다. 히데요시와 맞서는 것을 꺼렸기 때문이다. 오히려 5월 22일 이에야스는 가신 이시카와 가즈마사石川数正를 히데요시에게 보내 시즈가타케 전투에서 승리한 것을 축하했다. 이때 이에야스는 당시 다도인이 소유하고 싶어 하던 하쓰하나카타쓰키初花肩衝라는 명품 다기를 히데요시에게 선물했다.

시즈가타케 전투 후 히데요시는 시바타 가쓰이에와 연합하여 자기에게 맞섰던 노부나가의 셋째 아들 오다 노부타카織田信孝(1558~83)를 죽였다. 이에야스는 히데요시가 오다 가문을 멸망시키고 권력을 찬탈하려는 속내를 드러냈다고 판단했다. 이에야스는 히데요시를 경계하기 시작했다. 이에야스는 히데요시에 불만을 품은 오다 노부카쓰를 이용해서 강력해진 히데요시의 힘을 견제하고, 오다 가문의 후계자 다툼에서 배제되었던 자신의 존재감을 드러내려고 했다.

이에야스는 은밀히 히데요시와 맞설 준비를 하고 있었다. 1583년 8월 15일 자신의 둘째 딸 도쿠히메督姬를 호조 우지나오北条氏直(1562~91)에게 시집보내며 호조 가문과 동맹 관계를 더욱 강화했다. 그리고 이에야스는 빈번하게 점령지를 순시하며 다케다 가문 또는 이마가와 가문을 섬기던 무사들을 가신단으로 편입하는 일에 전념했다. 12월에는 미카와 잇코잇키 세력이 봉기한 이래, 도쿠가와 가문이 지배하던 지역에서 금지했던 정토진종 혼간지파 즉, 잇코슈一向宗의 부활을 허락했다. 종교 세력을 자기편으로 끌어들이기 위해서였다.

도쿠가와 이에야스는 히데요시와 맞설 수 있다고 생각했다. 시바타 가쓰이에가 멸망한 후에도 히데요시에 반감을 품고 있던 다이묘들이 적지 않았다. 무엇보다도 광대한 간토 지방을 지배하는 호조씨 일족이 히데요시와 맞서고 있었다. 엣추越中(도야마현)의 다이묘 삿사 나리마사 佐々成政(1536~88)도 히데요시와 사이가 좋지 않았고, 시코쿠四国의 실력자 조소카베 모토치카長宗我部元親(1539~99)도 히데요시와 대립하고 있었다. 기이紀伊(와카야마현과 미에현의 남서부)의 네고로지根来寺를 중심으로 활약하는 승병, 오늘날 와카야마현 와카야마시 일대를 본거지로 하며 다량의 뎃포鉄砲를 보유하고 해운과 무역에 종사하는 용병집단인 사이가슈雜賀衆도 이에야스 편을 들고 있었다.

1584년 3월 이에야스·노부카쓰와 히데요시의 대립이 표면화되었다. 오다 노부카쓰가 이에야스와 협의한 후 히데요시와 내통하던 중신들을 처형했다. 이에야스가 대군을 거느리고 서쪽으로 진군했다. 1583년 3월 13일 이에야스와 노부카쓰는 기요스성에서 작전회의를 열었다. 이 회의에서 오와리·이세 지역 각지에 요새를 구축하여 히데요시군을 포위하는 작전을 세웠다. 이에야스가 본진으로 삼은 고마키야마성小牧山城(아이치현 고마키시)과 이와쿠라성岩倉城(아이치현 이와쿠라시)을 수축했다. 고마키야마성은 노부나가가 미노美濃를 공략할 때 거성으로 삼았던 곳이고, 이와쿠라성은 오다씨 일족의 거성이었다.

도쿠가와 이에야스가 대군을 동원하여 전투 태세를 취하자 히데요시의 부장 이케다 쓰네오키池田恒興(1536~84)와 모리 나가요시森長可(1558~84)가 별동대를 거느리고 오와리로 진군했다. 3월 17일에 모리 나가요시가 오와리의 하구로성羽黒城(아이치현 이누야마시)에 진을 쳤다. 그러자 사카이 타다쓰구酒井忠次와 오쿠다이라 노부마사奥平信昌가 이끄는 도쿠가와군 선봉대가 하구로성을 공략했다. 모리 나가요시가 대패했다.

3월 19일 히데요시가 대군을 거느리고 동쪽으로 진군할 예정이었으나 이에야스 편에 선 사이가슈와 시코쿠의 조소카베 모토치카 부대가 오사카를 향해 진군한다는 소식을 듣고 계획을 수정했다. 히데요시는 후방군을 오사카 인근에 배치한 후 3월 27일 대군을 이끌고 동쪽으로 나아가 가쿠덴성楽田城・이누야마성犬山城(모두 아이치현 이누야마시)을 본진으로 삼았다. 이누야마성은 원래 오다 노부카쓰의 지성이었으나 히데요시의 측근 이케다 쓰네오키가 빼앗았다. 고마키小牧・나가쿠테長

久手 전투 때 히데요시군의 중요한 거점이 되었다.

4월 8일 이케다 쓰네오키 부자와 모리 나가요시가 히데요시에게 고마키야마성의 방비가 충실해서 도저히 공격할 수 없으니 오히려 이에야스의 본거지인 미카와三河를 기습하자고 제안했다. 히데요시는 처음에 미카와 공격에 반대했다. 그러나 히데요시의 조카 하시바 히데쓰구羽柴秀次까지 나서서 자신이 대장이 되어 미카와 지역을 공략하겠다고 간청했다. 히데요시는 히데쓰구·쓰네오키·나가요시가 2만여 명의 대군을 거느리고 미카와로 쳐들어가도록 허락했다. 그러나 이에야스는 이미 히데요시군의 동향을 파악하고 있었다. 4월 9일 이에야스의 부장들이 도중에 매복하고 있다가 히데요시군을 기습했다. 히데요시군이 대패했다. 대장 하시바 히데쓰구는 겨우 도망할 수 있었으나 이케다 쓰네오키 부자와 모리 나가요시를 비롯한 장수들이 전사했다.

5월 1일 히데요시가 물러났다. 6월 12일 이에야스는 사카이 타다쓰구에게 고마키성을 지키게 하고 자신은 기요스성으로 돌아왔다. 8월 13일 히데요시는 다시 오와리로 나아가 니노미야二宮에 진을 쳤다가 이윽고 9월 17일에 퇴각해서 10월 2일에 교토로 돌아왔다. 10월에 도요토미 히데요시가 다시 오다 노부카쓰를 공격했다. 노부카쓰는 급히 이에야스에게 구원을 요청했다. 이에야스는 오카자키에서 기요스로 출진했으나 도요토미군과 대진하지는 않았다.

도요토미 히데요시는 전략을 바꾸었다. 군사력으로 이에야스를 굴복시키기보다는 도쿠가와 이에야스와 오다 노부카쓰의 동맹을 무력화시키는 것이 중요하다고 판단했다. 히데요시는 이세伊勢로 출진하여 노부카쓰의 거성인 나가시마성長島城(미에현 구와나시 나가시마초)을 공격했다. 노부카쓰의 가신단이 동요했다. 노부카쓰의 부장들은 이에야스보다 히데요시를 더욱 친밀하게 여겼다. 당황한 노부카쓰는 11월 11일 이에야스와 협의하지 않고 독단으로 히데요시와 화의를 맺었다.

히데요시와 노부카쓰가 화의를 맺자 이에야스는 히데요시와 싸울 명분을 잃었다. 이에야스는 오다 노부카쓰를 지원한다는 명분으로 히데요시와 맞섰지만, 화의가 성립되었으니 히데요시와 싸움을 계속할 이유가 없어졌다. 이에야스는 군사를 거느리고 하마마쓰로 물러났다. 그런데 히데요시와 노부카쓰가 강화를 맺었지만, 그것이 히데요시와 이에야스의 강화를 의미하는 것은 아니었다. 히데요시는 이에야스와 강화를 맺기 위해 노력했다. 하지만 이에야스는 히데요시의 요청에 응하지 않았다.

이에야스는 히데요시와 정면으로 대립할 생각이 없었다. 이에야스는 아들을 히데요시에게 양자로 들여보내겠다는 뜻을 전했고, 히데요시는 이에야스의 제안을 받아들였다. 이에야스는 히데요시와 대등한 관계라는 것을 강조하려고 했고, 히데요시는 이에야스의 아들을 양자로 맞아들이는 것이 사실상 강화라고 인식하고 있었다. 이리하여 1584년 12월 12일 이에야스는 차남 오기마루於義丸를 히데요시에게 보냈다. 이때 이에야스의 중신 이시카와 가즈마사・혼다 시게쓰구의 아들이 인질로 오기마루를 따라 오사카성으로 갔다. 오기마루가 훗날의 하시바 히데야스羽柴秀康였다.

## 2) 히데요시의 신하

1585년 1월부터 7월까지 이에야스는 하마마쓰성, 오카자키성, 슨푸성 등을 번갈아 왕래하며 가신단의 결속을 다졌다. 7월 19일 이에야스가 슨푸성 수축 공사를 시작했다. 공사는 윤8월에 일단 마무리되었다. 9월 15일 이에야스는 슨푸성에서 하마마쓰성으로 돌아왔다가 9월 30일에 다시 오카자키성으로 갔다. 10월 3일 이에야스가 다시 하마마쓰성으로 돌아갔다.

11월 28일 도요토미 히데요시는 가신 오다 나가마스織田長益(1547~1622)·다키가와 가쓰토시滝川雄利(1543~1610)·히지카타 가쓰히사土方雄久(1553~1608)를 사신으로 도쿠가와 이에야스에게 보내 상경을 요청했다. 당시 이에야스는 이미 차남을 히데요시의 양자로 들여보낸 처지였다. 그런데도 이에야스는 히데요시의 요청에 응하지 않았다.

1586년 3월 9일 이에야스는 이즈伊豆의 미시마三島(시즈오카현 미시마시)에서 호조 우지마사·우지나오 부자와 대면했다. 만약 이에야스와 히데요시가 대결할 경우, 호조씨 일족은 언제라도 이에야스를 지원할 준비가 되어 있었다. 이미 1585년 10월 28일 호조 가문의 중신 12명이 전쟁이 일어나면 언제든지 이에야스의 요청에 응하겠다는 서약서를 제출했다. 도쿠가와·호조 동맹이 강화되면서 이에야스·히데요시 관계가 다시 멀어지는 것처럼 보였다.

그러나 도요토미 히데요시는 이에야스와 대립하지 않고 회유하여 자기편으로 끌어들여야 한다고 생각했다. 히데요시는 이미 혼인한 여동생 아사히히메朝日姫를 강제로 이혼시켰다. 그녀의 남편은 사지휴가노카미佐治日向守라고 알려진 인물이었다. 그는 강제로 이혼당한 후 수치심을 견디지 못하고 자결했다고 전해진다. 히데요시는 아사히히메를 이에야스에게 시집보내는 계획을 추진했다. 당시 이에야스는 1579년 8월에 쓰키야마도노築山殿가 사망한 후 후처를 들이지 않고 있었다.

1586년 5월 14일 하마마쓰성에서 이에야스와 아사히히메의 혼인식이 거행되었다. 이에야스 45세 아사히히메 44세였다. 당시 여성의 나이 44세는 고령이었다. 이에야스가 정략적으로 혼인한 아사히히메에게 애정이 있을 리 없었다. 이에야스는 혼인 후에도 히데요시의 기대에 응하여 상경할 생각이 없었다. 그러자 히데요시는 마지막으로 그의 모친 오만도코로大政所를 인질로 이에야스의 본거지 오카자키성으로 보내기로 했다. 오만도코로에게는 인질이라는 것을 감추고, 딸 아사히히메를 만나러 가는 것이라고 둘러댔다.

이에야스는 더 이상 결정을 미룰 수 없었다. 이에야스는 처음부터 히데요시와 맞설 생각이 없었다. 자신의 존재감을 확인시키는 것이 목적이었다. 이에야스는 때가 되었다고 판단했다. 9월 26일 오만도코로가 인질로 온다는 소식을 들은 이에야스는 중신들을 모아놓고 상경 여부를 결정하는 회의를 열었다. 여러 중신이 이에야스의 상경에 찬성하지 않았다. 그러나 이에야스는 상경하기로 마음을 굳혔다.

  10월 13일에 교토를 떠난 오만도코로가 10월 18일에 오카자키성에 도착했다. 이에야스는 즉시 상경할 준비를 했다. 이에야스는 자신이 없는 동안 이이 나오마사井伊直政, 오쿠보 타다요大久保忠世, 혼다 시게쓰구本多重次 등 중신들에게 오카자키성의 수비를 맡겼다. 중신들은 아사히히메가 기거하는 저택 주변에 장작을 산더미처럼 쌓았다. 상경한 이에야스에게 변고가 생기면 즉시 장작더미에 불을 질러 아사히히메와 오만도코로를 태워 죽인다는 계획을 세웠다.

  10월 20일 이에야스가 혼다 타다카쓰本多忠勝·사카키바라 야스마사榊原康政(1548~1606)를 비롯한 부장들이 이끄는 대군을 거느리고 오카자키성을 출발했다. 이에야스의 대군은 대형을 갖추고 당당하게 행군하며 교토로 향했다. 이에야스의 상경은 1582년 5월 오다 노부나가의 초청으로 상경한 이래 4년 반만이었다. 이에야스는 10월 24일에 교토에 도착하여 호상 차야시로지로의 저택에 유숙하고, 10월 26일에 오사카로 가서 히데요시의 동생 하시바 히데나가羽柴秀長(1540~91)의 저택에 머물렀다.

그날 밤 히데요시가 불쑥 이에야스의 숙소를 방문했다. 히데요시는 이에야스의 상경에 감사하며 말했다. "나는 지금 신하의 신분으로 최고의 관직에 올라 천하를 호령하고 있지만, 불행하게도 비천한 가문 출신이다. 다이묘 중에 내심 나를 깔보는 자들이 적지 않을 것이다. 내일 정식으로 대면할 때 그 점을 잘 헤아려주면 고맙겠다." 히데요시는 이에야스에게 예의를 갖추어 자기를 대우해 달라고 부탁했다. 이에야스는 히데요시의 솔직한 태도에 깊은 감명을 받았다.

1586년 10월 27일 도쿠가와 이에야스가 오사카성에서 도요토미 히데요시를 공식적으로 알현했다. 이에야스는 의식을 거행할 때 히데요시에게 허리를 굽히고 머리를 조아리며 공손하게 인사를 올렸다. 여러 다이묘가 이에야스의 지극히 공손한 태도를 보고 수군거렸다. "도쿠가와 이에야스가 저렇게 공손하게 예의를 갖추는데, 우리는 당연히 도요토미 히데요시에게 진심으로 복종해야 할 것이다." 이에야스와 히데요시의 정식 강화가 성립되었다. 이에야스는 히데요시에게 신하로서의 예를 갖추었지만, 여러 다이묘 중에서 가장 유력한 지위를 확보할 수 있었다.

이에야스가 오사카성에서 교토로 돌아왔다. 교토에서 며칠 유숙한 이에야스는 11월 8일에 교토를 떠나서 11월 11일에 오카자키성으로 돌아왔다. 11월 12일 이에야스는 오만도코로를 오사카성으로 돌려보냈다. 이에야스는 이이 나오마사에게 군대를 거느리고 오만도코로를 호위하라고 명령했다. 갖은 수단을 다 동원하여 이에야스를 복종시킨 히데요시는 그제야 안심할 수 있었다. 이름난 효자였던 히데요시는 노모 오만도코로가 무사하게 돌아온 것을 무엇보다도 기뻐했다. 12월 4일 이에야스가 하마마쓰성에서 스루가駿河의 슨푸성으로 본거지를 옮겼다.

이에야스를 복종시킨 히데요시는 국내 통일에 박차를 가하는 한편 1586년 12월 19일에 다이조다이진太政大臣에 취임하며 명실상부하게 일본 최고의 권력자가 되었다. 히데요시와 이에야스의 관계도 자연히 주종관계나 다름없이 되었다. 사려 깊은 이에야스는 히데요시와 대립하지 않았고, 히데요시 또한 이에야스를 다른 다이묘와 차등을 두어 각별하게 대우했다. 이에야스는 규슈 정벌에 동원되지 않았다. 간토 지방을 지배하던 호조씨를 견제하는 역할을 했다.

1587년 7월 14일 도요토미 히데요시가 규슈를 정벌하고 개선했다. 도쿠가와 이에야스가 히데요시의 개선을 축하하기 위해 상경했다. 8월

5일 히데요시가 오미近江의 오쓰大津(시가현 오쓰시)까지 가서 이에야스를 맞이하여 함께 교토로 입성했다. 히데요시는 천황에게 상주해서 이에야스에게 정2위 곤다이나곤權大納言 관직을 수여했다. 이에야스는 8월 10일 교토를 떠나서 8월 17일 스루가의 슨푸성으로 돌아왔다.

1588년 1월 29일 이에야스가 도토미의 나카이즈미中泉(시즈오카현 이와타시)에서 매사냥을 했다. 이에야스는 자주 매사냥에 나섰는데, 매사냥은 단순한 취미생활이 아니었다. 이에야스가 매사냥에 나서면 대군이 동원되었다. 매사냥은 군사훈련의 일환이었다. 2월 3일에는 슨푸에서 오카자키에 이르는 도로에 있는 숙역宿駅에 덴마야쿠伝馬役를 부과했다. 숙역 주변 마을의 농민들이 숙역 관리에 필요한 경비를 부담했다. 3월 18일 이에야스가 상경했다. 3월 29일 히데요시는 이에야스와 함께 교토 부근에서 매사냥을 하며 친목을 다졌다. 4월 3일에는 히데요시가 이에야스에게 진귀한 명물 다기와 쌀 2,000섬을 하사했다.

히데요시는 1588년 4월 14일부터 5일간 고요제이 천황後陽成天皇(재위:1586~1611)을 자신의 거성 주라쿠테이聚落第로 맞이하여 잔치를 베풀었다. 잔치 두 번째 날인 4월 15일 천황은 여러 다이묘를 모이게 한 다음 히데요시에게 충성을 다하라고 당부했다. 히데요시는 여러 다이묘에게 천황과 자신에게 충성을 맹세하는 서약서를 제출하라고 명령했다. 이때 이에야스가 솔선해서 서약서에 서명했다. 히데요시는 이에야스가 앞장서서 자기에게 머리를 조아리는 것이 흡족했을 것이다. 4월 27일 이에야스가 교토에서 오카자키성으로 돌아왔다.

### 3) 오다와라 · 오슈 출진

도요토미 히데요시가 규슈를 정벌하며 서부 일본이 평정되었다. 히데요시의 전국 통일은 간토関東 · 오우奧羽 즉, 오늘날 간토 · 도호쿠 지방을 남겨놓고 있었다. 히데요시의 다음 과제는 간토 지방을 평정하는 것이었다. 그곳은 호조 소운北条早雲(?~1519)이 이즈伊豆를 차지한 이래 그의 자손이 100년 가까이 지배하고 있었다. 히데요시가 일본 최고의 권력자가 되었을 무렵 호조 가문의 당주는 호조 우지나오北条氏直였으나 실제로는 그의 부친 호조 우지마사北条氏政가 실권을 행사하고 있었다.

도쿠가와 이에야스와 호조 가문의 관계는 매우 친밀했다. 호조 우지

나오는 이에야스의 사위였다. 호조 우지마사의 동생이며 니라야마성韮
山城(시즈오카현 이즈노쿠니시) 성주 호조 우지노리北条氏規(1545~1600)는 어
려서 이마가와 가문에 인질로 보내졌을 때 슨푸에서 이에야스와 함께
지냈던 인물이었다. 이에야스와 속마음을 터놓을 수 있는 사이였다. 이
러한 사정을 잘 알고 있던 히데요시는 이에야스를 앞세워 호조 가문을
복종시키려고 했다.

그런데 도요토미 히데요시가 서부 일본을 평정했을 무렵, 히데요시
와 호조 가문의 사이가 악화했다. 히데요시는 이에야스의 입장을 최대
한 배려했지만, 호조 가문에게 복종을 요구하지 않을 수 없었다. 주라
쿠테이 행사가 끝난 후에 히데요시는 호조 우지마사·우지나오 부자
에게 사신을 보내서 다음과 같이 힐난했다. "오늘날 일본의 모든 다이
묘가 조정의 명령에 복종하고 있다. 그러나 호조 가문은 5대에 걸쳐 간
토 지방을 영유하고 있으면서도 입조하려고 하지 않는다. 이것은 진정
으로 신하의 도리에 벗어난 일이다. 우지마사·우지나오 부자는 조속
히 상경하기 바란다."

주라쿠테이 행사에서 슨푸성으로 돌아온 도쿠가와 이에야스는 히데
요시에게 복종하지 않는 우지마사·우지나오 부자에게 다음과 같은

내용의 서신을 보냈다. "5월 중에 우지마사의 형제를 상경시켜 히데요시에게 인사를 드려야 할 것이다. 만약 우지마사 형제를 상경시킬 수 없다면 우지나오와 혼인한 내 딸을 돌려보내도록 해라." 이에야스의 서신을 접한 호조 우지나오는 6월 5일에 답신을 보내 12월 상순에 부친 우지마사가 상경할 예정이고, 그 전에 숙부 호조 우지노리가 상경할 것이라고 말했다. 8월 7일 호조 우지노리가 오다와라를 떠나서 8월 17일 교토에 도착했다. 8월 22일 우지노리가 히데요시를 알현했다.

히데요시가 우지노리에게 말했다. "우지마사·우지나오 부자가 상경해서 신종의 예를 표하라고 전해라." 그러나 호조 우지마사·우지나오 부자는 상경을 서두르지 않았다. 그러는 사이에 누마타성沼田城(군마현 누마타시 니시쿠라우치마치) 지배를 둘러싸고 호조 우지마사와 사나다 마사유키真田昌幸(1547~1611)가 대립했다. 그러자 히데요시가 나서서 분쟁을 중재했다. 하지만 호조 가문은 히데요시의 중재안을 무시하는 태도로 일관했다. 격노한 히데요시가 호조 가문 정벌을 결심했다. 이에야스도 호조 가문과의 교섭을 중단했다. 이에야스에게 사위 호조 우지나오보다 히데요시가 더욱 중요한 존재였다.

이에야스의 중재 노력에도 불구하고 호조 가문이 끝까지 히데요시의 명령에 따르지 않은 것은 일전을 불사하겠다는 뜻이 굳건했기 때문이다. 1587년 7월 히데요시의 규슈 평정을 지켜본 호조 가문은 즉시 전쟁 준비에 착수했다. 간토 지방 전역에서 농민을 역부役夫로 동원하고, 주물공을 징발하여 대포와 화승총을 제조했다. 그러나 호조 가문이 동원할 수 있는 병력은 최대 3만4,000여 명에 불과했다. 그것도 15세에서 70세까지 모두 동원했을 때의 숫자였다. 동원된 사람은 집에 있던 칼, 활, 창 등을 들고 소집에 응했다. 히데요시 군단에 맞설 수 있는 전력이 아니었다. 그런데도 호조 가문은 이즈伊豆의 야마나카성山中城(시즈오카현 미시마시)과 니라야마성을 지키면서 본거지 오다와라성小田原城에 들어가 지구전을 펼친다면 보급이 원활하지 못한 적이 스스로 물러갈 것이라고 확신했다.

1589년 11월 24일 히데요시가 호조 가문을 정벌한다고 선포했다. 히데요시는 전쟁을 선포하는 문서를 먼저 이에야스에게 보냈다. 호조 우지나오가 이에야스의 사위라는 점을 배려한 것이었다. 이에야스는 히데요시의 문서를 다시 호조 우지마사・우지나오 부자에게 보냈다. 11월 29일 이에야스가 슨푸성을 떠나 상경 길에 올랐다. 이에야스는 히데요시의 거성에서 우에스기 카게카쓰上杉景勝(1556~1623)・마에다 도시이에前田利家(1539~99)와 함께 호조 가문 정벌을 위한 작전회의를 열었다. 12월 22일 슨푸성으로 돌아온 이에야스는 다음 해 1월 3일 자신의 셋째 아들 조마루長丸를 히데요시에게 인질로 보냈다.

1590년 1월 13일 이에야스의 셋째 아들 조마루가 교토에 도착했다. 조마루는 1월 15일 주라쿠테이에서 히데요시를 알현했다. 히데요시는 조마루에게 주라쿠테이에서 겐푸쿠元服 즉, 성인식을 올리게 했다. 이때 히데요시는 자신의 이름 '秀吉' 중 '秀' 자를 조마루에게 하사했다. 이때부터 조마루는 도쿠가와 히데타다德川秀忠(1579~1632)라는 정식 성명을 사용하게 되었다. 그런데 조마루가 성인식을 올리기 하루 전인 1월 14일 히데요시의 여동생이며 이에야스의 정실이었던 아사히히메가 주라쿠테이에서 사망했다. 아시히히메는 1588년 6월 모친 오만도코로를 만나러 상경한 후 주라쿠테이에 머물러 살다가 그곳에서 사망했다.

1590년 2월 7일 도쿠가와 이에야스가 부장들에게 출진을 명했다. 2월 10일에는 이에야스가 슨푸성을 출발하여 스루가의 가지마賀島(시즈오카현 후지시)에 도착했다. 이에야스는 후지카와富士川를 건너 2월 24일에 나가쿠보성長久保城(시즈오카현 슨토군 나가이즈미초)에 이르러 진을 쳤다. 이때 이에야스가 동원한 병력은 3만여 명이었다.

이에야스의 뒤를 이어서 가모 우지사토蒲生氏郷(1556~95)를 비롯한 여러 다이묘가 각각 대군을 이끌고 오다와라성 주변에 포진했다. 2월 26일에는 히데요시의 수군이 스루가의 시미즈항淸水港(시즈오카현 시즈오카시 시미즈쿠)에 닻을 내렸다. 3월 1일 드디어 히데요시가 3만2,000여 명의 대군을 거느리고 교토를 떠나 동쪽으로 향했다. 히데요시는 오미, 기요스, 슨푸를 지나 3월 27일에 산마이바시성三枚橋城(시즈오카현 누마쓰시 오테마치)에 입성했다. 이에야스가 히데요시를 맞이했다.

3월 28일 도요토미 히데요시가 이에야스와 함께 산마이바시성 인근의 산에 올라 야마나카성의 지형을 시찰한 후에 야마나카성과 니라야마성 공격 계획을 세웠다. 히데요시는 오다 노부카쓰를 총대장으로 하는 군단이 니라야마성, 하시바 히데쓰구를 총대장으로 하는 군단이 야마나카성을 공격하라고 명령했다. 이에야스의 대군은 야마나카성 북쪽에서 진격하기로 했다.

전투는 3월 29일 정오에 끝났다. 야마나카성을 지키던 마쓰다 야스나가松田康長(1537~90)가 전사하자 호조군이 하코네·오다와라 방면으로 달아났다. 이에야스는 하코네에서 적의 패잔병들을 소탕하면서 다카노스성鷹巢城(가나가와현 아시가라시모군 하코네마치)을 공략한 후 미야기

6. 이에야스와 도요토미 히데요시 117

노궁성野 방면으로 진격했다. 니라야마성은 함락되지 않았다. 히데요시 군이 니라야마성을 포위하고 지구전 태세로 전환했다.

4월 1일 히데요시군이 하코네를 지나 소운지早雲寺(가나가와현 아시가라 시모군 하코네마치)로 향했다. 4월 3일 히데요시군이 오다와라성을 포위했다. 이에야스는 니라야마성 성주 호조 우지노리에게 서신을 보내 투항을 권고했다. 고심하던 우지노리는 6월 24일 니라야마성을 히데요시군에게 개방하고 투항했다. 바치가타성鉢形城(사이타마현 오사토군) 성주 호조 우지쿠니北条氏邦(1548~97)도 투항했다. 히데요시는 투항한 호조 가문의 중신을 앞세워 우지마사·우지나오 부자에게 화의를 권유했다. 하지만 우지마사·우지나오 부자는 끝내 항복하지 않았다.

이 무렵 도요토미 히데요시는 이에야스의 영지를 간토 지방으로 옮기는 이봉移封을 결정했다. 6월 28일 에도江戸(도쿄토)가 이에야스의 본거지로 정해졌다. 7월 5일 호조 우지나오가 히데요시에게 항복했다. 히데요시는 이에야스의 사위 호조 우지나오는 살려주었으나 호조 우지마사를 비롯한 호조씨 일족에게 할복을 명했다. 7월 11일 호조 우지마사가 자결 형식으로 처형되었다. 5대 100년간 간토 지방을 다스리던 호조 가문이 멸망했다.

7월 13일 히데요시가 오다와라성에서 논공행상했다. 히데요시는 이에야스에게 호조 가문이 다스리던 간토 지방의 무사시武蔵(도쿄와 사이타마현)·이즈伊豆(이즈 반도)·사가미相模(가나가와현)·가즈사上総(지바현)·시모사下総(지바현·이바라키현의 일부)·고즈케上野(군마현) 6개 구니国를 영지로 주었다. 그 대신에 이에야스가 다스리던 스루가·도토미·미카와·가이·시나노의 5개 구니를 몰수하여 오다 노부카쓰에게 주기로 했다. 그러나 노부카쓰가 영지를 옮기는 것에 반대했다. 화가 난 히데요시는 노부카쓰를 추방했다. 그리고 이에야스가 다스리던 5개 구니를 도요토미 가문의 부장들에게 나누어주었다.

1591년 1월 이에야스가 오슈奧州(후쿠시마현·미야기현·이와테현·아오모리현과 아키타현 일부)로 출진하기 위해 에도성을 출발하여 이와쓰키岩槻(사이타마현 이와쓰키시)에 이르렀다. 전년 11월 도요토미 히데요시가 오다와라 정벌 때 출진하지 않았던 오슈의 다이묘 오사키 요시타카大崎義隆(1548~1603)·가사이 하루노부葛西晴信(1534~97)의 영지를 몰수했는데, 두 다이묘 가문의 무사들이 반란을 일으켰다. 히데요시는 가모 우지사토·다테 마사무네伊達政宗(1567~1636)를 비롯한 다이묘들에게 반란의 진압을 명령했다. 이때 이에야스는 중신 사카키바라 야스마사 부대를 파견했다. 그런데 현지에서 가모 우지사토와 다테 마사무네가 대립하여 효과적인 작전을 수행하지 못했다. 그러자 히데요시는 이에야스에게 직접 오슈로 가서 우지사토와 마사무네의 불화를 중재하라고 명령했다. 그래서 이에야스가 1591년 새해가 밝자마자 오슈로 출진했던 것이다. 그런데 이에야스가 이와쓰키까지 진군했을 때 히데요시가 다테 마사무네를 교토로 소환했다는 소식을 들었다. 1월 13일 이에야스가 에도성으로 돌아왔다.

1591년 3월 오슈의 호족 구노헤 마사자네九戶政実(1536~91)가 반란을 일으켰다. 오슈 지방의 다이묘들이 반란 진압에 나섰으나 성과가 없었다. 히데요시가 도쿠가와 이에야스를 비롯한 다이묘들에게 출진을 명했다. 7월 19일 이에야스가 이이 나오마사·사카키바라 야스마사·혼다 타다카쓰·마쓰다이라 야스모토松平康元(1552~1603)가 거느리는 부대를 이끌고 에도성을 출발했다. 8월 6일 이에야스가 히데요시의 양자 하시바 히데쓰구와 함께 니혼마쓰二本松(후쿠시마현 니혼마쓰시)에 진을 치고, 그곳에서 가모 우지사토·다테 마사무네 등과 작전회의를 열었다. 토벌군 6만여 명이 반란군이 농성하는 구노헤성을 포위했다. 9월 4일 구노헤 마사자네가 항복했다. 10월 29일 이에야스가 에도성으로 돌아왔다.

## 4) 조선 침략

1591년 9월 도요토미 히데요시가 대륙침략을 위한 동원령을 내렸다. 침략군으로 편성된 다이묘들에게 군역이 부과되었다. 1592년 1월 5일 히데요시는 3월 상순경에 조선 침략을 개시하라고 명령했다. 육군과 수군 여러 부대의 부서를 정했다. 히데요시는 침략에 동원된 다이묘들에게 군사를 거느리고 규슈의 나고야성名護屋城(사가현 가라쓰시 진제이초)에 집결하라고 명령했다. 1군단에서 16군단, 그리고 보충대 2개 군단까지 25만여 명, 노를 젓는 수부 4,000여 명, 히데요시의 친위대 3만여 명 등 모두 33만여 명이 편성되었다.

1592년 2월 2일 이에야스가 상경하기 위해 에도를 출발했다. 이에야스는 14살 난 아들 도쿠가와 히데타다德川秀忠에게 에도성을 지키게 하고, 가신 사카키바라 야스마사와 이이 나오마사에게 히데타다를 보좌하라고 명령했다. 히데타다가 이에야스 부재중에 에도성을 지키는 임무를 수행한 것은 이때가 처음이었지만, 훗날 항상 같은 일이 되풀이되었다. 이에야스가 상경하여 오랫동안 교토에 머무를 때 항상 히데타다가 간토 지방의 정치를 관장했다. 이러한 경험이 훗날 이에야스가 쇼군의 지위에서 물러나 오고쇼大御所를 칭하며 슨푸駿府로 거처를 옮겼을 때 막부의 중신들을 거느릴 수 있는 밑바탕이 되었다.

3월 13일 도요토미 히데요시가 9군단으로 편성된 15만8,700명의 군사에게 조선을 침략하라고 명령했다. 고니시 유키나가小西行長(1558~1600)가 이끄는 선봉대가 먼저 규슈를 떠나 부산으로 향했고, 그 뒤를 이어 가토 기요마사加藤清正(1562~1611)가 이끄는 제2군, 구로다 나가마사黑田長政(1568~1623)가 이끄는 제3군이 출항했다. 3월 17일 이에야스가 다테 마사무네·우에스기 카게카쓰·사타케 요시노부佐竹義宣(1570~1633)·난부 노부나오南部信直(1546~99) 등과 함께 교토를 떠나서 규슈의 나고야성으로 향했다. 이에야스를 비롯한 다이묘 63명이 거느린 부대가 나고야성 주변에 주둔했다. 3월 25일 도요토미 히데요시가 나고야성에 도착했다.

도쿠가와 이에야스가 거느린 부대 1만5,000여 명은 나고야성 가까이에 있는 후루사토초古里町에 주둔했다. 이에야스는 진중에 머물면서 조선에서 활약 중인 아사노 나가마사浅野長政(1547~1611), 고바야카와 다카카게小早川隆景(1533~97), 토도 다카토라藤堂高虎(1556~1630) 등과 서신을 주고받으면서 신뢰를 쌓았다. 이에야스는 나고야성에서 수시로 아들 히데타다로부터 에도성 축성공사 진척 상황을 보고받았다. 또 히데타다를 보좌하는 중신 이이 나오마사에게 서신을 보내 간토 지방의 정치 전반을 지시했다.

이에야스는 규슈의 나고야에서 1593년 새해를 맞이했다. 히데요시는 개전 초기부터 스스로 조선으로 건너가 침략군을 직접 지휘하겠다고 말했다. 히데요시는 바다를 건널 선박을 건조하고 친위대를 편성했다. 친위대에게 황금으로 칠한 투구와 갑옷으로 무장하도록 했다. 그러나 1592년 7월 일본 수군이 이순신이 이끄는 조선 수군에게 대패했고, 평양까지 진격한 일본 육군도 그해 겨울부터 시작된 명군과 조선군의 반격으로 수세에 몰렸다. 히데요시가 바다를 무사히 건넌다는 보장이 없었다. 일본군 진영이 염전 분위기에 휩싸였다. 일본군의 선봉장 고니시 유키나가가 명군과 강화를 모색했다.

이에야스는 1593년 8월까지 규슈의 나고야성에 머물렀다. 그동안 이에야스는 2월에 에도의 가신들에게 선박 제조에 필요한 철판을 나고야성으로 수송하라고 명령했다. 5월 15일 이시다 미쓰나리石田三成(1560~1600)와 고니시 유키나가가 명나라 사신과 함께 나고야성에 도착했다. 이에야스는 히데요시의 명령으로 명나라의 사신을 접대하는 임무를 맡았다. 그 후 이에야스는 지루한 시간을 견딜 수 없었던지, 6

월 28일 행상으로 변장하고 역시 수도승으로 변장한 마에다 도시이에 前田利家와 함께 시장에서 오이를 팔며 돌아다니는 놀이를 하기도 했다.

이 무렵 이에야스는 후지와라 세이카藤原惺窩(1561~1619)를 나고야의 진중으로 불러 유학 강의를 들었다. 원래 승려였던 세이카는 유학뿐만 아니라 불교 교리에도 정통한 지식인이었다. 그는 당시 간파쿠關白 지위에 있던 도요토미 히데쓰구豊臣秀次(1568~95)와 사이가 좋지 않아 교토에서 규슈의 나고야로 내려와 친분이 있는 다이묘 진영에 머물고 있었다. 이에야스는 자주 후지와라 세이카를 불러 유학의 정신에 대하여 질문했다. 훗날 이에야스가 후지와라 세이카를 에도성으로 부른 것은 나고야 진중에서 그를 만난 인연이 있었기 때문이다.

1593년 8월 15일 도요토미 히데요시가 잠시 규슈의 나고야성에서 오사카성으로 돌아왔다. 8월 29일 이에야스도 오사카로 돌아왔다. 9월 7일 이에야스가 오사카에 있는 마에다 도시이에의 저택에서 열린 다회에 참석했다. 윤9월 22일 히데요시가 도쿠가와 이에야스, 마에다 도시이에, 가모 우지사토 등 여러 다이묘를 후시미성伏見城(교토시 후시미쿠 모모야마초)으로 불러 다회를 열었다. 10월 2일에는 이에야스가 히데요시를 초대하여 다회를 열었다.

10월 26일 이에야스가 1년 9개월 만에 에도로 돌아왔다. 10월 30일 이에야스가 가신들을 모아놓고 연회를 베풀었다. 이때 규슈 나고야성에 머물면서 선박 건조에 힘쓴 고리키 기요나가高力淸長에게 포상으로 황금을 수여했다. 11월 9일 이에야스가 금광 개발 면허장을 발급했다. 12월에는 유학자 후지와라 세이카를 초빙하여 『정관정요貞觀政要』 강의를 들었다. 이 무렵 이에야스가 오쿠보 타다치카大久保忠隣 (1553~1628)에게 후계자 도쿠가와 히데타다를 보필하라고 명령했다.

　1594년 1월 이에야스가 에도성에서 가신들의 신년 인사를 받았다. 이에야스는 에도성에 입성한 이래, 오슈 정벌, 조선 침략 등 바쁜 일정을 소화하느라 에도성에 머물면서 정사를 돌볼 틈이 없었다. 에도성 축성공사도 큰 진전이 없었다. 이에야스는 아들 히데타다와 중신들에게 에도성 축성공사 상황을 보고받았다. 1월 6일 히데요시는 이에야스에게 후시미성 공사에 참여하라고 명령했다. 에도성 축성공사가 다시 연기되었다.

　2월 12일 이에야스가 후시미성 공사를 감독하기 위해 상경했다. 2월 16일 도쿠가와 가문의 가신들이 간토 지방의 농민들을 후시미성 역부로 징발하여 상경길에 올랐다. 3월 2일 간토 지방 역부들이 후시미에

도착했다. 3월 14일 이에야스가 후시미성 공사 현장을 시찰했다. 그후 이에야스는 수시로 후시미성 공사 현장을 방문하여 진척 상황을 점검했다. 9월 9일 이에야스가 후시미성 가까이에 마련한 자신의 저택으로 히데요시를 초대하여 연회를 베풀었다.

1595년이 되었다. 일본과 명나라의 강화 협상이 진척이 없었다. 전쟁은 휴전상태나 다름이 없었다. 일본군의 사기가 저하되었고 군기가 이완되었다. 연초에 도쿠가와 히데타다가 상경했다. 5월 3일 이에야스가 아들 히데타다를 교토에 남겨두고 에도로 돌아왔다. 7월 14일 이에야스가 에도성에서 히데요시가 보낸 서신을 접했다. 서신의 내용은 간파쿠 도요토미 히데쓰구가 역모를 꾸미고 있다는 정보가 입수되었으니 서둘러 상경하라는 것이었다. 히데요시는 다이묘들이 동요하는 것을 염려하고 있었다. 이에야스는 서둘러 에도성을 떠나 7월 24일에 교토의 후시미성으로 돌아왔다.

그 무렵 도요토미 히데요시는 그의 아들 히로이마루拾丸(도요토미 히데요리)를 후계자로 삼기 위해 양자 도요토미 히데쓰구를 처형하기로 결심했다. 당시 히데쓰구는 일본의 정무를 총괄하는 간파쿠의 지위에 있었다. 7월 3일 히데요시는 이시다 미쓰나리・마시타 나가모리益田長盛

(1545~1615)를 주라쿠테이聚落第로 보내 히데쓰구를 힐문했다. 7월 8일 히데요시가 히데쓰구를 후시미성으로 불러서 간파쿠와 사다이진左大臣 관직을 박탈하고 고야산高野山으로 추방했다. 7월 15일 히데쓰구가 자결 형식으로 처형되었다. 향년 28세였다. 이어서 히데쓰구의 처첩과 자녀 30여 명이 모두 처형되었다. 7월 24일 이에야스가 후시미성으로 가서 히데요시를 알현했다.

7월 26일 이에야스는 히데요시에게 변함없이 충성을 다하겠다는 서약서를 제출했다. 히데요시는 여러 다이묘에게 2살 난 아들 히로이마루에게 충성을 맹세한다는 혈판 서약서를 제출하라고 명령했다. 도쿠가와 이에야스・모리 데루모토毛利輝元(1553~1625)・고바야카와 다카카게가 먼저 연서하여 혈판 서약서를 제출했다. 마에다 도시이에와 우키타 히데이에宇喜多秀家(1572~1655)도 혈판 서약서를 제출했다. 그리고 오다 노부카쓰를 비롯한 28명의 다이묘가 연서하여 혈판 서약서를 제출했다. 이에야스・데루모토・다카카게・도시이에・히데이에 다섯 명이 다른 다이묘보다 특별한 대우를 받았다. 이들이 도요토미 정권의 5大老였다. 행정실무를 담당하는 5奉行은 이시다 미쓰나리・나쓰카 마사이에長束正家(?~1600)・마시타 나가모리・아사노 나가마사・마에다 겐이前田玄以(1539~1602)였다.

1596년 5월 8일 이에야스가 종2위 곤다이나곤權大納言에서 정2위 나이다이진內大臣으로 승진했다. 9월 1일 히데요시는 오사카성에서 명나라가 보낸 책봉사 양방형・심유경을 인견하고, 명나라 황제가 보낸 고명誥命・칙유勅諭・금인金印・관복冠服을 받았다. 다음 날 히데요시는 명나라가 자신을 일본 국왕에 봉했을 뿐이고 다른 강화 조건이 무시되었다는 것을 알았다. 대노한 히데요시는 명나라 사신을 쫓아내고 다시 조선을 침략하라고 명령했다. 이에야스가 조선을 재침하는 것은 상책이 아니라고 간언했으나 히데요시가 듣지 않았다. 정유재란이 일어났다.

9월 5일 도쿠가와 이에야스가 후시미성을 출발하여 에도성으로 돌아갔다. 그러나 이에야스는 에도성에 오래 머물지 않았다. 12월 15일 다시 후시미성으로 돌아왔다. 1596년에도 이에야스는 본거지 에도에 있는 시간보다 후시미성에 머물며 히데요시를 보좌하는 시간이 많았다. 후시미성에서 1597년 새해를 맞이한 이에야스는 그해 11월 17일 에도로 돌아갈 때까지 교토에 머물면서 히데요시를 보좌했다.

이에야스가 에도성에서 1598년 새해를 맞이했다. 이에야스는 3월에 다시 에도성에서 후시미성으로 돌아왔다. 5월 초 도요토미 히데요시가 병석에 누웠다. 교토에서 의원을 불러 치료했으나 병세가 호전되지 않았다. 7월 15일 히데요시가 여러 다이묘에게 어린 아들 히데요리에게 충성을 맹세하는 혈판 서약서를 제출하라고 명령했다. 도쿠가와 이에야스와 마에다 도시이에가 함께 히데요시에게 혈판 서약서를 제출하며 히데요리에게 충성을 다하겠다고 맹세했다. 8월 5일 이에야스・도시이에와 이시다 미쓰나리를 비롯한 5奉行이 히데요리에게 충성을 맹세하는 혈판 서약서를 교환했다.

8월 6일 히데요시가 5大老와 5奉行을 침상으로 불러 어린 아들 히데요리의 앞날을 부탁했다. 히데요시가 이에야스의 손을 잡고 말했다. "그대의 손녀와 내 아들이 혼인을 약속했으니 각별한 마음으로 어린 히데요리를 보살펴 주기 바란다. 후시미성에 머물며 정무를 보기 바란다." 히데요시가 도시이에의 손을 잡고 말했다. "그대는 내가 어렸을 적부터 우정을 쌓은 친구이니 오사카성에 머물며 어린 히데요리를 길러주길 바란다." 히데요시는 다른 다이묘와 5奉行에게 말했다. "그대들은 도쿠가와 이에야스와 마에다 도시이에의 지시를 받들어야 할 것이다." 루이스 프로이스의 『일본사』에 다음과 같은 이에야스 관련 기록이 있다. 히데요시의 부탁을 받은 이에야스가 눈물을 흘리며 말했다. "아드님이 권력을 지킬 수 있도록 온 힘을 다하겠습니다."

1598년 8월 18일 도요토미 히데요시가 후시미성에서 파란만장한 삶을 마감했다. 향년 62세였다. 도쿠가와 이에야스와 마에다 도시이에는 히데요시의 죽음을 비밀로 했다. 8월 19일 이에야스는 서둘러 아들 히데타다를 에도성으로 돌려보냈다. 8월 22일 호코지方広寺(교토시 히가시야마쿠)의 대불전에서 히데요시의 명복을 비는 조촐한 행사가 있었다. 8월 25일 도쿠가와 이에야스가 바다 건너 조선에 주둔하고 있던 침략군에게 철수를 명령했다. 침략군은 12월 말까지 일본으로 돌아왔다. 히데요시의 죽음을 정식으로 발표한 것은 1599년 2월 29일이었다.

## 5) 도요토미 정권의 실권자

절대 권력자의 급작스러운 죽음은 예외 없이 정치적 혼란으로 이어졌다. 오다 노부나가가 암살당했을 때, 그의 장남 오다 노부타다織田信忠는 반란군의 공격을 견디지 못하고 자결했지만, 둘째 아들 오다 노부카쓰織田信雄와 셋째 아들 오다 노부타카織田信孝도 이미 장성하여 독자적으로 군단을 거느리고 있었다. 그러나 도요토미 히데요시가 오다 가문의 가신단을 분열시키며 권력을 쟁취했다. 그 과정에서 능력이 있던 오다 노부타카를 죽이고, 능력이 없던 오다 노부카쓰는 신하로 삼고, 노부나가의 딸·조카딸·손녀 여러 명을 첩으로 삼아 오다 가문의 명예를 더럽혔다.

도요토미 히데요시는 비록 병석에 누웠으나 권력을 행사하면서 어린 아들 히데요리의 앞날을 위한 정치적 포석을 할 수 있었다. 죽음을 앞둔 히데요시는 마에다 도시이에에게 오사카성에 머물며 어린 히데요리를 보살피고, 이에야스에게 후시미성에 머물며 정사를 돌보라고 명령했다. 5大老의 합의제를 전제로 했지만, 히데요시는 사실상 이에야스에게 정무를 포괄적으로 위임했다. 히데요시는 도요토미 정권의 중심에 도쿠가와 이에야스라는 거대한 권력을 만들어 놓고 사망했다. 히데요시는 그것이 자신의 사후에 발생할 수 있는 혼란을 방지하기 위한 최선책이라고 믿었을 것이다.

이에야스가 도요토미 정권 내에서 권력을 행사할 수 있었던 것은 히데요시를 대신하여 정무를 관장한다는 대의명분이었다. 아이러니하게도 바로 그것이 이에야스가 히데요시로부터 위임받은 권한을 행사하면서 서서히 합의제를 무력화하고 독재를 조장할 수 있는 좋은 조건이 되었다. 이에야스는 그러한 명분과 조건을 최대한으로 이용할 수 있는 기회를 놓치지 않았다. 이에야스가 권력을 강화하면서 5奉行의 필두 이시다 미쓰나리와의 대립이 표면화되었다. 1599년 1월 미쓰나리는 이에야스와 빈번하게 접촉한 시마즈 요시히사島津義久(1533~1611)를 힐난했다.

이시다 미쓰나리

1599년 1월 10일 히데요시의 애첩 요도도노淀殿가 어린 아들 히데요리를 데리고 후시미성에서 오사카성으로 거처를 옮겼다. 이때 히데요시가 가장 신뢰했던 친우이며 5大老의 한 사람이었던 마에다 도시이에가 히데요리 모자를 수행했다. 이 무렵부터 이에야스는 생전의 도요토미 히데요시에게 몇 번이나 제출했던 혈판 서약서 내용을 무시하고 또 히데요시가 정해 놓은 법도를 자주 위반하는 일을 되풀이했다. 이에야스의 계획적이고 의도적인 법도 위반을 지켜본 도요토미 가문 가신들이 분노했다.

생전에 히데요시의 은혜를 입은 도요토미 가문의 가신들이 이에야스를 암살할 기회를 엿보고 있었다. 도요토미 히데요리가 오사카성으로 이주하던 날, 이에야스는 도시이에와 함께 오사카로 가서 가타기리 사다타카片桐貞隆(1560~1627)의 저택에서 머물렀다. 그런데 다음 날 암살 위험을 감지하고 은밀히 그곳을 벗어나 측근 이이 나오마사가 마련한 배를 타고 후시미성으로 돌아왔다. 1월 19일 이에야스가 아리마 노리요리有馬則賴(1533~1602)의 저택을 방문했을 때, 이이 나오마사가 위험하다고 진언하자 서둘러 자신의 저택으로 돌아왔다. 토도 다카토라가 이에야스에게 이시다 미쓰나리가 음모를 꾸미고 있다고 보고했다.

1599년 1월 19일 5大老 중에서 이에야스를 제외한 네 명의 大老가 이에야스와 다테 마사무네・후쿠시마 마사노리福島正則(1561~1624)・하치스카 이에마사蜂須賀家政(1558~1639)에게 히데요시의 유언에 위반한 행위를 했다고 힐난하며 명확한 해명을 하지 못하면 이에야스가 大老의 지위에서 물러나야 한다고 압박했다. 이 무렵 이에야스는 3명의 유력한 다이묘와 혼인하기로 밀약했다. 이에야스의 여섯째 아들 타다테루忠輝와 다테 마사무네의 딸, 이복동생 마쓰다이라 야스모토松平康元(1552~1603)의 딸을 양녀로 들여서 후쿠시마 마사노리의 아들 후쿠시마 마사유키福島正之(1585~1608), 친족 오가사와라 히데마사小笠原秀政

(1569~1615)의 딸을 양녀로 들여서 하치스카 이에마사의 아들 하치스카 요시시게蜂須賀至鎭(1586~1620) 등과 각각 혼인시키기로 약조했다.

당시 혼인은 동맹의 체결을 의미했다. 1595년 5월 병석에 누웠던 도요토미 히데요시는 "여러 다이묘는 자신의 허가 없이 사사로이 혼인해서는 안 된다."는 법도를 정했다. 다이묘의 혼인을 허가제로 정한 것이다. 그런데 도요토미 정권 5大老의 필두 도쿠가와 이에야스가 히데요시가 생전에 정한 법도를 공공연하게 어기고 유력한 다이묘와 혼인동맹을 맺었던 것이다. 4大老와 5奉行이 어떻게 반응하는지 지켜보기 위한 이에야스의 의도적이고 계획적인 정치적 행위였다.

여러 大老의 힐난에 대하여 다테 마사무네는 그러한 규정이 있었는지 몰랐다고 발뺌했다. 이에야스는 세 명의 다이묘와 혼약한 것은 히데요시가 혼인 허가제를 정하기 전에 이미 약속했던 사안이라고 강변했다. 그리고 오히려 여러 大老의 힐난은 자신을 5大老의 지위에서 끌어내리기 위한 구실이며, 그것은 히데요시가 유언으로 자신에게 부여한 권력을 부정하는 행위라고 역습했다. 이 사건은 이에야스가 앞으로 히데요시가 정한 법도를 지키겠다고 약속하는 선에서 마무리되었다. 네 명의 大老가 이에야스의 군사력과 정치력에 사실상 굴복했던 것이다.

이에야스는 여러 다이묘에게 영지를 수여하거나 가증加增 즉, 영지를 더하는 일을 마음대로 처리했다. 이것도 히데요시가 생전에 정한 법도를 어기는 일이었다. 1598년 8월 5일 이에야스·도시이에와 5奉行이 교환한 혈판 서약서에 다음과 같은 내용이 있었다. "히데요리가 성인이 될 때까지 지교知行 즉, 영지와 관련된 소송은 접수하지 말고, 또 멋대로 영지를 수여하거나 가증하는 것을 금할 것." 다이묘에 대한 영지 수여와 가증은 주권자인 도요토미 가문의 권한이라는 것을 명확하게 선언했다. 그 의미를 잘 아는 이에야스는 의도적으로 히데요시가 정한 법도를 위반했던 것이다.

히데요시가 사망한 후 도요토미 정권의 권력은 오사카성의 마에다 도시이에와 후시미성의 도쿠가와 이에야스로 양분되어 있었다. 도시이에는 이에야스의 독주를 견제할 수 있는 유일한 인물이었다. 아무리 교활하고 음험한 이에야스라고 해도 도시이에의 심기를 살피지 않을 수 없었다. 그런데 1599년 윤3월 3일 히데요리의 후견인 역할을 하던 마에다 도시이에가 사망했다. 그러자 이에야스가 공공연하게 주권자로 행세하기 시작했다. 세상 사람들은 이에야스가 덴카도노天下殿 즉, 일본 최고의 권력자가 되었다고 말했다.

마에다 도시이에는 히데요시가 가장 신뢰했던 가신이시다 미쓰나리를 보호하는 역할을 했다. 도시이에가 있는 한 누구도 공공연하게 이시다 미쓰나리를 적대할 수 없었다. 그런데 도시이에가 사망하면서 분위기가 일변했다. 도시이에가 사망한 날 저녁, 가토 기요마사, 구로다 나가마사, 아사노 요시나가浅野幸長(1576~1613), 후쿠시마 마사노리, 이케다 데루마사池田輝政(1565~1613), 호소카와 타다오키細川忠興(1563~1646), 가토 요시아키加藤嘉明(1563~1631) 등 조선 침략 때 일선에서 싸웠던 장수 일곱 명이 오사카에 머물던 이시다 미쓰나리를 죽이려고 달려갔다. 미쓰나리는 가까스로 오사카를 벗어나 후시미성 인근에 있던 도쿠가와 이에야스의 저택으로 달려들어가 보호를 요청했다.

일곱 명의 장수는 이에야스의 저택으로 몰려가서 미쓰나리의 인도를 요구했다. 이에야스의 가신 중에 미쓰나리를 죽이자고 주장하는 자도 있었다. 하지만 사려 깊은 이에야스는 미쓰나리를 보호했다. 만약 당시 이에야스가 일곱 장수의 미쓰나리 습격을 묵인했다면 교토는 혼란의 도가니에 빠졌을 것이고, 정치를 총괄하는 이에야스의 지도력이 위태해졌을 것이다. 윤3월 10일 이시다 미쓰나리가 이에야스의 차남 유키 히데야스結城秀康(1574~1607)가 거느린 부대의 호위를 받으며 자신의 본거지 사와야마성佐和山城(시가현 히코네시 사와야마초)으로 돌아갔다. 미쓰나리는 목숨은 부지했지만 권력에서 밀려났다. 5奉行에서 이시다 미쓰나리가 제외되면서 4奉行 체제가 되었다.

일곱 명의 장수들과 이시다 미쓰나리의 원한 관계는 침략군이 조선에 주둔할 때 배태된 것이었다. 도요토미 히데요시가 규슈를 정벌할 무렵부터 정무를 담당하는 관료들의 권한이 점차로 강화되었다. 이들은 문리파文吏派로 불렸다. 1592년 3월 히데요시가 조선을 침략했다. 일본군이 조선의 수도 한성으로 진격할 무렵에 이시다 미쓰나리·오타니 요시쓰구大谷吉継(?~1600)를 비롯한 문리파가 이쿠사메쓰케軍目付 즉, 일본군의 감찰관으로 조선에 파견되었다. 문리파는 일본군의 근무 상황을 기록하여 히데요시에게 보고했다. 히데요시는 문리파의 보고에 따라 일선 장수들을 처벌했다. 그러자 일선에서 싸우던 장수들이 미쓰나리를 비롯한 문리파에 대하여 원한을 품었다. 장수 중에는 문리파의 눈치를 살피며 주류파 장수들의 의견을 무시하던 선봉장 고니시 유키나가에게 반감을 품는 자도 있었다. 주류파 장수들은 무단파武斷派로 불렸다.

도요토미 히데요시가 사망하면서 문리파와 무단파의 대립이 표면화했다. 도쿠가와 이에야스는 이들의 대립을 교묘히 이용했다. 이에야스는 은밀히 무단파를 후원하며 문리파를 압박했다. 이시다 미쓰나리를 비롯한 문리파는 히데요시에게 충성을 다하던 인물이었다. 이에야스는 문리파의 존재가 부담스러웠다. 문리파는 이에야스가 무단파와 손잡고 도요토미 정권의 근간을 흔드는 일을 더 이상 간과할 수 없었다. 문리파를 대표하는 이시다 미쓰나리가 가장 먼저 이에야스의 전횡을 견제하기 시작했다.

마에다 도시이에가 사망하고 이시다 미쓰나리가 실각하자 이에야스가 사실상 도요토미 정권의 권력을 독점하는 형국이 되었다. 후시미성에서 정무를 보던 이에야스는 그 성을 아들 히데타다에게 물려주었다. 1599년 8월 27일 이에야스가 오사카성의 니시노마루西の丸로 들어가 정무를 총괄했다. 이에야스가 오사카성으로 들어간 것은 도요토미 가문을 추종하는 세력을 위압하기 위한 것이었다. 이에야스는 니시노마루에 천수각天守閣을 조영했다. 스스로 도요토미 히데요리와 동등한 존재라는 것을 과시하기 위해서였다.

이 무렵 마에다 도시이에가 사망한 후 5大老의 지위를 물려받은 마에다 도시나가前田利長(1562~1614)와 도호쿠 지방 최대의 다이묘 우에스기 카게카쓰上杉景勝(1556~1623)가 각각 본거지로 돌아가면서 이에야스의 권력이 더욱 강화되었다. 이에야스는 자신을 추종하는 다이묘들에게 영지를 가중하고, 자신에게 반감을 품은 다이묘들을 압박했다. 예를 들면 이에야스는 5大老의 한 사람인 마에다 도시나가가 반란을 일으킬 준비를 하고 있으니 토벌할 것이라는 소문을 냈다. 그러자 도시나가는 모친을 인질로 에도江戶에 보내서 이에야스에게 충성을 맹세했다. 이것이 여러 다이묘가 에도 막부에 인질을 보내는 전례가 되었다.

1600년 1월 1일 오사카성에서 신년 하례식이 있었다. 여러 다이묘가 먼저 오사카성 혼마루本丸로 가서 도요토미 히데요리를 알현하고, 그 다음에 니시노마루로 가서 도쿠가와 이에야스에게 신년 인사를 올렸다. 1599년 9월에 본거지 아이즈会津(후쿠시마현 아이즈와카마쓰시)로 돌아간 우에스기 카게카쓰도 중신 후지타 노부요시藤田信吉(1559~1616)를 오사카성으로 보내 신년 하례를 올렸다. 이때 이에야스가 노부요시에게 카게카쓰의 상경을 재촉했다.

한편 실각하여 본거지 사와야마성으로 돌아온 이시다 미쓰나리가 호시탐탐 재기의 기회를 노리고 있었다. 도요토미 정권하에서 가장 유능한 관료였으며 5奉行의 우두머리였던 미쓰나리는 도요토미 가문의 앞날을 진심으로 걱정하는 충직한 가신이었다. 그는 일찍부터 도요토미 가문의 존립을 위협하는 이에야스를 경계했다. 그런 미쓰나리에게 절호의 기회가 찾아왔다. 5大老의 한 사람이었던 우에스기 카게카쓰가 도쿠가와 이에야스에 반기를 들었던 것이다.

아이즈로 돌아간 우에스기 카게카쓰는 성곽을 수리하고, 도로를 보수하고, 군량을 비축하고, 실업 무사들을 모집하는 등 전쟁 준비에 여념이 없었다. 이에야스는 카게카쓰가 반란을 획책하고 있다는 첩보를 입수했다. 4월 1일 이에야스가 사신을 아이즈로 보내 카게카쓰에게 조속히 상경하라고 촉구했다. 또 이에야스의 명을 받은 쇼코쿠지相国寺(교토시 가미교쿠) 승려 조타이承兌가 우에스기 카게카쓰의 비위를 열거한 서신을 아이즈로 보냈다. 카게카쓰는 즉시 상경하여 이에야스에게 사죄하라는 내용이었다.

5월 3일 이에야스가 아이즈로 보낸 사신이 우에스기 카게카쓰의 답신을 받아 돌아왔다. 그 내용은 카게카쓰가 상경을 거절하면서 이에야스의 행위를 비난하는 것이었다. 이에야스는 여러 다이묘에게 아이즈 정벌 동원령을 내렸다. 5월 7일 전란을 우려한 몇몇 다이묘와 마에다 겐이, 마시타 나가모리, 나쓰카 마사이에 등 3명의 奉行이 연서하여 이에야스에게 아이즈 정벌을 중지해 달라고 요청했다.

6월 2일 여러 다이묘가 오사카성에 모여 아이즈 정벌의 부서와 진로를 정하는 작전회의를 열었다. 도쿠가와 이에야스와 그 아들 히데타다가 주력 부대를 이끌고 시라카와구치白川口(기후현 가모군 시라카와초)에서 아이즈로 진격하고, 사타케 요시노부佐竹義宣, 다테 마사무네, 모가미 요시아키最上義光(1546~1614), 마에다 도시나가 등이 각각 부대를 이끌고 사방에서 아이즈로 진격하기로 했다.

  6월 16일 이에야스가 오사카성을 출발하여 후시미성에서 이틀 밤을 지냈다. 이에야스는 후시미성을 지키는 장수 도리이 모토타다鳥居元忠(1539~1600)·마쓰다이라 이에타다松平家忠·나이토 이에나가內藤家長(1546~1600)에게 위로의 말을 전했다. 당시 이에야스는 자신이 아이즈 정벌에 나서면 이시다 미쓰나리가 거병하여 맨 먼저 후시미성을 공격할 것이라고 믿고 있었다. 후시미성을 지키는 1,800여 명의 군사가 전멸할 가능성이 있었다. 오랫동안 전쟁터를 같이 누비던 장졸들을 사지에 남겨두고 떠나는 이에야스의 마음이 편치 않았다.

  특히 도리이 모토타다는 이에야스가 이마가와 가문의 인질로 잡혀 있을 때 오카자키성을 지키며 미카와 무사들의 단합에 힘썼던 도리이 타다요시鳥居忠吉의 아들로, 이에야스보다 2살이 많았다. 어린 시절부터 수없는 고난을 함께 겪었던 후다이譜代 공신이었다. 17일 밤 이에야스는 모토타다를 숙소로 불러 밤늦게까지 이야기하며 마지막 이별을 아쉬워했다. 이에야스가 말했다. "그대가 적은 인원으로 후시미성을 지키려면 너무 고생이 많을 것 같다." 모토타다가 말했다. "무슨 말씀을 하십니까? 아이즈 정벌에 한 사람이라도 더 데리고 가시기 바랍니다. 지키는 것은 적은 인원으로도 충분합니다."

밤이 깊어 도리이 모토타다가 물러간 후 측근이 이에야스의 침소를 살피러 들어왔다. 이에야스는 옷소매로 눈물을 연속 훔치고 있었다. 일설에 따르면 이에야스가 모토타다와 이야기를 나눌 때 감정에 북받쳐 눈물을 흘리는 것을 본 모토타다가 옆에 있던 이이 나오마사를 큰 소리로 꾸짖었다고 전한다. "주군이 나이가 들어서 마음이 약해지셨는가? 이렇게 중요한 전쟁에 우리 가신들이 목숨을 버리는 것을 슬퍼해서야 되겠는가?"

6월 18일 이에야스가 대군을 거느리고 아이즈 정벌에 나섰다. 그날 밤 이에야스는 오미近江의 이시베石部(시가현 고난시)에서 머물렀다. 그곳은 이에야스의 직할령이었다. 그때 미나쿠치성水口城(시가현 고카시) 성주 나쓰카 마사이에가 이에야스를 방문해서 말했다. "내일 아침 미나쿠치

성에서 식사를 대접하고 싶습니다." 마사이에는 이시다 미쓰나리와
절친한 5奉行의 한 사람이었다. 그날 오미와 접한 이세伊勢의 다이칸代
官 사사야마 스케이에篠山資家(?~1600)의 밀고가 있었다. "이시다 미쓰
나리가 기습을 계획하고 있고, 마사이에도 그에 동조하여 주군을 독살
하려고 하고 있습니다." 그날 밤 이에야스는 서둘러 이세 지역으로 숙
소를 옮겼다.

6월 20일 이에야스가 욧카이치四日市(미에현 욧카이치시)에 이르렀다.
그때 구와나성桑名城(미에현 구와나시) 성주 우지이에 유키히로氏家行広
(1546~1615)가 향응을 베풀고 싶다는 뜻을 전했다. 암살이 두려웠던 이
에야스는 그날 밤 그곳에서 배를 타고 6월 21일에 미카와三河에 이르
렀다. 이에야스는 비로소 안심하고 여러 다이묘의 향응을 받으며 동쪽
으로 나아갔다. 6월 29일 가마쿠라의 쓰루오카하치만궁鶴岡八幡宮에 이
르러 공물을 바치고 전승을 기원했다.

7월 2일 이에야스가 자신의 본거지 에도에 입성했다. 7월 7일에 에
도성에 모인 여러 다이묘와 머리를 맞대고 작전계획을 세웠다. 7월 21
일에 아이즈로 출진하기로 정했다. 이에야스는 정벌군의 부서를 정하
고 15개 조로 된 군령을 내렸다. 7월 8일 사카키바라 야스마사榊原康政

가 이끄는 도쿠가와군 선봉대가 출발했다. 7월 19일 도쿠가와 히데타다가 이끄는 부대가 에도성을 떠났다. 7월 21일 이에야스가 직접 대군을 이끌고 출진했다.

이에야스가 아이즈 정벌에 나섰다는 소식을 들은 이시다 미쓰나리는 이에야스 토벌 계획을 실행에 옮겼다. 미쓰나리는 5奉行의 일원인 오타니 요시쓰구, 나쓰카 마사이에 등과 협의하여 도요토미 정권 5大老의 한 사람이었던 모리 데루모토毛利輝元를 맹주로 추대하는 데 성공했다. 우키타 히데이에宇喜多秀家, 고바야카와 히데아키小早川秀秋(1582~1602), 시마즈 요시히로島津義弘(1535~1619) 등 유력한 다이묘들도 이시다 미쓰나리의 요청에 응했다.

이시다 미쓰나리와 오타니 요시쓰구는 도요토미 히데요시가 가장 신뢰했던 5奉行의 일원이었을 뿐만이 아니라 임진왜란 때 같이 조선으로 건너가 생사고락을 함께했던 동지였다. 당시 요시쓰구는 이에야스의 명령에 따라 아이즈로 향하고 있었다. 요시쓰구는 행군 중에 미쓰나리의 군영에 들렀다. 그때 미쓰나리가 요시쓰구에게 이에야스 토벌 계획을 털어놓았다. 요시쓰구는 나병 환자였다. 병세가 이미 진행되어 두 눈이 잘 보이지 않았고 손과 발도 제대로 움직일 수 없었다. 이에야스의 실력을 누구보다도 잘 아는 요시쓰구는 미쓰나리의 거병을 만류했다. 그러나 미쓰나리는 요지부동이었다. 요시쓰구는 무거운 마음으로 군대를 이끌고 아이즈로 향했다. 며칠 후 요시쓰구는 다시 중신을 미쓰나리에게 보내 거병 중지를 강력하게 권고했다. 그러나 미쓰나리는 뜻을 꺾을 생각이 없었다. 미쓰나리의 충정에 감복한 요시쓰구는 말머리를 돌려 이시다 미쓰나리 군영으로 향했다. 요시쓰구가 회군했다는 소식을 들은 다이묘들이 속속 미쓰나리 진영에 합류했다.

# CHAPTER 7. 세키가하라 전투

## 1) 동군과 서군

1600년 7월 17일 이시다 미쓰나리가 도쿠가와 이에야스의 죄상 13개 조를 열거한 문서를 다이묘들에게 보냈다. 이에야스에게도 그 문서가 전달되었다. 미쓰나리는 이에야스가 법도를 위반했다고 질책했다. 도요토미 히데요시의 정실 기타노만도코로北政所의 거처를 무단 점거하고, 5大老의 인감을 독단으로 사용했다는 점도 지적했다. 이에야스의 행동은 히데요리를 잘 보필하라는 히데요시의 유명을 위반한 것이라고 규탄했다. 이날 미쓰나리는 이에야스를 따라 아이즈 정벌에 나선 다이묘들의 처자를 인질로 잡아 오사카성에 수용했다.

7월 19일 시마즈 요시히로, 고바야카와 히데아키 등이 이끄는 대군이 후시미성을 포위했다. 당시 후시미성은 도리이 모토타다·마쓰다이라 이에타다 등이 이끄는 도쿠가와군이 지키고 있었다. 도쿠가와군은 10여 일간 시마즈·고바야카와군의 공격을 막아냈다. 하지만 후시미성 안에 있던 나쓰카 마사이에의 지인이 적과 내통하면서 후시미성 방어선이 무너졌다. 8월 1일 후시미성이 함락되었다. 도리이 모토타다를 비롯한 도쿠가와군이 전멸했다. 천하의 지배권을 쟁취하기 위한 결전이 막을 올렸다. 이시다 미쓰나리가 이끄는 군대는 서군, 이에야스가 이끄는 군대는 동군으로 불렸다.

이시다 미쓰나리의 전략은 이에야스가 우에스기 카게카쓰에게 발목이 잡혀있는 동안에 교토·오사카 일대를 제압한 후 도요토미 히데요리豊臣秀賴를 앞세우고 오와리(아이치현 서부)·미카와(아이치현 동부) 지역으로 나아가 도쿠가와군과 결전하는 것이었다. 그러나 모든 일이 미쓰나리의 계획대로 진행되지 않았다. 단고丹後(교토부 북부), 이세伊勢(미에현의 북·중부와 아이치현의 일부), 오미近江(시가현) 등의 지역에서 이에야스를 편드는 세력이 끈질기게 저항했기 때문이다.

7월 24일 이에야스는 시모쓰케下野의 오야마小山(도치기현 오야마시) 진중에서 미쓰나리의 거병 소식을 들었다. 이에야스는 자신의 명령에 따라 아이즈 정벌에 나선 도자마外様 즉, 자신의 가신이 아닌 객장客將들에게 다음과 같은 뜻을 전했다. "여러분의 인질은 오사카에서 이시다 미쓰나리가 억류하고 있다. 거취는 여러분의 자유에 맡기겠다." 도자마들에게 어느 편에 설지 결정하라고 촉구한 것이다. 그러자 후쿠시마 마사노리, 구로다 나가마사 등이 협의하여 인질을 포기하고 이에야스의 선봉대가 되겠다는 서약서를 제출했다. 이에야스는 다시 아이즈 정벌과 회군하여 서쪽으로 진군하는 것 중에 어느 쪽을 택해야 하는지 물었다. 모든 다이묘가 두 번째 안에 찬동했다. 그러자 이에야스가 비로소 여러 장수 앞에 모습을 드러냈다.

이에야스는 도자마들의 향배가 자신의 운명을 결정한다는 것을 알고 있었다. 내심 긴장했을 것이다. 그런데도 이에야스는 전면에 나서지 않고 모든 결정을 다이묘 회의에 맡겼다. 노회한 이에야스의 처세술이 돋보이는 장면이었다. 이에야스가 모습을 드러냈을 때, 도토미의 가케가와성 성주 야마우치 가즈토요山內一豊(1545~1605)의 주창으로 도카이도東海道 연변에 영지를 보유한 다이묘는 모두 자신의 성곽을 이에야스에게 양도하기로 결의했다. 이에야스는 후쿠시마 마사노리와 이케다 데루마사를 선봉으로 삼았다.

8월 4일 이에야스가 시모쓰케의 오야마에서 회군했다. 8월 5일 이에야스가 에도로 돌아왔다. 이에야스는 서군의 움직임을 살피면서 에도성에 머물렀다. 그 후 이에야스는 26일 동안 에도성에 머물면서 형세를 관망했다. 이때 이에야스는 동서 양군이 접전을 벌일 것으로 여겨지는 오와리·미노의 사정을 확인하면서 배후에 있는 우에스기 카게카쓰가 움직이지 못하게 하는 공작을 벌였다.

8월 10일 이시다 미쓰나리가 미노의 오가키大垣와 기후岐阜(기후현 기후시)로 진입했다. 8월 14일 동군의 후쿠시마·이케다군이 후쿠시마 마사노리의 거성인 오와리尾張의 기요스성에 모였다. 그 사이에 이에야스는 오슈 지방의 다이묘 모가미 요시아키·다테 마사무네와 연락을 주고받았다. 이에야스는 특히 다테 마사무네에게 우에스기 카게카쓰를 배후에서 견제해달라고 요청했다. 또 이에야스는 시모쓰케下野의 여러 다이묘에게 우에스기 카게카쓰와 친밀한 사타케 요시노부를 감시해달라고 요청했다.

이시다 미쓰나리는 이전부터 우에스기 카게카쓰, 사타케 요시노부, 시나노信濃의 다이묘 사나다 마사유키真田昌幸 등에게 연락하여 이에야스가 에도성을 출발하면 즉시 간토 지방으로 난입하라는 지령을 내렸다. 미쓰나리가 사나다 마사유키에게 보낸 8월 6일 자 서신에 다음과 같은 내용이 있다. "이에야스는 사타케·우에스기 가문을 적으로 돌리고 겨우 3~4만의 병력으로 서진하는 것이 가능할까? 도중의 여러 다이묘 중에 도요토미 히데요시의 은혜를 저버리고 이에야스 편에 붙는 자들이 있겠지만, 그 병력은 겨우 1만 명에 지나지 않을 것이다. 올 테면 오라고 해라. 오와리·미카와 사이에서 이에야스를 죽이는 것이 하늘의 뜻이다. 그대와 사타케 요시노부·우에스기 카게카쓰는 그 틈을 노려 간토 지방으로 난입하는 것이 좋을 것이다." 사나다 마사유키는 처음에 이에야스의 아이즈 정벌군에 속하여 출진했다. 그러나 도중에 이시다 미쓰나리가 거병했다는 소식을 듣고 본거지 우에다성上田城(나가노현 우에다시)으로 돌아와 있었다.

기요스성에 본진을 둔 동군의 다이묘들은 그동안 이에야스가 얼마나 고심하며 치밀한 공작을 벌였는지 알지 못했다. 이에야스가 오랫동안 에도성에 머물며 출진하지 않자 불만이 폭발했다. 8월 18일 성질이 급한 후쿠시마 마사노리가 말했다. "우리를 바둑판의 사석으로 쓸 심산인가?" 사석은 바둑을 둘 때 더 큰 이득을 위해 의도적으로 상대가 취하도록 버리는 바둑돌을 뜻한다. 마사노리는 이에야스가 짐짓 선봉대 장수들을 서군의 먹잇감으로 던져 전멸시키려는 전술을 구사하는 것은 아닌지 의심했다. 그러자 이케다 데루마사가 "어찌 그런 말을 할 수 있나?"라고 소리치며 자리를 박차고 일어났다. 당황한 혼다 타다카쓰와 이이 나오마사가 두 장수를 진정시켰다.

8월 19일 이에야스의 사자 무라코시 나오요시村越直吉(1562~1614)가 기요스성으로 왔다. 후쿠시마 마사노리는 나오요시에게 어제와 같은 말을 하며 이에야스의 속내를 물었다. 그러자 나오요시가 말했다. "이에야스가 출진하지 않는 것은 여러분이 기요스성에 머물며 움직이지 않기 때문이다." 혼다 타다카쓰가 마사노리의 눈치를 살피며 말했다. "마사노리가 화를 낼 것이다. 나오요시가 경솔한 말을 했다." 그러나 정작 마사노리가 무릎을 치며 말했다. "아! 그랬었군. 그렇다면 우리가 먼저 움직여야 하겠군." 8월 21일 후쿠시마 마사노리·이케다 데루마사·가토 요시아키·토도 다카토라 부대가 기후성을 공격했다. 동군과 서군의 접전이 시작되었다. 이와 관련하여 이에야스가 짐짓 성격이 급한 무라코시 나오요시를 사자로 보내 도자마들의 속내를 떠보았다고 전해진다. 도자마들은 모두 도요토미 가문에 충성하는 자들이었다. 이에야스는 그야말로 살얼음을 밟는 심정으로 전투에 임했을 것이다.

이 무렵 서군은 동군 진영에서 멀리 떨어지지 않은 오가키大垣에 진을 치고 있었다. 이시다 미쓰나리가 마시타 나가모리增田長盛에게 보낸 8월 12일 자 서신에 다음과 같은 내용이 있다. "얼마 떨어지지 않은 곳에 진을 친 동군이 오늘까지 18일간이나 별다른 이유 없이 움직이지 않고 있다. 총대장 모리 데루모토가 아직 출진하지 않고 있으니 여러 장수를 일사불란하게 통제할 수 없다. 더구나 군비가 탕진되었으니 모든 수단을 동원하여 지원해 주기 바란다." 이 내용을 보면 미쓰나리는 동군이 이에야스가 도착하기를 기다리고 있다는 정보를 입수하지 못했다. 서군의 정보 수집 능력에 문제점이 있다는 것이 드러난 것이다. 또 총대장 모리 데루모토가 출진하지 않아서 서군이 효과적으로 통제되지 않고 있었다. 무엇보다도 이미 군자금이 고갈되었다. 서군이 아직 싸울 준비가 되지 않았다는 것을 알 수 있다.

8월 23일 동군이 기후성(기후현 기후시)을 점령하고, 다음날 아카사카

赤坂(기후현 오가키시 아카사카초)에 모여 이에야스가 오기를 기다렸다. 같은 날 이에야스의 아들 도쿠가와 히데타다가 3만8,000여 명의 대군을 거느리고 우쓰노미야宇都宮(도치기현 우쓰노미야시)를 출발했다. 히데타다군은 사나다 마사유키가 지키는 우에다성을 점령하여 후환을 없앤 후에 나카센도中山道(에도에서 주부 지방의 산악지대를 거쳐 교토로 이어지는 간선도로)를 따라 상경할 계획이었다. 그러나 히데타다가 이끄는 대군이 사나다 마사유키가 이끄는 2,000여 명의 군사에게 발목이 잡혀 예정대로 진군할 수 없었다.

9월 1일 이에야스가 3만여 명의 대군을 이끌고 출진했다. 이에야스는 도카이도를 따라 남하하면서 가시마 신궁鹿島神宮(이바라키현 카시마시), 아사쿠사간논浅草観音(센소지:도쿄토 다이토쿠 아사쿠사) 등에 승전을 기원하라고 명령했다. 9월 13일 이에야스가 이끄는 본대가 기후성에 이르렀다. 동군 진영의 사기가 하늘을 찌를 듯했다. 이에야스는 서둘러 척후대를 미노美濃의 아카사카까지 전진 배치했다. 9월 14일 새벽 이에야스가 기후성을 떠나 정오에 아카사카에 도착하여 진을 쳤다. 이때 서군에 속한 깃카와 히로이에吉川広家(1561~1625)가 은밀히 이에야스에게 복종할 뜻을 전했다. 서군의 유력한 다이묘 고바야카와 히데아키도 이미 이에야스와 내통하고 있었다. 히데아키는 후시미성 공략에 앞장

세키가하라 전투에 출진하는 이에야스, 「東照宮縁起」, 日光東照宮 소장

섰으나 그 후 이에야스 편에 서기로 결심하고, 동군에 속한 구로다 나가마사에게 인질을 제공하고 계속 서군에 남아있었다. 이에야스는 고바야카와 히데아키에게 결정적인 순간에 후방에서 서군을 기습하라고 지시했다. 그밖에 서군에 속한 와키자카 야스하루脇坂安治(1554~1626), 구쓰키 모토쓰나朽木元綱(1549~1632) 등도 이미 이에야스와 내통하고 있었다. 서군은 싸우기도 전에 이미 무너지고 있었다.

9월 14일 아카사카의 동군 본영에서 이에야스를 비롯한 여러 다이묘가 모여 작전회의를 열었다. 다음 날 한 부대를 남겨 오가키성을 포위하게 하고, 본대는 이시다 미쓰나리의 거성 사와야마성을 공략한 후 오사카성으로 쳐들어간다는 계획을 세웠다. 그날 밤 이에야스는 짐짓 그 정보를 흘려서 서군 측에 들어가도록 했다. 동군의 정보를 입수한 이시다 미쓰나리는 오가키성에 7,500여 명의 군사를 남겨 지키게 하고, 나머지 모든 병력을 세키가하라関ヶ原(기후현 후와군 세키가하라초)에 집결시켰다. 서군은 9월 15일 새벽까지 포진을 마쳤다.

  이시다 미쓰나리가 군대를 움직였다는 보고를 받은 이에야스가 전군에 추격을 명령했다. 이에야스는 후쿠시마 마사노리와 구로다 나가마사를 선봉에 세웠다. 9월 14일 밤 세키가하라 인근에 큰비가 내렸다. 9월 15일 아침이 되어도 여전히 이슬비가 내리고 있었다. 높은 산으로 둘러싸인 세키가하라에 짙은 안개가 자욱하게 내려앉았다. 가까운 거리에 있는 물체도 분간하기 어려울 정도였다. 이에야스는 안개 자욱한 길을 따라 조용히 말을 몰았다.

  세키가하라는 예부터 험준하기로 이름난 도산도東山道(오미近江에서 동북 지방으로 이어지는 간선도로)의 요충지로 협곡이기는 했으나 미노(기후현

7. 세키가하라 전투  155

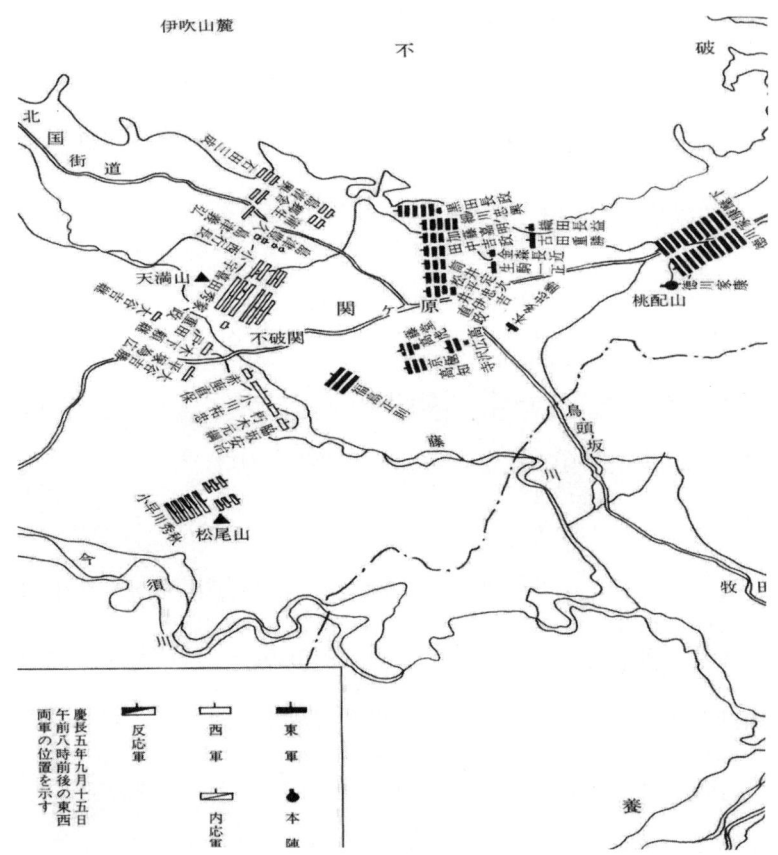

세키가하라 전투 포진도, 『関ヶ原合戦と大阪の陣』(笠谷和比古, 吉川弘文館, 2007)

남부), 오와리(아이치현 서부), 이세(미에현 북·중부와 아이치현 일부), 오미(시가현)로 통하는 사통팔달의 요지였다. 이에야스가 처음부터 세키가하라에서 싸울 생각을 했던 것은 아니었지만, 서군이 먼저 그곳에 진을

세키가하라 전투(이에야스 진영), 「関ヶ原合戦図屏風」, 福岡市博物館 소장

치면서 20만이 넘는 대군이 그곳에 집결하게 되었다. 이에야스는 난구산南宮山에서 뻗은 산세가 이어지는 작은 산 모모쿠바리야마桃配山에 본진을 두고 이시다 미쓰나리가 진을 친 사사오야마笹尾山를 건너다보았다. 서군에 속한 고바야카와 히데아키는 마쓰오야마松尾山, 모리 히데모토毛利秀元(1579~1650)는 난구산에 포진했다.

동군 편에 속한 다이묘는 이에야스를 비롯하여 아사노 요시나가, 후쿠시마 마사노리, 구로다 나가마사, 호소카와 타다오키, 이케다 데루마사, 가토 기요마사, 토도 다카토라, 가토 요시아키, 하치스카 요시시게,

7. 세키가하라 전투 157

야마우치 가즈토요, 이이 나오마사, 혼다 타다카쓰, 이코마 가즈마사生駒一正(1555~1610), 나카무라 가즈타다中村一忠(1590~1609), 호리오 타다우지堀尾忠氏(1578~1604), 다나카 요시마사田中吉政(1548~1609), 교고쿠 다카토모京極高知(1572~1622), 쓰쓰이 사다쓰구筒井定次(1562~1615), 데라자와 히로타카寺沢広高(1563~1633) 등이었다. 이들 대부분이 도요토미 히데요시의 은혜를 입은 다이묘들이었다. 동군의 군세는 10만 4,000여 명이었다.

서군에 가담한 다이묘는 이시다 미쓰나리를 비롯하여 모리 데루모토, 고바야카와 히데아키, 고니시 유키나가, 시마즈 요시히로, 우키타 히데이에, 나쓰카 마사이에, 오타니 요시쓰구, 와키자카 야스하루, 마에다 겐이, 마시타 나가모리, 구쓰키 모토쓰나, 깃카와 히로이에, 모리 히데모토, 사나다 마사유키, 조소카베 모리치카長宗我部盛親(1575~1615), 다치바나 무네시게立花宗茂(1567~1643), 안코쿠지 에케이安国寺恵瓊(1539~1600) 등이었다. 서군의 군세는 8만5,000여 명이었다.

1600년 9월 15일 아침 8시경부터 일본의 패권을 결정짓는 전투가 시작되었다. 동군의 이이 나오마사·후쿠시마 마사노리 부대가 서군의 우키타 히데이에 부대와 충돌하면서 전투가 시작되었다. 전투는 한

낮이 되어도 승패를 가늠하기 힘든 혼전이었다. 서군의 이시다 미쓰나리가 이끄는 부대와 우키타 히데이에가 이끄는 부대의 선전으로 오히려 동군이 뒤로 밀리는 형세였다. 특히 이시다군의 맹장 시마 기요오키 島淸興(1543~1600)의 활약이 눈부셨다. 그는 신출귀몰한 전술로 동군을 밀어냈다. 이때 승패의 열쇠를 쥐고 있던 것은 마쓰오산에 진을 친 서군의 고바야카와 히데아키였다.

이미 이에야스와 내통한 히데아키는 결정적인 순간에 서군을 후방에서 급습하기로 되어 있었다. 하지만 전황에 따라서 서군 편에 설 수도 있었으므로 형세를 관망했다. 이에야스는 히데아키에게 여러 번 전령을 보내 공격하라고 명령했다. 그러나 히데아키는 움직이려고 하지 않았다. 침착하기로 이름난 역전의 용장 이에야스가 초조한 기색을 감추지 못했다. "어린놈에게 속았단 말인가? 분하다." 얼굴이 하얗게 질린 이에야스는 손가락을 깨물고 있었다. 그것은 이에야스가 어렸을 때부터 아군이 위험에 처했을 때 자신도 모르게 나오는 습관이었다.

안개가 자욱하여 피아도 식별할 수 없는 가운데 혼전이 계속되었다. 괜히 화가 난 이에야스는 호위 무사를 칼로 내려치기도 하고, 옆에서 시중드는 고쇼小姓의 도검을 내리치기도 했다. 다행히 호위 무사는 몸을 피해 화를 면했고, 고쇼는 칼집이 부러졌지만 죽지는 않았다. 화를 달랠 수 없었던 이에야스는 갑자기 고바야카와군을 향해 일제 사격을 명령했다. 도쿠가와군이 쏜 뎃포 탄환이 고바야카와군 진영에 쏟아졌다. 이에야스의 인내심이 폭발했다는 것을 알고 두려움을 느낀 고바야카와 히데아키가 돌격 명령을 내렸다.

고바야카와 히데아키가 1만3,000여 명의 군사를 이끌고 마쓰오산에서 달려 내려와 동군을 공격하던 오타니 요시쓰구大谷吉継 부대를 뒤에서 습격했다. 그러자 서군의 와키자카 야스하루·구쓰키 모토쓰나가 이끄는 부대도 오타니군 진영으로 달려들었다. 아군에게 기습당한 오타니군이 속수

서군 진영으로 돌진하는 동군, 「関ヶ原合戦図屛風」

동군 진영을 돌파하여 탈출하는 시마즈군, 「関ヶ原合戦図屏風」

무책으로 무너졌다. 절망한 오타니 요시쓰구가 자결했다. 오타니군이 궤멸하자 우키타 히데이에, 고니시 유키나가 등이 이끄는 서군 주력이 뒤로 밀리기 시작했다.

승기를 잡은 동군 주력이 일제히 이시다 미쓰나리 진영의 정면과 측면으로 돌진했다. 이시다군은 완강히 버티며 몇 번이나 역습에 나서기도 했다. 그러나 오후 2시가 지나면서 서군이 완전히 밀리는 형국으로 대세가 역전되었다. 오후 3시경에는 동군이 일제히 함성을 지르며 서군 진영으로 돌진했다. 최후까지 분전하던 시마즈 요시히로 부대도 거의 전멸할 지경에 이르렀다. 대장기를 버린 요시히로가 살아남은 200여 명의 군사를 이끌고 동군 진영을 돌파하여 이세(伊勢) 방향으로 탈출했다. 그때 시마즈 요시히로를 따르는 군사는 80여 명에 불과했다. 전투는 오후 4시경에 동군의 승리로 끝났다. 전사자 수는 정확하게 알려지지 않았으나 서군의 전사자 수만 8,000여 명이었다고 전해진다.

군사들은 종일 음식을 먹을 수 없었다. 밀려오는 허기를 견딜 수 없었다. 그런데 그때부터 또 큰 비가 내리기 시작했다. 비상식량으로 몸에 지니고 있던 메밀가루가 비에 젖었다. 그렇다고 불을 피워 밥을 지을 수도 없었다. 군사들은 피범벅이 된 손으로 쌀을 몇 알씩 집어 씹어 삼켰다. 그때 이에야스가 긴급 명령을 내렸다. "생쌀을 그대로 먹으면 배탈이 난다. 물에 담가놓았다가 오후 8시경에 먹도록 하라." 군사들이 물에 담그려고 배낭에서 꺼낸 쌀은 피로 붉게 물들어 있었다. 군사들은 흙탕물에 쌀을 담가두고 추위로 움츠러든 몸을 녹였다.

## 2) 전후 처리

9월 16일 세키가하라 전투에서 승리한 이에야스가 사와야마성으로 향했다. 그때 이에야스는 다이묘들에게 군사와 말의 숫자를 파악하여 보고하라고 명령했다. 총대장이 군사와 말을 점검하는 것은 군사에게 지급하는 군량과 말의 먹이로 제공되는 건초의 양을 파악하기 위한 절차였다. 그런데 어떤 부대는 군사 수가 매우 증가한 것으로 드러났다. 그 이유를 조사해보니, 다이묘가 출진할 때 군사를 두 부대로 나누어 각각 동군과 서군에 배속시켰고, 동군이 이기자 서군에 속했던 군사들이 합류했다는 것이었다.

다이묘 가문 중에는 형제가 군사를 나누어 각각 동군과 서군에 속했던 경우도 있었다. 예를 들면 시나노의 다이묘 사나다 마사유키는 일단 이에야스의 부름에 응해 아이즈 정벌에 나섰으나 이시다 미쓰나리가 거병했다는 소식을 듣고 차남 사나다 유키무라真田幸村(1567~1615)를 데리고 본거지 우에다성으로 돌아와 서군 편에 선다고 선언했다. 이때 장남 사나다 노부유키真田信之(1566~1658)는 부친과 헤어져 동군 편에 섰다. 동군이 이기면 장남이 사나다 가문의 당주가 되고, 서군이 이기면 차남이 가문의 대를 잇기로 했다. 물론 동군이 이기면 장남이 도쿠가와 이에야스, 서군이 이기면 차남이 이시다 미쓰나리에게 가족의 선처를 부탁하여 목숨을 구하기로 약속했다.

구키 요시타카九鬼嘉隆(1542~1600)도 자신은 서군에 속하고, 아들 구키 모리타카九鬼守隆(1573~1632)는 동군에 속하게 했다. 요시타카는 아들 모리타카가 이에야스를 따라 아이즈 정벌에 나섰을 때 수군을 이끌고 이세만을 봉쇄하는 등 서군 편에서 큰 공을 세웠으나 세키가하라 전투에서 동군이 승리하자 잠적했다. 구키 모리타카는 이에야스에게 부친 요시타카의 목숨을 구해달라고 탄원했다. 이에야스는 공을 세운 모리타카의 청을 받아들였다. 모리타카는 기쁜 소식을 부친에게 전하기 위해 서둘러 측근을 보냈으나 요시타카가 이미 자결한 후였다. 부자 또는 형제가 각각 적이 되어 대진한 것은 가문을 보존하기 위한 고육책이었다. 전국시대에 흔히 있는 일이었다.

9월 18일 이에야스가 이시다 미쓰나리의 본거지 사와야마성을 점령하고 오미近江로 진군했다. 9월 19일 이에야스가 쿠사쓰草津(시가현 쿠사쓰시)에 도착했다. 9월 20일 이에야스가 오쓰성大津城(시가현 오쓰시)에 입성하여 군사들을 쉬게 했다. 이날 도쿠가와 히데타다가 오쓰성에 도착했다. 히데타다가 이끄는 대군은 사나다 유키무라가 지키는 우에다

성에서 지체하는 바람에 정작 중요한 전투에 참여할 수 없었다. 화가
난 이에야스는 아들 히데타다의 면회를 허락하지 않았다.

세키가하라 전투에서 이시다 미쓰나리와 함께 싸운 서군의 대장 고
니시 유키나가가 이부키야마伊吹山(시가현 마에바라시) 산속으로 도망했
으나 얼마 지나지 않아서 기진맥진했다. 유키나가는 산속에서 우연히
피난한 세키가하라의 토호를 마주쳤다. 유키나가가 말했다. "나는 고
니시 유키나가이다. 나는 크리스천이다. 자결할 수 없는 몸이다. 나를
체포하여 끌고 가서 상을 받아라." 그러나 토호는 친분이 있는 무사들
과 함께 고니시 유키나가를 쿠사쓰에 진을 친 무라코시 나오요시 진영
으로 정중하게 호송했다.

9월 21일 서군의 주장 이시다 미쓰나리가 이부키야마 산줄기가 이
어진 이카군伊香郡 후루하시무라古橋村(기후현 미즈오시)에서 죽마고우 다
나카 요시마사田中吉政에게 붙잡혀 오쓰성으로 호송되었다. 미쓰나리
는 체포될 당시 복통에 시달렸으나 의사가 권하는 약을 거부했다. 요시
마사가 죽을 끓여서 미쓰나리에게 권했다. 요시마사가 제공한 죽을 먹
은 미쓰나리는 히데요시가 하사한 와카자시脇差 즉, 작은 칼을 그에게
주었다. 패장을 예의로 대한 감사의 표시였다.

이에야스에게 끌려간 이시다 미쓰나리는 비록 쇠약해졌으나 조금도 구차한 기색이 없었다. 이에야스는 오쓰성 본진의 대문 밖에 다타미畳를 깔고 그곳에 미쓰나리를 묶어 두었다. 가끔 동군의 다이묘가 그 앞을 지나갔다. 후쿠시마 마사노리가 미쓰나리를 비웃으며 말했다. "너는 아무 이익도 없이 반란을 일으켜 지금 그런 꼴로 앉아 있는가?" 미쓰나리는 도요토미 히데요시의 은혜를 입고 배신한 마사노리를 큰 소리로 꾸짖으며 말했다. "내가 운이 다하여 너를 생포하지 못한 것이 필생의 한이 되는구나." 미쓰나리는 전투 중에 서군을 배신한 고바야카와 히데아키를 보고 있는 힘을 다해 매도했다. "너의 두 마음을 눈치채지 못한 것은 내 잘못이지만, 도요토미 히데요시의 은혜를 저버린 행위가 부끄럽지 않은가?" 히데아키가 얼굴을 붉히며 도망쳤다.

9월 26일 이에야스가 오쓰성을 출발하여 야마시로山城의 요도성淀城(교토시 후시미쿠 요도혼마치)에 도착했다. 9월 27일 이에야스가 오사카성으로 개선했다. 이에야스는 혼마루本丸로 가서 도요토미 히데요리에게 승전을 보고한 후에 니시노마루西の丸로 들어가 쉬었다. 이에야스는 아들 히데타다를 오사카성 니노마루二の丸에 머물도록 조치했다. 세키가하라 전투 이전에는 도요토미 히데요리와 이에야스는 주종관계였다. 하지만 전투 후 이에야스는 도요토미 히데요리에게 주종의 예를 갖추지 않았다.

　서군의 주모자 이시다 미쓰나리, 고니시 유키나카, 안코쿠지 에케이 등 세 명의 다이묘가 오사카와 사카이堺 시내를 돌며 조리돌림을 당한 후에 10월 1일 교토의 로쿠조가와라六条河原에서 처형되었다. 형장으로 끌려가던 미쓰나리가 형리에게 "따뜻한 물을 달라."고 했다. 형리가 차갑게 말했다. "따뜻한 물은 없으나 곶감이 있으니 먹어라." 미쓰나리가 말했다. "곶감은 간에 좋지 않으니 먹지 않는다." 형리가 웃으며 말했다. "곧 목이 달아날 자가 몸에 좋지 않으니 먹지 않는다고 하니 우습지 않은가?" 미쓰나리가 말했다. "큰일을 도모하는 사람은 죽기 직전까지 목숨을 소중히 여기는 법이다." 위 이야기가 실제로 미쓰나리가 한 말인지 분명하지 않지만, 죽음을 앞두고도 평정심을 잃지 않는 전국시대 무사의 모습이 손에 잡힐 듯 그려진다. 미쓰나리의 수급은 산조바시三条橋에서 효시했다.

　그동안 오사카성에 주둔하며 도요토미 히데요리를 보호하던 모리 데루모토가 본거지로 물러갔다. 그리고 시마즈 요시히로, 우키타 히데이에 등 서군 편에 섰던 다이묘들도 패잔병을 수습하여 각각 본거지로 돌아갔다. 규슈·호쿠리쿠北陸·도호쿠東北 등 각지에서 벌어진 동군과 서군의 싸움도 세키가하라 전투가 동군의 대승으로 결말이 나면서 자연스럽게 종식되었다. 도쿠가와 이에야스가 도요토미 가문의 가신 지위에서 벗어나 독자적인 정권을 수립할 수 있는 기반이 마련되었다.

1600년 10월 1일부터 세키가하라 전투의 논공행상이 단계적으로 시행되었다. 이에야스는 서군에 가담했던 이시다 미쓰나리(사와야마佐和山 19만4,000석), 우키타 히데이에(오카야마岡山 57만 석), 고니시 유키나가(우토宇土 20만 석), 조소카베 모리치카(우라도浦戸 22만 석), 마시타 나가모리(야마토고오리야마大和郡山 20만 석), 다치바나 무네시게(야나가와柳河 13만 석), 오타니 요시쓰구(쓰루가敦賀 5만7,000석) 등 88가문을 멸망시키고 생산량 약 416만 석의 영지를 몰수했다.

감봉減封 즉, 영지의 일부를 몰수한 다이묘는 모두 네 가문이었다. 모리 데루모토(히로시마広島 120만 석)는 하기萩 36만 석, 사타케 요시노부(미토水戸 54만 석)는 아키타秋田 34만 석, 우에스기 카게카쓰(아이즈 120만 석)는 요네자와米沢 30만 석, 아키타 사네스에秋田実季(1576~1660 : 아키타 19만 석)는 시시도宍戸 5만 석으로 각각 감봉되었다. 감봉 총액은 생산량 216만 석으로 몰수 총액의 2분의 1 이상을 점했다.

몰수한 다이묘의 영지는 모두 632만 석이었다. 그중 약 20퍼센트에 해당하는 100여 만석이 이에야스의 구라이리치蔵入地 즉, 직할령 또는 도쿠가와 가문 가신들의 영지로 분배되었다. 직할령에서 생산되는 쌀은 도쿠가와 가문의 생활에 필요한 경비로 충당되었을 뿐만이 아니라, 전국 각지에 산재한 도쿠가와 가문의 거성을 지키는 군사들의 군량, 도쿠가와 가문에 직속한 하타모토旗本와 고케닌御家人의 봉록, 기타 특별한 경비 등으로 사용되었다. 참고로 하타모토는 도쿠가와 가문에 직속한 상급 무사로 일반적으로 1,000석 이상에서 1만 석 이하의 영지를 보유한 가신이고, 고케닌은 하타모토 이하의 가신을 말한다.

세키가하라 전투의 논공행상으로 도쿠가와 가문의 가신들이 다이묘 대열에 합류했다. 당시의 관례로 생산량 1만 석 이상의 영지를 보유한 가문을 다이묘라 칭했다. 이이井伊 가문의 당주이며 도쿠가와 이에야스의 최측근 참모로 활약했던 이이 나오마사는 오미近江의 히코네번彦根藩 18만 석의 다이묘, 혼다 타다카쓰는 이세伊勢의 구와나번桑名藩 10만 석의 다이묘, 사카키바라 야스마사는 고즈케上野의 다테바야시번館林藩 10만 석의 다이묘로 임명되었다. 이에야스의 가신 중에서 68가문이 다이묘가 되어 독립했다. 이들을 후다이다이묘譜代大名라고 한다.

몰수한 영지의 약 80퍼센트에 해당하는 520여 만석이 원래 도요토미 히데요시를 섬겼으나 세키가하라 전투에서 이에야스의 편에 섰던 다이묘들에게 배분되었다. 가나자와金沢의 마에다 도시나가는 83만 석에서 120만 석, 센다이仙台의 다테 마사무네는 58만 석에서 75만 석, 야마가타山形의 모가미 요시아키는 24만 석에서 57만 석, 마쓰야마松山의 가토 요시아키는 10만 석에서 20만 석으로 각각 가봉加封 즉, 영지가 늘어났다. 그 밖에 다이묘는 전봉轉封 즉, 영지를 다른 지역으로 옮기면서 가봉되었다. 예를 들면 미카와요시다三河吉田의 15만 석 다이묘 이케다 데루마사는 히메지姫路로 전봉하면서 52만 석, 나카쓰中津 18만 석 다이묘 구로다 나가마사는 후쿠오카福岡로 전봉하면서 52만 석, 기요스淸洲 20만 석 다이묘 후쿠시마 마사노리는 히로시마広島로 전봉하면서 50만 석, 우쓰노미야宇都宮 18만 석 다이묘 가모 히데유키蒲生秀行는 아이즈로 전봉하면서 42만 석, 고후甲府 22만 석 다이묘 아사노 요시나가는 와카야마和歌山로 전봉하면서 40만 석, 미야즈宮津 17만 석 다이묘 호소카와 타다오키는 고쿠라小倉로 전봉하면서 37만 석, 오카자키岡崎 10만 석 다이묘 다나카 요시마사는 구루메久留米로 전봉하면서 33만 석으로 각각 가봉되었다. 이어서 30만 석 이하의 다이묘가 차례로 전봉하면서 가봉되었다. 이들을 도자마다이묘外様大名라고 한다. 일반적으로 도자마다이묘는 세키가하라 전투 후 이에야스에 충성을

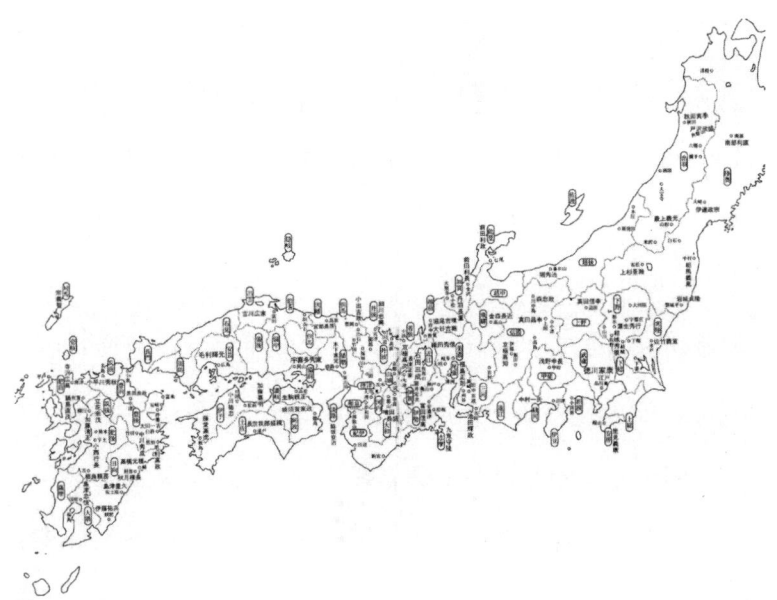

세키가하라 전투 후 다이묘 배치, 『関ヶ原合戦』(笠谷和比古, 講談社選書, 1994)

맹세한 다이묘를 말한다.

후다이다이묘는 주로 간토 지방, 도산도, 도카이도 연변과 전국의 요충지에 배치되었다. 특히 오와리, 미노, 오미, 이세, 에치젠越前(후쿠이현) 지역에 집중하여 배치되었다. 도요토미 가문에 대한 충성심이 남아있는 다이묘들을 견제하기 위해서였다. 그리고 이에야스는 도요토미 가문을 섬기던 다이묘로, 예전에 자신이 지배했던 5개 구니国 즉,

스루가·도토미·미카와·가이·시나노 지역에 영지를 보유한 다이묘들을 다른 지역으로 옮기고, 그곳에 마쓰다이라 타다토시松平忠利(1582~1632), 히라이와 지카요시平岩親吉, 아마노 야스카게天野康景 등 일족과 후다이다이묘를 배치했다.

원래 미노 지역은 도요토미 가문을 섬기던 19명의 다이묘가 나누어 지배하고 있었다. 이에야스는 그들 중 11명의 영지를 몰수하고, 그곳에 오쿠다이라 노부마사奧平信昌를 봉했다. 오우奧羽 지방에도 후다이다이묘가 진출했다. 예를 들면 도리이 모토타다의 차남 도리이 타다마사鳥居忠政(1566~1628)가 이와키타이라번磐城平藩(후쿠시마현 하마도오리 남부)의 다이묘로 봉해졌다. 후다이다이묘는 도자마다이묘를 감시하는 역할을 했다. 세키가하라 전투 후 이에야스가 서군 편에서 싸운 다이묘들의 영지를 몰수하거나 감봉하고, 동군 편에 선 다이묘들을 가봉 또는 전봉하고, 도쿠가와 가문의 가신을 후다이다이묘로 봉하는 대대적인 논공행상 결과 막번체제幕藩體制의 기초가 마련되었다.

도요토미 히데요시의 은혜를 입은 도자마다이묘들은 서부 일본 지역에 집중하여 배치되었다. 생산량 30만 석 이상의 다이묘를 예로 들어보면 히고肥後(구마모토현)에 가토 기요마사, 히젠肥前(사가현·나가사키현)에 나베시마 나오시게鍋島直茂(1538~1618), 부젠豊前(후쿠오카현 동부·오이타현 북서부)에 호소카와 타다오키, 지쿠고筑後(후쿠오카현 남부)에 다나카 요시마사, 지쿠젠筑前(후쿠오카현의 대부분)에 구로다 나가마사, 히젠肥前에 고바야카와 히데아키, 나가토長門(야마구치현)에 모리 히데나리毛利秀就(1595~1651), 아키安芸(히로시마현)에 후쿠시마 마사노리, 기이紀伊(와카야마현)에 아사노 요시나가 등이 배치되었다. 에도 시대 다이묘 배치의 큰 그림이 완성된 것이다. 도요토미 히데요시의 아들 히데요리는 셋쓰·가와치·이즈미 일대에 65만여 석의 영지를 보유한 일개 다이묘로 몰락했다.

## 3) 이에야스의 직할령

도요토미 히데요시의 직할령은 긴키近畿 지방(교토부·오사카부·효고현·나라현·와카야마현·미에현·시가현)을 중심으로 전국에 200여 만석이 있었다. 그런데 히데요시는 직할령에 가신을 파견하지 않고 소재지의 다이묘에게 관리를 위임했다. 세키가하라 전투 후 이에야스는 도요토미 히데요리의 영지를 그대로 두었지만, 히데요시가 생전에 지배하던 직할령 대부분을 몰수하여 자신의 직할령으로 삼거나 다이묘들에게 영지로 주었다. 이에야스는 직할령의 관리를 다이묘들에게 위임하지 않았다. 가신을 파견하여 관리하는 방식으로 점차 전환했다. 또 직할령 주변에 후다이다이묘를 배치하여 도자마다이묘를 견제했다.

도쿠가와 이에야스의 직할령은 긴키 지방은 물론 미노, 가이, 단바丹波(교토부의 중부·효고현의 서북부·오사카부의 일부를 아우르는 지역), 비추備中(오카야마현 서부), 호우키伯耆(돗토리현 중부·서부), 규슈 지방의 분고豊後(오이타현) 등에도 설정되었다. 이에야스의 직할령은 전국 각지의 군사적 요충지, 교통의 요지, 농업 생산력이 발달한 지역, 상품 유통이 활발한 지역 등에 배치했다. 덴료天領라고 불렸던 직할령의 생산량은 대략 250만여 석으로 추정된다. 덴료는 에도 시대 중기에 400여 만석에 이르렀는데, 이에야스는 이미 그것의 반이 넘는 직할령을 설정했다.

이에야스는 토지 이외에 정치·경제·무역의 중심이 되는 교토·후시미伏見(교토시 후시미쿠)·사카이堺(오사카부 사카이시)·아마가사키尼崎(효고현 아마가사키시)·나라奈良(나라현 나라시)·야마다山田(미에현 이세시) 등을 직할령으로 삼았다. 서양 상인들의 유일한 기착지였던 규슈의 나가사키長崎(나가사키현 나가사키시)도 직할령으로 삼았다. 모두 도요토미 히데요시가 가장 중요시했던 도시와 항만이었다. 이에야스는 세키가하라 전투에서 승리한 후에 교토에 쇼시다이所司代, 후시미·사카이·나가사키에 부교奉行, 아마가사키에 군다이郡代를 두었다.

교토는 8세기 말에 간무 천황桓武天皇(재위:781~806)이 천도한 이래 800여 년 동안 일본의 수도였다. 조정의 소재지였으며 일본 정치의 중심지였다. 일본 제패를 꿈꿨던 다이묘들은 모두 교토로 상경하여 전국을 지배하려고 했다. 오다 노부나가는 무라이 사다카쓰村井貞勝(?~1582), 도요토미 히데요시는 마에다 겐이前田玄以에게 교토의 행정을 총괄하도록 했다. 이에야스는 세키가하라 전투 후 오쿠다이라 노부마사를 교토쇼시다이京都所司代로 임명했으나 얼마 후 이타쿠라 가쓰시게板倉勝重(1545~1624)로 교체했다. 그 후 가쓰시게가 20여 년간 교토쇼시다이로 근무했다.

후시미는 교토에서 가깝고 또 오사카와 교토를 연결하는 수륙의 요지에 있던 도시였다. 히데요시가 후시미성을 건설하고 그곳에서 만년을 보냈다. 히데요시가 사망한 후 이에야스가 후시미성에서 정무를 보았고, 세키가하라 전투 후에도 그곳에 머물며 공가公家 즉, 귀족과 다이묘들을 접견했다. 후시미는 이에야스가 1615년 여름에 도요토미 가문을 멸망시킬 때까지 에도 막부의 군사적 거점이기도 했다. 그런 만큼 이에야스가 임명한 후시미부교의 임무가 막중했다.

이에야스는 후시미를 중요한 전략적 요충지로 인식하고 있었다. 1602년 6월 여러 다이묘를 동원하여 후시미성을 수축한 후에 그곳에 도쿠가와 가문 직속 부대를 배치했다. 1607년 7월 이에야스가 본거지를 슨푸성으로 옮긴 후 그때까지 후시미성을 지키던 부대를 슨푸성으로 이전 배치했다. 후시미성에는 새로이 조다이城代가 임명되었고, 에도성을 지키던 부대가 3년 교대로 파견되어 지키도록 했다. 도쿠가와 가문 직속 부대는 세키가하라 전투 전까지 에도성만 지켰는데, 도쿠가와 가문의 세력권이 넓어지면서 그 임무가 간토 지방 이외 지역으로 확대되었다.

사카이는 중세 이래 기나이의 상업 중심지이며 국제 무역항으로 번영했다. 사카이는 특정 다이묘가 지배하지 않았다. 36명의 호상이 자치단체를 구성하여 도시를 자율적으로 운영했다. 그래서 이탈리아의 베니스와 같은 자유도시라고 일컬어지기도 했다. 하지만 1568년 9월 교토로 입성한 오다 노부나가가 2만 관의 금전을 상납하지 않으면 사카이를 초토화하고 상인들을 몰살하겠다고 협박했다. 사카이 자치단체는 오다군에 대항한다는 방침을 세웠다. 도시 주변에 방어벽을 설치하고 실업 무사들을 고용했다. 그러나 오다군에 맞서면 도시가 멸망할 수도 있다고 판단한 36명의 호상이 노부나가에게 2만 관의 금전을 상납하고 항복했다. 노부나가는 사카이의 호상 대표이며 유명한 다도인이던 이마이 소큐今井宗久를 앞세워 사카이를 지배했다. 노부나가 사망 후에 도요토미 히데요시가 사카이를 지배했는데, 1583년부터 히데요시가 오사카성을 건설하면서 사카이 상인을 강제로 오사카성 조카마치로 이주시켰다. 그 후 사카이는 예전처럼 번영하지 못했지만, 여전히 뎃포鉄砲를 생산하는 상공업 도시로서 중요한 위치를 점하고 있었다. 노부나가·히데요시의 뒤를 이은 이에야스가 사카이를 직할령으로 삼았다.

아마가사키는 12세기경부터 수륙교통의 요지로 발전했다. 특히 사카이에서 멀지 않은 곳에 있던 아마가사키의 외항 다이모쓰우라大物浦가 해상 교통의 거점으로 번영했다. 1185년 가마쿠라 막부를 연 미나모토노 요리토모源頼朝(1147~99)의 동생이며 다이라씨 정벌군 총대장 미나모토노 요시쓰네源義経(1159~89)가 대군을 이끌고 출항한 항구로 유명한데, 1614년 오사카 겨울 전투 때 도쿠가와군이 병참 기지로 이용했다. 이에야스는 아마가사키에 가신을 보내 다스렸다. 에도 시대에

는 아마가사키의 다이묘로 임명된 이에야스의 가신 도다 우지카네戶田
氏鉄(1576~1655)가 다이모쓰우라와 인접한 곳에 아마가사키성을 건설
했다.

나라奈良는 710년부터 784년까지 일본 고대국가의 수도 헤이조쿄平
城京(나라현 나라시)가 있었던 곳으로, 일본 정치·경제·문화의 본고장
이라고 할 수 있다. 15만여 명이 거주했던 헤이조쿄의 외곽에는 불교
사원이 배치되었다. 나라는 훗날 헤이안쿄平安京(교토부 교토시)로 천도한
후에도 여전히 불교문화의 중심지였다. 중세 시대에는 고후쿠지興福寺,
도다이지東大寺 등 대사원이 사실상 지배했다. 고오리야마郡山(나라현 야
마토코오리야마시)와 함께 야마토大和 지역 정치·경제의 중심지였다. 이
에야스는 세키가하라 전투 때 서군에 속했던 마시타 나가모리의 거성
고오리야마성을 몰수하는 등 나라 일대를 직할령으로 삼고 오쿠보 나
가야스大久保長安(1545~1613)를 보내 다스리도록 했다. 1613년에 나라
부교奈良奉行를 두었다.

야마다는 고대부터 이세 신궁伊勢神宮의 몬젠마치門前町 즉, 사원이나
신사 주변에 형성된 마을이었다. 예부터 이세 신궁을 참배하는 사람들
이 많았다. 자연스럽게 야마다에는 오시御師 즉, 이세 신궁에 참배하는

사람들을 안내하고, 숙박을 알선하고, 그들을 위해 기도하는 자들이 거주하게 되었다. 야마다는 예부터 오시들이 야마다산포山田三方라는 조직을 결성하여 야마다 일대를 자치적으로 다스렸다. 도요토미 히데요시는 야마다를 직할령으로 삼고 이세 신궁의 신관을 야마다부교로 임명하여 야마다산포를 통제했다. 1603년 이에야스가 야마다를 직할령으로 삼고 가신을 야마다부교로 임명했다.

1571년 4월 포르투갈 상선이 처음으로 입항한 이래, 나가사키는 서양 무역의 중심지로 발전했다. 1588년 대륙침략을 준비하던 도요토미 히데요시가 나가사키를 직할령으로 삼았다. 도쿠가와 이에야스는 1600년에 가라쓰성唐津城(사가현 가라쓰시) 성주 데라자와 히로타카寺沢広高를 나가사키부교로 임명한 후 1605년에 나가사키를 직할령으로 삼았다. 17세기 중엽 막부가 쇄국을 선언한 후에도 나가사키는 서양 상선이 입항할 수 있는 유일한 국제 항구로 발전했다. 에도 막부는 나가사키 항구에 데지마出島라는 인공섬을 조성하고 그곳에 서양 상인이 머물도록 했다.

이에야스는 히데요시보다 금·은에 집착했다. 히데요시는 금·은 광산 개발을 다이묘들에게 맡기고 상납금을 받는 방식을 취했다. 하지만 이에야스는 전국의 대표적인 금·은 광산을 직할령으로 삼았다. 세키가하라 전투 후에 사도佐渡(니가타현 사도시)의 금광산, 이와미石見의 은광산(시마네현 오다시), 이쿠노生野의 은광산(효고현 아사고시) 등에 가장 신임하는 가신을 파견하여 철저하게 관리했다. 도이土肥(시즈오카현 이즈시)의 금광산을 새로 개발하기도 했다. 이에야스는 200만 냥이 넘는 금화를 소유했다고 전한다.

1607년 10월 이에야스가 에도 막부의 2대 쇼군 히데타다에게 금화 3만 냥, 은 1만 2,000관을 양도하며 말했다. "물려받은 금·은화는 군자금, 천재지변이 발생했을 때 사용하는 비상금, 극심한 기근이 들었을 때 구제금 등으로 사용하도록 하라." 이에야스는 슨푸성으로 물러나면서 다시 쇼군 히데타다에게 금화 15만 냥을 넘겨주었다. 1616년 죽음이 임박했을 때 보유한 금화 100만 냥 중 오와리尾張의 다이묘로 임명한 아홉째 아들과 기이紀伊의 다이묘로 임명한 열째 아들에게 각각 30만 냥, 미토水戸의 다이묘로 임명한 열한째 아들에게 10만 냥을 나누어주었다. 나머지 30만 냥은 슨푸성에 남겨두었다고 전한다.

이에야스는 시나노信濃의 기소다니木曽谷(나가노현 기소군)를 비롯한 중요한 산림 지역을 직할령으로 삼았다. 기소다니 일대는 일찍이 도요토미 히데요시가 이누야마성犬山城 성주 이시카와 사다키요石川貞淸 (?~1626)에게 관리를 위임했는데, 세키가하라 전투 때 기소다니의 호족 야마무라 미치스케山村道祐 등이 이에야스의 가신 오쿠보 나가야스와 협력하여 이시카와 사다키요를 몰아냈다. 세키가하라 전투 후에 이에야스는 야마무라 미치스케의 건의에 따라 기소다니를 직할령으로 삼고, 미치스케를 기소다니의 다이칸代官으로 임명했다.

# CHAPTER 8. 에도 막부 개설

도쿠가와 이에야스가 세키가하라 전투에서 승리했다고 해서 독자적인 권력을 행사할 수 있었던 것은 아니었다. 이에야스가 세키가하라 전투에 다이묘들을 동원할 수 있었던 것은 도요토미 히데요시의 유지를 받드는 5大老의 우두머리라는 지위에 있었기 때문에 가능한 일이었다. 이에야스는 히데요시가 구축한 다이묘의 군역체계와 농민 동원체계를 그대로 계승하면서 히데요시의 대리인 자격으로 천하를 호령했을 뿐이다. 그때까지 도쿠가와 이에야스는 도요토미 히데요시의 아들 히데요리를 주군으로 섬기는 처지였다.

세키가하라 전투에서 반대파를 제거한 이에야스는 신중하면서도 치밀하게 도요토미 정권의 집정에서 벗어날 준비를 했다. 먼저 도요토미 정권이 정한 강경한 다이묘 통제방침을 유연하게 변경했다. 여러 다이묘와 친분을 맺으면서 그들을 자기편으로 끌어들였다. 이 무렵 이에야스는 가마쿠라 막부를 세운 미나모토노 요리토모에 경도되어 있었다. 가마쿠라 막부의 정사라고 할 수 있는 『아즈마카가미吾妻鏡』를 탐독했고, 가마쿠라 막부가 제정한 판례집이라고 할 수 있는 「조에이시키모쿠貞永式目」를 학습했다.

이에야스는 세키가하라 전투에서 승리한 후에도 오사카성에 머물렀다. 전후처리를 하면서 도쿠가와 가문의 본거지를 어디로 정할지 고민했다. 어느 날 이에야스가 후계자로 정한 아들 히데타다에게 본거지를 어디로 정하면 좋겠느냐고 물었다. 성품이 온순한 히데타다가 말했다. "저는 아직 젊어서 잘 모르겠습니다. 아버님의 결정에 따르겠습니다." 이에야스가 기다렸다는 듯이 말했다. "그렇다면 지금과 같이 에도성을 본거지로 삼는 것이 좋겠다." 이에야스는 이미 새로운 막부 개설을 염두에 두고, 미나모토노 요리토모가 교토에서 멀리 떨어진 가마쿠라에 본거지를 둔 전례에 따르겠다는 뜻을 굳혔을 것이다. 에도는 가마쿠라에서 멀리 떨어지지 않은 곳이었다.

1601년 1월 1일 도쿠가와 이에야스는 오사카성의 니시노마루에 있었지만, 병상에 누워 있어서 신년하례 의식이 연기되었다. 1월 15일 여러 다이묘가 이에야스에게 신년 인사를 올렸다. 오사카성에서 도요토미 히데요리가 주최하는 연회가 열렸다. 이에야스와 그 아들 히데타다가 주빈으로 참석했다. 이 무렵 이에야스는 교토에서 에도로 이어지는 간선도로 도카이도의 덴마伝馬 제도를 정비했다. 이에야스의 측근들이 에도와 교토·오사카를 빈번하게 왕래할 필요가 있었기 때문이다.

덴마 제도는 조선의 역전 제도와 같은 것이었다. 도카이도에 20~30리마다 숙역이 설치되었다. 숙역에는 여러 명의 관리인이 상주하면서 36마리의 말을 보살폈다. 막부의 관리는 숙역에서 말을 번갈아 갈아타면서 에도와 교토·오사카를 왕래했다. 서신이나 물자는 숙역에 상주하는 관리인이 다음 숙역까지 전달하거나 운반했다. 이에야스는 숙역 주변 마을에서 관리인을 차출하고 말을 제공하도록 했다.

1601년 2월 대대로 마쓰다이라 가문을 섬기던 가신들에 대한 논공행상이 있었다. 모든 가신에게 영지가 추가로 분배되었다. 2월 23일 이에야스가 오사카성에서 후시미성으로 거처를 옮겼다. 이 무렵에 이에야스가 직접 지배하는 간토 지방에서 겐치検地 즉, 토지조사가 대대적으로 실시되었다. 2월 하순 이에야스가 후시미에 화폐 주조소를 설치하고, 그곳에서 금화·은화를 주조했다. 이때 직할지로 삼은 전국의 금·은 광산에서 산출한 금·은이 사용되었을 것이다. 5월 12일 이에야스가 고요제이 천황을 알현했다. 5월 15일 이에야스는 조정의 직할 영지를 설정하고, 이어서 천황의 자손, 조정에서 대대로 관직을 세습하던 귀족, 출가한 천황·귀족의 일족이 주지로 있는 사원 등의 영지를 확정했다.

8월에 이타쿠라 가쓰시게板倉勝重를 교토쇼시다이로 임명하여 토지를 측량하고 건물을 파악하도록 했다. 교토쇼시다이는 교토의 행정을 총괄하는 직책이었지만, 겉으로 드러내지 않는 가장 중요한 임무는 천황과 귀족 그리고 서부 일본 다이묘들의 동태를 감시하는 일이었다. 교토쇼시다이가 수집한 정보는 이에야스의 최측근 참모에게 직보되었다. 당연히 교토쇼시다이는 이에야스의 측근 중에서 선발되었다. 이타쿠라 가쓰시게는 이에야스의 기대에 부응했다.

이에야스가 교토에 오면 니조성二条城(교토시 나카교쿠)에 머물렀다. 그가 니조성에 머무는 것은 조정과 정식으로 교섭하기 위해서였지만, 오사카성에 있는 도요토미 히데요리를 견제하는 효과도 있었을 것이다. 1602년 5월 1일 이에야스가 여러 다이묘에게 니조성 개축 공사를 명했다. 6월 1일에는 여러 다이묘에게 후시미성 수축 공사를 분담시켰다. 6월 24일 에도성 내에 서적을 보관하는 건물을 짓고, 그곳으로 가네사와문고金沢文庫(요코하마시 가나자와쿠)에 보관하던 서적을 옮겼다. 임진·정유 왜란 때 조선에서 약탈한 각종 서적도 에도성 문고에 보관했다.

1602년에 접어들어서도 이에야스는 규슈 남부를 지배하는 시마즈 가문의 처분을 마무리하지 못하고 있었다. 세키가하라 전투 후에 서군 편에 섰던 시마즈 요시히로는 본거지로 물러가 근신하고 있었다. 이에야스는 요시히로에게 상경하라고 요구했다. 그러나 요시히로는 이에야스의 요구에 응하지 않았다. 1602년 4월 이에야스는 시마즈 가문이 예부터 지배하던 사쓰마薩摩·오즈미大隅 2개 구니国와 휴가日向의 일부를 영지로 인정하겠다는 뜻을 밝혔다. 그러자 그해 12월 시마즈 요시히로의 아들 시마즈 타다쓰네島津忠恒(1576~1638)가 후시미성으로 와서 이에야스에게 항복했다. 이로써 전국의 다이묘가 이에야스의 무위에 복종하게 되었다.

시마즈 가문의 처분 문제가 마무리되자 다이묘들 사이에서 이에야스의 정이대장군 취임 논의가 활발해졌다. 이에야스의 정이대장군 취임은 도요토미 정권과 결별하고 독자적인 정권의 수립을 선언하는 것이었다. 도요토미 히데요시의 아들 히데요리의 앞날을 걱정하는 다이묘와 무사들이 불만을 품을 수 있었다. 그러나 세상은 이미 바뀌어 있었다. 도요토미 가문 추종 세력이 공공연하게 이에야스의 쇼군 취임에 이의를 제기할 수 있는 분위기가 아니었다.

도쿠가와 이에야스는 교토의 후시미성에서 1603년 새해를 맞이했다. 1월 2일 여러 다이묘가 후시미성으로 와서 이에야스에게 신년 인사를 올렸다. 1월 16일에는 천황의 일족과 귀족이 차례로 이에야스를 예방했다. 1월 28일 이에야스는 겨우 4살이 된 아홉째 아들 고로타마루五郎太丸를 가이甲斐 25만 석의 다이묘로 봉하고, 오랫동안 충성을 다한 가신 히라이와 지카요시平岩親吉(1542~1612)를 고로타마루의 가로家老로 임명하여 보좌하도록 했다.

1603년 2월 12일 고요제이 천황이 사신을 후시미성으로 보냈다.

천황의 사신은 200여 명의 시종을 거느리고 오후 2시경에 후시미성에 도착했다. 이에야스가 관복을 차려입고 의례식장의 북쪽 중앙에 앉았다. 천황의 사신이 이에야스에게 정이대장군 서임을 알리고 자리에 앉았다. 남쪽 정원에서 부사가 이에야스에게 2배를 올리며 큰 소리로 "승진"을 두 번 외쳤다. 정이대장군 선지가 이에야스에게 전해졌다. 정식 관명은 종1위 우다이진右大臣 정이대장군 겐지노초자源氏長者 순화장학淳和獎學 양원별당兩院別당이었다. 일본인은 정이대장군을 쇼군将軍으로 불렀다.

3월 25일 정이대장군 정장 차림의 이에야스가 고요제이 천황을 알현하기 위해 천황 궁전으로 향했다. 정이대장군 서임에 대한 답례 형식이었다. 귀족들이 궁전의 정문까지 나와 이에야스를 맞이했다. 이에야스는 고요제이 천황에게 은화 1,000매, 천황의 비 2명에게 각각 은화 200매, 천황의 자제에게 은화 100매 등을 헌상했다. 상궁에게 은화 80매를 주었고, 하급 궁녀들에게도 신분에 따라 빠짐없이 은화를 나누어 주었다.

정이대장군 서임에 대한 답례가 끝난 후 이에야스는 니조성에 머물렀다. 3월 27일 고요제이 천황이 니조성으로 사신을 보내 이에야스에게 황금 3매와 대도를 하사했다. 귀족들도 니조성으로 가서 이에야스에게 정이대장군 취임 축하 인사를 했다. 다음 날에는 명망 있는 사원의 원로가 이에야스를 예방하고 축하 인사를 했다. 이에야스는 당분간 니조성에 머물면서 다이묘들의 축하 인사를 받았다. 이에야스는 4월 4일부터 3일간 니조성으로 귀족 및 여러 다이묘를 초대하여 연극을 상연하고 향연을 베풀었다.

이미 일본 최고의 실력자 지위를 쟁취한 도쿠가와 이에야스였지만, 막부를 열고 쇼군에 취임하려면 천황으로부터 정이대장군에 임명되는 절차를 밟아야 했다. 그것은 천황이 정권을 위임하는 의식이기도 했다. 가마쿠라 막부를 연 미나모토노 요리토모는 천황의 권력을 빼앗았다. 하지만 천황의 권위는 빼앗을 수가 없었다. 예부터 천황은 신하들에게 성姓을 하사했지만, 천황과 그 일족은 성을 갖지 않았다. 성을 사용하는 자가 성이 없는 천황의 지위를 넘볼 수 없었다. 가마쿠라 막부가 성립한 후에도 천황이 일본 군주의 지위를 유지할 수 있었던 이유였다. 물론 일본 최고의 권력을 쟁취한 자가 군대를 동원하면 천황제를 없앨 수 있었겠지만, 아무도 뒷감당할 수 없는 모험을 하지 않았다. 천황을 일본의 군주로 받들면서 권력을 행사하는 길을 택했다. 이에야스도 그런 전례에 따랐다.

이에야스는 조정과 막부 관계의 주도권을 장악하려고 했다. 3월 25일 쇼군에 취임한 이에야스가 고요제이 천황을 알현하던 날, 에도 막부는 히로하시 가네카쓰広橋兼勝(1558~1623)와 간주지 미쓰토요観修寺光豊(1576~1612)를 부케텐소武家伝奏로 임명했다. 부케텐소는 막부의 의견을 조정에 전달하고 각종 의전의 형식과 일정을 조율하는 역할을 담당했다. 상층 귀족 중에서 임명되었다. 그런데 누구를 부케텐소로 임명할지 결정하는 것은 에도 막부였다. 부케텐소는 에도 막부의 쇼군에게 충성하지 않을 수 없는 존재였다.

에도 막부가 개설되면서 정치의 중심이 오사카성에서 에도성으로 옮겨졌다. 그 무렵부터 도자마다이묘가 앞을 다투어 이에야스에게 복종했다. 이에야스가 쇼군에 취임하자마자 얼마 전까지 이에야스에 맞섰던 우에스기 카게카쓰上杉景勝가 에도로 참근参勤 즉, 자기의 영지를 떠나 에도에 거주하면서 정기적으로 에도성으로 들어가 쇼군을 알현했다. 쇼군 이에야스는 카게카쓰에게 에도성 주변의 사쿠라다桜田(도쿄토 지요다쿠 가스미가세키)에 있는 토지를 하사하여 저택을 짓게 했다. 이것을 시작으로 구로다 나가마사, 하치스카 요시시게, 마쓰라 시게노부松浦鎮信(1549~1614), 후쿠시마 마사노리 등 서부 일본의 다이묘들이 에도로 참근했다. 이에야스는 참근한 다이묘들이 저택을 지을 수 있는 토지를 하사했다. 도자마다이묘는 세키가하라 전투 전까지 이에야스의 동료였다. 그러나 이에야스가 쇼군의 지위에 오르면서, 이에야스와 도자마다이묘의 관계는 수평관계에서 상하관계로 전환되었다.

막부의 쇼군에게 인질을 제공하는 것도 도자마다이묘들의 의무로 여겨지게 되었다. 인질을 제공하는 관행은 일본 전국시대에 뿌리를 내렸다. 배반하지 않겠다는 증표로 아들이나 일족을 상대편 다이묘에게 보냈다. 앞에서 살펴보았듯이, 이에야스도 한때 인질의 몸이 되어 이마가와 가문의 본거지 슨푸에서 생활한 적이 있었다. 이것은 이마가와 가문이 마쓰다이라 가문이 지배하던 미카와三河(아이치현 동부)를 식민지로 삼으면서 이에야스를 인질로 끌고 간 사례이지만, 다이묘들이 동맹을 맺을 때도 인질을 제공했다. 먼저 동맹을 요청한 쪽에서 인질을 제공하는 경우가 대부분이었다.

1569년 6월 간토 지방의 대영주 호조 우지마사北条氏政가 에치고越後(니이가타현)의 다이묘 우에스기 겐신上杉謙信과 동맹을 맺으면서 아들을 인질로 보냈다. 1571년 10월 호조 우지마사는 우에스기 가문과의 동맹을 파기하고 다케다 신겐武田信玄과 동맹을 맺었는데, 이번에는 두 명의 동생을 인질로 제공했다. 전쟁을 앞둔 다이묘가 가신들에게 인질 제공을 요구하기도 했다. 지휘권을 강화하기 위한 수단이었다. 인질은 다이묘의 거성이나 주변 성곽에 모아놓고 감시했다. 전투 중에 가신이 배반하거나 적과 내통하면 인질을 극형에 처했다. 전국시대 무사는 인질을 포기하는 것을 매우 수치스럽게 생각했다. 인질 제도는 매우 구속력이 있는 제도였다고 할 수 있다. 도요토미 히데요시는 물론 이에야스도 인질 제도를 십분 활용했다.

에도 시대의 인질 제도는 세키가하라 전투 전에 가가加賀(이시카와현 남부)의 다이묘 마에다 도시나가前田利長가 모친을 이에야스의 본거지 에도로 보낸 것이 선례가 되었다. 에도 막부가 개설된 후에는 1604년 6월 히고肥後의 히토요시人吉(구마모토현 히토요시시) 다이묘 사가라 요리후사相良賴房(1574~1636)가 노모를 에도에 인질로 보냈다. 요리후사의 영지는 비록 2만여 석밖에 되지 않았지만, 서부 일본의 다이묘 중에서 처음으로 에도 막부에 인질을 제공했다. 감동한 이에야스는 요리후사의 노모에게 매월 무사 50명분의 봉록을 주어 편안한 여생을 보내도록 했다. 이 소식을 들은 도자마다이묘들이 잇달아 처자를 인질로 보냈다.

1603년 5월 15일 이에야스의 손녀 센히메千姬가 후시미성에 도착했다. 도요토미 히데요리와 혼인하기 위해서였다. 7월 28일 오사카성에서 히데요리와 센히메의 혼인식이 거행되었다. 두 사람의 혼인은 이에야스가 생전의 히데요시와 한 약속을 지키기 위한 것이었다. 이때 히데요리는 10살, 센히메는 7살 난 어린애였다. 이에야스가 두 사람의 혼인을 서두른 이유는 막부를 개설한 도쿠가와 가문에 적대감을 품은 도요토미 가문 추종 세력을 달래기 위해서였다. 하지만 혼인이 히데요리의 안전을 보장하는 것은 아니었다. 이에야스는 쇼군에 취임한 후에도 여전히 히데요리를 경계했다.

도요토미 히데요리는 쇼군을 정점으로 하는 새로운 질서에 편입되기를 거부했다. 세키가하라 전투 후에도 조정의 귀족들이 여전히 오사카성으로 히데요리를 예방하여 신년 인사를 올렸다. 생전의 히데요시에게 은혜를 입은 다이묘들이 오사카성에 들러 히데요리에게 하례를 올린 뒤 이에야스를 찾아가 인사를 올렸다. 조정은 도쿠가와 쇼군 가문보다 도요토미 가문을 우대했다. 조정은 1603년 히데요리가 10살이 되었을 때 나이다이진內大臣, 1605년 12살이 되었을 때 우다이진右大臣으로 승진시켜 쇼군 도쿠가와 이에야스와 같은 품계에 오르게 했다.

이에야스의 손녀 센히메가 히데요리와 혼인하기 위해 오사카성에 도착했을 때, 그녀를 영접한 것은 아사노 요시나가淺野幸長였다. 그는 세키가하라 전투 때 큰 공을 세워 와카야마和歌山 40만 석의 다이묘가 된 인물이었다. 그런 인물이 히데요리의 집사 역할을 자임했다. 히데요리는 그의 모친 요도도노淀殿와 함께 난공불락의 오사카성에 거주하면서 히데요시가 남긴 금·은을 비롯한 많은 재산을 보유했다. 히데요시의 은혜

오사카성

를 입은 다이묘들은 여전히 건재했다. 실업한 무사인 낭인浪人 또한 일단 유사시에 군사력으로 결집할 수 있는 세력이었다. 당시 항간에서는 히데요리가 이에야스보다 한 단계 높은 간파쿠関白 지위에 오른다는 풍문이 돌고 있었다. 히데요리는 결코 만만한 상대가 아니었다.

1603년 10월 18일 이에야스가 후시미성을 떠나 에도로 향했다. 이때 아홉째 아들 고로타마루五郎太丸(훗날 도쿠가와 요시나오德川義直:오와리번의 초대 당주)와 열째 아들 조후쿠마루長福丸(훗날 도쿠가와 요리노부德川頼宣:

기이번紀伊藩의 초대 당주)가 동행했다. 11월 7일 조정이 도쿠가와 가문의 후계자 도쿠가와 히데타다에게 우곤에노다이쇼右近衛大将라는 관직을 수여했다. 같은 날 이에야스는 조후쿠마루에게 미토水戸 20만 석의 영지를 주었다. 당시 조후쿠마루는 2살 난 어린애였다.

1604년 7월 17일 에도성에서 도쿠가와 히데타다의 차남이 태어났다. 이에야스는 손자에게 다케치요竹千代라는 이름을 지어 주었다. 그는 훗날 에도 막부의 3대 쇼군이 되는 인물이었다. 8월 14일 이에야스는 도요토미 히데요리와 함께 도요쿠니 신사豊国神社(교토시 히가시야마쿠)에서 제사를 지냈다. 도요쿠니 신사는 히데요시를 받드는 곳이었다. 8월 15일에는 교토의 상공인이 모여서 춤을 추며 히데요시를 기렸다. 고요제이 천황도 참석한 성대한 행사였다. 그러나 다이묘들의 모습은 보이지 않았다. 도요토미 가문을 추종하는 다이묘들이 많았으나 쇼군 도쿠가와 이에야스의 심기를 불편하게 할까 두려웠기 때문이었을 것이다.

이에야스는 전국의 다이묘들에게 에도성과 시가지 건설을 명령했다. 막부가 있는 에도 건설에 전국의 다이묘는 물론 무사·농민·직인들이 동원되었다. 에도성과 시가지 설계는 토도 다카토라가 담당했다. 1604년에는 이케다 데루마사, 가토 기요마사, 구로다 나가마사, 아사노 요시나가, 호소카와 타다토시, 나베시마 가쓰시게鍋島勝茂(1580~1657) 등에게 목재와 석재의 운반을 명령했다. 에도성 건설은 길이 1300여 미터, 높이 약 13미터의 석축 공사부터 시작되었다. 여러 다이묘가 구간을 나누어 공사를 분담했다. 30년이 넘게 걸린 에도성과 시가지 건설 공사가 첫 삽을 뜬 것이다.

이에야스는 전국의 다이묘들에게 영지의 겐치 결과를 기록한 고젠초御前帳를 제출하라고 명령했다. 자신이 도요토미 히데요시의 뒤를 이은 지배자라는 것을 분명히 하기 위한 것이었다. 그 밖에 이에야스는 내정·외교 전반에 걸친 정책을 추진했는데, 안으로는 쇼군의 권력을 강화하고 밖으로는 조선·명·유구 및 동남아시아 각지에 식민지를 둔 서양 여러 나라와의 관계를 정상화하는 방향으로 추진되었다. 이에야스는 막부의 쇼군을 중심으로 하는 새로운 질서를 세울 생각에 골몰했다.

1605년 1월 9일 이에야스가 에도성을 출발하여 교토로 향했다. 2월 24일 도쿠가와 히데타다가 대군을 거느리고 에도성을 출발하여 교토로 향했다. 히데타다가 이끄는 10만이 넘는 대군은 전위대, 본대, 후위대 순서로 행군했다. 각 부대는 기마, 보병, 뎃포대, 궁시대, 장창대 등으로 편성되었다. 40여 명의 후다이다이묘와 도자마다이묘가 히데타다를 따랐다. 3월 21일 도쿠가와 히데타다가 이끄는 부대가 교토의 후시미성에 도착했다.

전대미문의 위풍당당한 행군 모습을 지켜본 교토의 민중은 놀라움을 금치 못했다. 교토의 귀족과 민중이 남긴 기록에 다음과 같은 문구가 보인다. '전대미문' '행장의 화려함에 놀랐다' '동부 일본의 다이묘가 모두 참가했다고 한다' '교토의 조닌이 모두 나가서 히데타다의 행렬을 맞이했다' '민중이 귀천을 가리지 않고 나가 구경했다' 10만 대군의 상경은 도요토미 히데요리와 그 추종 세력에게 큰 충격을 안겨주었다. 도요토미 가문이 오사카성의 경계 태세를 강화했다. 3월 29일 도쿠가와 히데타다가 고요제이 천황을 알현하고 전례에 따라 은화 200매를 헌상했다.

도쿠가와 히데타다가 이에야스의 후계자로 정해진 것은 세키가하라 전투가 끝난 1600년 가을이었다. 『德川実記』에 다음과 같은 기록이 있다. "(이에야스가) 오쿠보 타다치카大久保忠隣, 혼다 마사노부本田正信, 이이 나오마사井伊直政 등 중신을 불러서 여러 아들 중에서 누구를 후계자로 삼는 것이 좋을지 물었다. 마사노부는 유키 히데야스結城秀康, 나오마사는 마쓰다이라 타다요시松平忠吉, 타다치카는 히데타다秀忠가 적합하다고 말했다. 당시 이에야스는 아무 말도 하지 않았지만, 며칠이 지나서 히데타다를 후계자로 정했다고 발표했다." 이때부터 이에야스는 히데타다를 각별하게 대우했다.

도쿠가와 히데타다

1605년 4월 7일 이에야스가 조정에 아들 히데타다에게 쇼군의 지위를 물려주고 싶다고 주청했다. 4월 8일 이에야스가 후시미성에서 니조성으로 가서 머물렀다. 10일 이에야스가 고요제이 천황을 알현했다. 4월 16일 조정은 이에야스가 정이대장군의 지위를 그 아들 히데타다에게 물려주는 것을 허가했다. 4월 17일 도쿠가와 히데타다가 교토의 니조성으로 가서 머물렀다. 4월 26일 고요제이 천황이 도쿠가와 히데타다를 에도 막부의 2대 정이대장군으로 임명했다. 그러나 겐지노초자 순화장학 양원별당의 지위는 도쿠가와 이에야스가 계속 보임하도록 했다.

4월 27일 에도 막부의 2대 쇼군에 취임한 도쿠가와 히데타다가 천황의 일족, 귀족, 출가한 천황·귀족의 일족 등의 축하 인사를 받고 후시미성으로 돌아갔다. 5월 1일 다이묘들이 차례로 쇼군 히데타다를 알현하고 축하 인사를 올렸다. 5월 3일 쇼군 히데타다가 후시미성으로 귀족과 여러 다이묘를 초대하여 연극을 상연하고 향연을 베풀었다. 5월 8일 여러 귀족이 쇼군 히데타다를 예방했다. 5월 11일 쇼군 히데타다는 에도에서 교토까지 호종한 40여 명의 다이묘를 영지로 돌려보냈다. 5월 15일 쇼군 히데타다가 후시미성을 출발하여 6월 4일 에도성에 도착했다. 쇼군의 지위를 아들 히데타다에게 물려준 이에야스는 9월 15일까지 후시미성에 머물렀다.

도쿠가와 이에야스가 에도 막부의 쇼군 지위를 아들 히데타다에게 물려준 것은 쇼군의 지위는 도쿠가와 가문의 자손이 세습하는 것이라는 것을 천하에 선언한 정치적인 행위였다. 당시 무사는 물론 서민들도 도요토미 히데요리가 성인이 되면 이에야스가 정이대장군의 지위를 그에게 물려줄 것이라고 믿고 있었다. 도쿠가와 히데타다의 에도 막부 2대 쇼군 취임은 이에야스가 도요토미 가문에 정권을 돌려줄 의사가 없다는 것을 천명한 사건이었다. 도요토미 가문과 그 추종 세력이 큰 타격을 입었다.

# CHAPTER9. 오고쇼 이에야스

## 1) 양두정치 체제

    1605년 5월 10일 도쿠가와 이에야스는 도요토미 히데요리에게 상경하라고 요구했다. 새로 쇼군에 취임한 히데타다는 히데요리의 장인이었다. 히데요리가 쇼군 히데타다에게 취임 축하 인사를 올리는 것이 당연한 의례일 수도 있었다. 그런데 문제는 이에야스가 히데요리를 쇼군 히데타다에게 복종하도록 할 계획을 세우고 있었다는 것이다. 얼마

전까지만 해도 이에야스는 히데요리를 주군으로 섬겨야 하는 처지였
다. 히데요리가 도쿠가와 가문에 복종하면 주객이 전도되는 것이었다.

도요토미 히데요리의 모친 요도도노가 분개했다. "만약 도쿠가와 이
에야스가 히데요리의 상경을 계속 요구한다면 내가 히데요리를 죽이
고 자결할 것이다." 요도도노가 결사반대한다는 소식을 들은 이에야
스는 무리수를 두지 않았다. 교토·오사카 지역의 민심은 도요토미 가
문을 동정하는 분위기였다. 이에야스가 10만 대군을 동원하여 도요토
미 가문과 그 추종 세력을 위압했지만, 싸늘한 민심에 맞서면 잃을 것
은 많고 얻을 것은 적었다. 이에야스는 일곱 째 아들 마쓰다이라 타다
테루松平忠輝(1592~1683)를 쇼군 히데타다의 대리인 자격으로 오사카성
으로 보내서 히데요리에게 인사를 올리도록 했다. 사태가 악화하는 것
을 염려한 이에야스가 한발 물러난 것이다.

막부의 2대 쇼군에 취임한 도쿠가와 히데타다가 에도로 돌아간 후
후시미성에 머물던 이에야스가 7월 21일에 상경했다. 이에야스는 젊
은 유학자 하야시 라잔林羅山(1583~1657)을 니조성으로 불러 유교 경전
에 대하여 문답했다. 7월 29일 이에야스가 정토종 총본산 지온인知恩院
(교토시 히가시야마쿠)을 찾아 참배했다. 8월 17일 이에야스가 신도가神道

家 본슌梵舜(1553~1632)을 불러 신사神社에 관한 일을 자문했다. 이 무렵 이에야스가 귀족들과 함께 교토 시내를 시찰했다. 천황 궁전을 확장하기 위한 사전 답사였다. 이에야스는 교토쇼시다이 이타쿠라 가쓰시게에게 궁전을 확장하기 위해 수용한 귀족들의 저택을 이전할 토지와 비용을 마련하라고 지시했다.

1606년 3월 15일 이에야스가 에도성을 떠나 매사냥을 하면서 3월 20일에 슨푸성駿府城(시즈오카현 시즈오카시 아오이쿠)에 도착했다. 이에야스가 그곳에 머물면서 성곽의 이곳저곳을 세심하게 살폈다. 이때 이에야스가 슨푸성에 머물며 노년을 보낼 계획을 세웠던 것 같다. 이에야스는 슨푸성 성주 나이토 노부나리內藤信成(1545~1612)를 오미近江의 나가하마長浜(시가현 나가하마시)로 전봉시켰다. 4월부터 대대적인 슨푸성 개축 공사가 시작되었다.

1607년 1월 1일 이에야스가 에도성에서 66세의 새해를 맞이했다. 쇼군 히데타다를 비롯한 여러 다이묘가 이에야스에게 차례로 신년 하례 인사를 올렸다. 이날 다섯째 딸 이치히메市姬가 태어났다. 이에야스는 에치젠·미노·미카와·도토미 지역의 다이묘들에게 슨푸성 공사를 분담하라고 명령했다. 2월 1일 귀족들이 쇼군 히데타다와 이에야스를 예방했다. 2월 8일 이에야스가 다테 마사무네의 에도 저택을 방문했다. 2월 13일 이에야스가 에도성에서 쇼군 히데타다와 함께 연극을 관람했다. 혼마루本丸와 니시노마루西丸 사이에 연극 무대를 설치하고 그 주변에 다이묘들이 관람할 수 있는 객석을 마련했다.

2월 17일부터 슨푸성 개축 공사가 시작되었다. 2월 29일 이에야스가 에도성을 떠나 슨푸의 다나카성田中城(시즈오카현 후지에다시)에 머물면서 슨푸성 개축 공사를 감독했다. 3월 5일 이에야스가 다나카성에서 넷째 아들 마쓰다이라 타다요시의 사망 소식을 들었다. 3월 7일 이에야스가 쇼군 히데타다에게 타다요시를 섬기던 오가사와라 요시쓰구小笠原吉次(1548~1616)를 전봉 시키라고 명령했다. 윤4월 8일 이에야스가 둘째 아들 유키 히데야스가 사망했다는 비보를 듣고 비탄에 잠겼다.

쇼군 히데타다는 기나이畿內 5개 구니国와 단바·빗추·오미·이세·미노의 다이묘에게 슨푸성 수축 공사를 명령했다. 다이묘들은 공사에 생산량 500석당 3명의 인부를 동원했다. 공사가 거의 마무리된 7월 3일에 이에야스가 슨푸성으로 들어갔다. 쇼군 히데타다는 사카이 타다요酒井忠世(1572~1636)를 사자로 보내 이에야스의 슨푸성 입성을 축하했다. 여러 다이묘도 줄을 이어 축하 인사를 올렸다. 7월 9일 도요토미 히데요리가 도검과 금화 10냥을 보내며 축하했다. 7월 18일 천황과 그 일족 그리고 귀족들이 차례로 선물을 보내며 축하했다. 이에야스는 이때부터 1616년 4월 17일 사망할 때까지 슨푸성에 머물렀다. 그동안 이에야스는 오고쇼大御所라 불리며 사실상 절대 권력을 행사했다.

이에야스는 슨푸성에 머물며 유능한 측근을 거느리고 정치를 관장했다. 정치 담당은 혼다 마사즈미本田正純(1565~1637) · 나루세 마사나리成瀨正成(1567~1625) · 다케노코시 마사노부竹腰正信(1591~1645), 재정 담당은 마쓰다이라 마사쓰나松平正綱(1576~1648), 농촌 행정 담당은 이나 타다쓰구伊奈忠次(1550~1610) · 오쿠보 나가야스大久保長安 · 히코사카 모토마사彦坂元正(?~1634) 등이었다. 그중에서 오쿠보 나가야스는 금광산을 관리하는 일을 겸했다. 그밖에 사원 담당은 임제종 승려 스덴崇伝(1569~1633) · 천태종 승려 덴카이天海(?~1643), 문교 담당은 젊은 유학자 하야시 라잔 등이었다. 화폐를 발행하는 일은 고토 미쓰쓰구後藤光次, 무역 업무는 교토의 호상 차야시로지로茶屋四郎次郎 · 스미노쿠라 료이角倉了以 등이 이에야스를 보필했다.

에도 막부의 2대 쇼군 도쿠가와 히데타다는 에도성에 거주하면서 주로 막부의 행정기구를 정비하고 도쿠가와 가문의 직할령과 후다이다이묘를 지배했다. 슨푸성에 거주하는 이에야스는 주로 대외정책과 도자마다이묘를 감시하는 일을 관장했다. 혼다 마사노부를 비롯한 중신들이 쇼군 히데타다를 보필했다. 슨푸성의 이에야스와 에도성의 쇼군 히데타다의 양두정치 체제였다. 하지만 쇼군 히데타다는 모든 일에 이에야스의 의중을 살피지 않을 수 없었다.

2대 쇼군 히데타다는 군사력 강화에 힘썼다. 1605년에 쇼인반書院番, 다음 해에 고쇼구미小姓組라는 친위대를 창설했다. 쇼군 히데타다 직속 부대와 간토 지방에 영지를 보유한 후다이다이묘가 교대로 에도성의 경비를 담당했다. 1608년 겨울부터 다음 해 봄까지 쇼군 히데타다가 간토 지방의 다이묘와 하타모토旗本의 전력을 점검하고 대규모 군사훈련을 참관했다. 에도 막부의 군사력이 정비된 것을 확인한 이에야스는 1611년부터 자신이 관장하던 조세 징수권을 쇼군 히데타다에게 이관하기 시작했다. 이에야스는 순차적으로 쇼군 히데타다에게 권력을 이양했다.

1611년 3월 27일 고요제이 천황이 16세가 된 셋째 아들 고토히토 친왕政仁親王에게 양위했다. 고토히토 친왕이 즉위하여 고미즈노오 천황後水尾天皇(재위:1611~29)이 되었다. 3월 6일 이에야스가 천황의 즉위식에 참석하기 위해 슨푸성을 떠나 상경길에 올랐다. 이에야스는 도중에 나고야성 축성공사 현장을 둘러보고 3월 17일에 교토에 도착하여 니조성二條城에 머물렀다. 이때 동부 일본의 다이묘들이 5만여 명의 군사를 거느리고 이에야스를 호종했다. 서부 일본의 다이묘들도 군사를 거느리고 야마시나山科(교토시 야마시나쿠)에서 교토로 입성하는 이에야스를 맞이했다.

1611년 3월 28일 도쿠가와 이에야스가 니조성으로 도요토미 히데요리를 불렀다. 요도도노는 히데요리의 상경에 반대했다. 이에야스가 이번 기회에 히데요리를 죽이려 한다는 풍문이 돌았기 때문이다. 그러나 도요토미 히데요시의 정실 기타노만도코로北政所가 상경을 권유하고, 가토 기요마사와 아사노 요시나가도 간청하자 요도도노는 마지못해 히데요리의 상경을 허락했다. 히데요리는 가마를 타고 교토로 향했는데, 기요마사와 요시나가가 가마를 옆에서 호위하면서 걸었다. 서부 일본의 다이묘는 물론 교토 · 오사카의 상공인들도 숨을 죽이며 히데요리의 상경을 지켜보고 있었다.

세상 사람들의 예상과는 달리 이에야스는 히데요리를 다정하게 맞이했다. 회견은 화기애애하게 진행되었다. 하지만 이에야스는 이때 히데요리의 인물 됨됨이를 살펴보고 도요토미 가문을 무력으로 제압할 결심을 굳혔던 것 같다. 회견이 끝나고 10여 일이 지난 4월 12일 이에야스가 교토에 머무는 서부 일본의 다이묘들에게 아래와 같은 3개조 명령을 내리면서 각각 충성을 맹세하는 서약서를 제출하도록 했다.

　一. 미나모토노 요리토모 이래 역대 쇼군 가문의 법도와 격식을 잘 받들 것. 에도에서 명령이 하달되면 반드시 그 내용을 지킬 것

　一. 막부의 법도를 위반하고 쇼군의 뜻을 어긴 자를 관할 지역에 숨겨주지 말 것

　一. 각기 거느리는 무사 이하, 만약 반역·살인자가 있으면 서로 채용하지 말 것

　위 내용을 위반하면 철저히 조사한 후에 엄중하게 처벌할 것임

22명의 다이묘가 위 서약서에 서명하고 충성을 맹세했다. 이에야스의 아들 마쓰다이라 타다나오를 제외하면 모두 도자마다이묘였다. 지

역별로 살펴보면 마쓰다이라 타다나오를 포함한 동부 일본의 다이묘가 4명, 긴키 지방 2명, 주고쿠中國 지방 7명, 시코쿠 지방 3명, 규슈 지방 6명이었다. 이에야스가 도요토미 히데요리와 서부 일본의 다이묘를 제압하기 위해 내린 3개 조 명령은 훗날 무가제법도武家諸法度의 근간이 되었다.

1612년 1월 5일 에도성의 쇼군 히데타다는 '작년 4월 12일에 하달한 이에야스의 명령'과 거의 같은 내용의 3개조 명령을 도호쿠東北 지방 다이묘들에게 하달하고 각각 막부에 충성을 맹세하는 서약서를 제출하도록 했다. 우에스기 카게카쓰, 모가미 요시아키, 다테 마사무네, 마쓰다이라 타다나오, 가모 히데유키, 난부 도시나오南部利直(1576~1632), 니와 나가시게丹羽長重(1571~1637), 쓰가루 노부히라津軽信枚(1586~1631), 사타케 요시노부佐竹義宣(1570~1633), 다치바나 무네시게立花宗茂(1567~1643), 사토미 타다요시里見忠義(1594~1622) 등 11명의 다이묘가 서약서를 제출했다. 그중에 전년에 서약서를 제출한 마쓰다이라 타다나오를 제외한 나머지는 모두 도자마다이묘였다.

쇼군 히데타다는 간토 · 주부 · 도호쿠 지방의 일부 다이묘에게도 위와 같은 내용의 명령서를 하달했다. 간토 지방의 다이묘 32명 즉, 무사시武蔵 3명, 고즈케上野 5명, 시모쓰케下野 5명, 가즈사上総 2명, 시모사下総 7명, 히타치常陸 10명 등이 서약서를 제출했다. 간토 지방 이외에 가이甲斐 1명, 시나노信濃 7명, 에치고越後 2명, 무쓰陸奥 2명, 불명 1명 등의 다이묘가 서약서를 제출했다. 1611년 4월 2일과 1612년 1월 5일 3회에 걸쳐서 하달한 명령에 따라 충성 서약서를 제출한 다이묘는 모두 83명이었다.

날이 지날수록 오고쇼 도쿠가와 이에야스의 권위가 다이묘들을 위압했다. 1614년 9월 29일 모리 데루모토毛利輝元가 둘째 아들 나리타카就隆를 데리고 슨푸성으로 와서 이에야스를 알현하고, 다시 에도성으로 가서 쇼군 히데타다를 알현했다. 모리 데루모토는 세키가하라 전투 때 서군의 총대장이었다. 그는 전투에 직접 참여하지 않았지만, 이에야스는 데루모토를 가장 먼저 처분했다. 모리 가문이 다스리던 9개 구니国 120만여 석의 영지 중 7개 구니 83만6,000석의 영지를 몰수하고 스오周防·나가토長門 36만9,000석의 영지만 다스리도록 했다. 하지만 데루모토는 이에야스의 조치에 순종하면서 후계자 히데나리秀就를 에도에 인질로 보냈다. 그 후 후다이다이묘는 물론 도자마다이묘도 매년 말에 슨푸로 와서 새해를 맞이하고, 이에야스에게 신년 하례를 올린 후에 에도성으로 가서 쇼군 히데타다를 알현하는 것이 관례가 되었다. 이러한 관례는 훗날 참근교대參勤交代 제도로 법제화되었다.

도쿠가와 가문과 혼인하기를 원하는 도자마다이묘가 늘어났다. 이에야스는 일족의 딸을 양녀로 들인 다음 여러 다이묘와 혼인시켜 권력 기반을 다졌다. 1602년 이에야스는 마쓰다이라 이에하루松平家淸(1566~1611)의 딸을 양녀로 들여 아사노 나가시게浅野長重(1588~1632)에게 시집보냈다. 1604년에는 마키노 야스나리牧野康成(1555~1609)의 딸을 양녀로 들여 후쿠시마 마사노리에게 시집보냈다. 이와 같은 방식으로 도자마다이묘 이케다池田・가모蒲生・가토加藤・하치스카蜂須賀・야마우치山内・나베시마鍋島・시마즈島津・다테伊達・나카가와中川・아리마有馬・쓰가루津軽・모리毛利・마에다前田・교고쿠京極・호소카와細川・호리오堀尾 가문이 이에야스와 혼인으로 맺어졌다. 정략결혼으로 에도 막부의 권력이 더욱 공고해졌다.

에도 막부의 정치력과 군사력은 다이묘의 그것을 압도했다. 에도 막부는 언제라도 다이묘 가문을 멸망시킬 수 있었다. 다이묘가 에도 막부에 복종하는 가장 큰 이유는 가문을 보존하기 위해서였다. 다이묘 가문은 보유한 토지의 생산량을 계량화한 고쿠다카石高에 따라서 각기 무사단을 거느렸다. 다이묘가 에도 막부에 복종하면 그 다이묘에 속한 무사단도 당연히 에도 막부의 무위에 복종했다. 에도 막부는 다이묘 가문의 존폐를 결정하는 권력을 보유하고 있었기 때문이다.

에도 시대 서민의 90퍼센트 이상이 농촌에 거주하면서 햐쿠쇼百姓로 불렸던 농민이었다. 햐쿠쇼는 도요토미 정권 때부터 가타나가리刀狩 즉, 무기가 몰수되었다. 또 경작지에 속박되어 벼 생산에 전념해야만 했다. 전쟁이 일어나면 역부로 동원되어 중노동에 시달렸을 뿐만이 아니라, 경작지가 황폐화하고, 집이 불타고, 가족이 뿔뿔이 흩어지는 고통을 겪어야 했다. 그러면서도 막번권력에 복종하지 않을 수 없었다.

도시에 거주하는 조닌町人 즉, 상공인은 햐쿠쇼에 비하여 막번권력의 압박에 시달리지 않았다. 조닌은 교토·오사카를 비롯한 대도시나 여러 다이묘의 거성 주변에 형성된 조카마치城下町에 거주하면서 햐쿠쇼보다 자유롭게 생업에 종사했다. 그들은 에도 막부의 지배에 순응하며 자산 증식에 여념이 없었다. 육상·수상 교통망이 정비되고, 화폐제도가 확립되고, 도량형이 통일되고, 상공업이 발달하면서 조닌의 사회적 지위가 향상되었다. 다이묘들이 조카마치 경영에 힘쓰면서 지방 도시가 번영했고, 도쿠가와 이에야스가 외국무역을 진흥하면서 항만도시가 번창했다.

## 2) 통제정책

### (1) 천황·조정

도쿠가와 이에야스의 권력은 천황이 임명한 정이대장군이라는 관직에서 나오는 것이었다. 천황은 이미 가마쿠라 시대부터 실권을 상실했지만, 일본의 군주라는 전통적인 권위를 보유하고 있었다. 언제든지 정치 세력화할 수 있는 존재였다. 그래서 이에야스는 천황과 조정을 막부의 통제하에 두려고 했다. 1600년 9월 세키가하라 전투에서 승리한 이에야스는 교토에 교토쇼시다이京都所司代를 두고 천황과 조정을 감시했다.

1603년 9월 2일 이에야스는 조정이 스스로 7개조 규정을 정하게 하여 공가公家 즉, 고대 이래 조정의 고위 관직을 세습하며 천황을 섬기던 귀족의 나태한 근무 실태를 바로잡도록 했다. 당시 귀족 중에는 근무 중에 벽에 낙서하거나, 건물 기둥을 칼로 손상하거나, 장지문을 뜯어서 깔개로 이용하거나, 노래를 부르고 춤을 추는 행동을 하거나, 규정보다 긴 칼을 차거나, 색깔이나 문양이 화려한 옷을 입거나, 밤에 교토 시가를 배회하거나, 신분에 걸맞지 않은 하인을 거느리는 자들이 많았다. 이에야스는 귀족 사회의 문란한 풍속을 교정하려고 했던 것이다.

1605년 8월 이에야스는 조정이 다시 귀족을 대상으로 8개조의 금령을 내리도록 했다. 그 내용을 보면 귀족들은 여전히 궁중에서 소리 내어 잡담하고, 천황 처소 주변에서 큰 소리로 떠들고, 근무를 게을리하고, 바둑을 두거나 씨름하며 놀고, 궁중에서 공용으로 쓰는 벼루를 집으로 가져가고, 변소 이외의 곳에 소변을 보는 등 여전히 기강이 문란했다. 이에야스는 거듭 귀족들의 풍기를 바로잡으려고 했던 것이다.

1607년 2월에는 귀족 이노쿠마 노리토시猪熊教利(1583~1609)가 천황의 시중을 들던 궁녀와 밀통한 것이 드러나자 도망한 사건이 있었다. 당시 교토에서는 가부키오도리歌舞伎踊라는 현란한 춤이 유행했다. 귀족과 젊은 궁녀가 은밀히 어울려 가부키오도리 춤을 추며 논다는 소문이 돌았다. 이 무렵 상급 귀족 여러 명이 다섯 명의 궁녀와 밀실에서 밀회를 즐긴 것이 발각되었다. 1609년 7월 격노한 고요제이 천황이 사건에 연루된 귀족들의 관직을 거두고, 그들과 어울린 궁녀들을 감금한 후, 에도 막부에 그들의 처분을 위임했다. 이에야스는 궁녀들을 이즈伊豆의 섬으로 유배하고, 귀족들을 전국 각지로 유배하는 형벌에 처했다.

1613년 6월 막부는 귀족을 대상으로 제공경법도諸公卿法度 5개조를 공포했다. 그 내용은 다음과 같다.


一. 귀족들은 각기 가문의 학문을 주야로 성실하게 연마할 것

一. 예의와 법도를 어기는 자는 노소를 막론하고 유배형에 처할 것임. 단, 죄의 경중에 따라 기간을 정할 것임

一. 노소를 막론하고 성실하게 주야의 근무에 임할 것. 위엄을 갖추고, 예로부터 법률에 따라 정해진 시간에 근무하도록 할 것

一. 주야 모두 정해진 용무가 없을 때 시내의 도로를 배회하는 것을 엄금함

一. 공식적인 연회 이외에 사적으로 신분에 걸맞지 않은 내기를 하거나 행실이 바르지 못한 가신·하인을 거느리는 자는 이전에 알린 바와 같이 유배형에 처할 것임


제1조에서 귀족 가문의 학문 장려, 제2조에서 규범과 법도를 위반한 귀족의 처벌, 제3조에서 성실한 근무 태도 및 근무 기강 확립, 제4조에서 유희 자제, 제5조에서 신분에 걸맞지 않은 사행성 놀이나 도박을 금

하고, 행실이 바르지 못하거나 법규를 위반한 자를 가신이나 하인으로 거느리지 말 것 등을 명령했다. 참고로 제1조에서 말하는 '학문'이란 귀족 가문의 가쇼쿠家職 즉, 특정한 귀족 가문이 대를 이어 특권적으로 세습하던 가도家道 또는 예능을 지칭하는 것이었다. 예를 들면 레이센冷泉 가문은 와카和歌, 아스카이飛鳥井 가문은 게마리蹴鞠, 다카쿠라高倉 가문은 의상에 관한 지식과 기술, 와케和気 가문은 의학 등을 세습했다.

1615년 7월 막부는 귀족들을 교토의 니조성에 모아놓고, 부케텐소武家伝奏 히로하시 가네카쓰広橋兼勝에게 금중병공가제법도禁中並公家諸法度를 낭독하게 했다. 이 법도는 천황과 귀족을 대상으로 했다. 천황, 천황의 일족, 귀족 등의 수양·규율·의례, 그리고 연호의 제정과 관위의 수여 등에 이르기까지 상세하게 규정하는 것이었다. 막부는 당시 문란해진 조정 내부의 기풍을 쇄신하고 국가의 명예와 위신을 회복하기 위해서 법도를 제정했다고 했지만, 사실은 천황과 귀족을 엄격하게 통제하기 위한 것이었다.

금중병공가제법도는 모두 17조로 구성된 방대한 것이었다. 제1조는 천황의 '학문'에 관한 것이었다. 제1조에서 에도 막부가 강조하고자 한 것은 "천황에게 가장 중요한 것은 학문이다. 배우지 않으면 즉 古道에

밝지 않다." "와카和歌는 고코 천황光孝天皇(재위:884~87) 때부터 오늘날에 이르기까지 단절되지 않았다. 기어綺語라고 하더라도 우리나라의 풍속이다. 버릴 수는 없는 일이다."라는 두 문장이었다. 요컨대, 막부는 천황에게 정치에는 관심을 두지 말고 오로지 '학문'에 힘쓰면서 전통적인 관례에 따라서 의례를 집행하는 것이 주어진 본분이라는 점을 강조했다.

제2조는 귀족의 임명과 서훈에 관한 것. 태정대신 및 좌·우 대신 그리고 친왕의 서열을 정하여 분쟁의 소지를 없애려고 했다. 제3조는 궁중의 서열 특히 상급 귀족의 위계, 제4·5조는 태정대신 및 좌·우 대신 그리고 섭관가摂関家의 임관에 관한 것. 섭관가 출신이라도 능력이 없으면 임명하지 않아야 한다는 점을 강조했다. 제6조는 양자에 관한 것. 양자는 가문 내에서 들이도록 했고, 여성의 가독 상속을 금했다. 제7조는 무사 가문의 관위는 귀족의 규정에 따르지 않는다는 것. 즉 무사가 조정의 관직에 임명될 때는 막부의 주청에 따라야 한다는 것이었다. 제8조는 개원에 관한 것. 연호의 제정도 막부가 간섭하겠다는 것이었다. 제9조는 천황·상황·친왕·공경 및 귀족의 복제에 관한 규정, 제10조는 귀족의 승진에 관한 규정, 제11조는 간파쿠·부케텐소의 명령에 따르지 않는 자는 유배형에 처하겠다는 선언, 제12조는 귀족의 처

벌은 율령의 규정에 따라야 한다는 것, 제13조는 몬제키門跡의 서열, 제14·15조는 승정僧正·몬제키의 임용 및 서훈에 관한 것, 제16·17조는 천황이 사원과 신사의 신관에게 권위를 부여하는 것에 신중해야 한다는 것. 에도 막부는 사원이나 신사를 대상으로 전통적으로 행사하던 천황의 각종 칙허까지 제한했다.

에도 막부는 교토쇼시다이에게 천황과 귀족의 동태를 감시하도록 했다. 교토쇼시다이는 막부의 관리나 첩자를 적극적으로 활용하여 천황의 공무뿐만이 아니라 사적인 인간관계 및 일상생활까지 감시했고, 수집한 정보는 막부 쇼군의 최측근에게 직보했다. 막부는 천황이 궁중 밖으로 출입하는 것을 원칙적으로 금했다. 다이묘들이 사사로이 천황 및 조정의 귀족과 접촉하는 것도 금했다. 다이묘들이 참근교대 기간에 에도로 향할 때도 교토 시내로 진입하지 못하도록 했다. 다이묘들이 천황과 귀족을 접할 수 있는 기회를 원천적으로 차단하기 위해서였다.

### (2) 사원 · 신사

이에야스가 세키가하라 전투에서 승리한 후에 사사법도寺社法度 즉, 사원 · 신사에 관한 규정을 정하여 통제하기 시작했다. 사사법도는 무가제법도나 금중병공가제법도와 그 성격을 달리했다. 일반적이고 보편적이지 않았다. 개별적이고 특수적이었다. 사원 · 신사는 각기 다른 전통 · 신앙 · 전례를 따르고 있었기 때문에 일률적으로 규제하기 어려웠다. 그래서 이에야스는 사정이 있을 때마다 사원과 신사에 대한 법도를 발령할 수밖에 없었다.

이에야스가 1601년부터 1615년까지 발령한 사사법도 53회 중에서 신사를 대상으로 한 것은 2회뿐이었고 나머지 51회가 사원을 대상으로 한 것이었다. 신사를 대상으로 한 것은 1610년 9월 이와시미즈하치만石淸水八幡 신사(교토부 하치만시 소재)와 1612년 5월에 슈겐도修驗道의 성지로 알려진 도가쿠시야마戸隠山(나가노현 나가노시 소재)에 발령한 것이었다. 그 내용은 방생하는 곳에 서민 출입 금지, 새로운 신사 조영 금지, 살생 금지, 행실이 좋지 않은 신관 추방, 신사 업무 충실, 무리를 지어 잘못을 저지른 신관의 추방 등이었다.

사원을 대상으로 발령한 법도는 진언종眞言宗 19회, 천태종天台宗 12회, 정토종淨土宗 4회, 조동종曹洞宗 3회, 임제종臨濟宗 2회, 기타 고후쿠지興福寺를 비롯한 나라奈良 시대 이래 대사원 5회 등이었다. 위에 열거한 사원은 에도 막부가 가장 중요시했던 불교 종파였다. 법화종法華宗을 대상으로 한 법도가 없는 것은 이에야스가 그 종파에 호의적이지 않았기 때문일 것이다. 실제로 에도 막부는 법화종을 보호하지 않았다.

사원 세력은 오다·도요토미 정권 시대를 거치면서 많이 위축되었다. 그러나 정토종에서 분파된 종파로 보통 니치렌종日蓮宗으로 불리던 법화종은 건재했다. 1579년 오다 노부나가는 법화종의 불수불시파不受不施派에 대한 탄압을 강화했다. 이 종파는 교토 묘카쿠지妙覚寺의 니치오日奥(1565~1630)를 개조로 하는 법화종의 일파로, 법화종을 믿지 않는 자에게 설법도 하지 않고 보시도 받지 않는다는 원칙을 고수했다. 노부나가는 불수불시파 승려 여러 명을 사형에 처했다. 그러나 불수불시파는 권력에 굴하지 않았다. 니치오는 1595년 도요토미 히데요시가 마련한 행사에도 참석하지 않으며 불수시파不受施派와 대립했다. 오다·도요토미 정권의 정책을 계승한 도쿠가와 이에야스는 불수불시파를 탄압했다.

진언종과 천태종은 일본 불교의 양대 산맥이었다. 구카이空海 (774~835)가 창립한 진언종은 고야산高野山 곤고부지金剛峰寺, 사이초最澄(766~822)가 창립한 천태종은 히에이잔比叡山 엔랴쿠지延曆寺를 총본산으로 하며 전국에 수많은 사원을 말사로 두었다. 가마쿠라 시대 초에 호넨法然(1133~1212)이 창시한 정토종은 이른바 신불교를 대표하는 종파였다. 호넨은 진심으로 아미타불을 염송하면 서방정토에 태어날 수 있다고 설파하면서 많은 신도를 거느렸다. 도겐道元(1200~53)이 창시한 일본 조동종과 에이사이栄西(1141~1215)가 창시한 일본 임제종은 선종 사원이었다. 선종의 신도 중에 특히 무사들이 많았다.

진언종 법도는 1601년 5월부터 1615년 7월까지 4단계에 걸쳐 발령되었다. 1601년 5월 이에야스가 고야산의 곤고부지에 5개조 산중법도山中法度를 내렸다. 이 법도의 요지는 승려와 행자의 신분 차별을 분명히 할 것, 승려가 재정의 운영권을 행사할 것 등이었다. 승려에게 유리한 결정이었다. 1609년과 1610년에 제2단계 법도가 내려졌다. 그 내용은 주로 승려의 학문을 장려하는 것이었다. 1612년과 1613년에 제3단계 법도가 내려졌다. 그 내용은 승려에게 학문을 장려하면서 말사에 대한 본사의 권한을 강화하는 것이었다. 1515년 7월에 제4단계 법도가 내려졌다. 10조로 구성된 이 법도는 일본 전역의 진언종 사원을 대상으로 한 것이었다. 그 내용은 승려의 학문을 장려하고, 복식을 규제하고, 말사의 신축을 금하고, 사원의 격식을 엄수하고, 말사에 대한 본사의 통제를 강화하는 것이었다.

천태종 법도는 1608년부터 1614년까지 2단계에 걸쳐 발령되었다. 1608년과 1609년에 발령된 제1단계 법도는 히에이잔 엔랴쿠지・온조지園城寺(시가현 오쓰시)・쇼고인聖護院(교토시 사쿄쿠) 등 주로 서부 일본의 천태종 사원을 대상으로 했다. 온조지 법도는 사원의 영지에 관한 것이었고, 쇼고인 법도는 슈겐도에 관한 것이었다. 엔랴쿠지 법도와는 성격이 달랐다. 이에야스는 엔랴쿠지 승려에게 학문에 힘쓰고, 행동을 바르게 하고, 주지의 임무를 명확히 하고, 도당을 결성하거나 소송의 남발을 금지하라고 명령했다. 1613년과 1614년의 법도는 주로 센묘지千妙寺(이바라키현 지쿠세이시)를 비롯한 간토 지방 천태종 사원을 대상으로 발령되었다. 그 내용은 승려의 자질, 승려의 상호 관계, 사원의 영지 등에 관한 것이었다.

조동종 법도는 1612년에 간토 지방의 조동종 사원, 1615년에 소지지總持寺(이시카와현 후겐군)와 에이헤이지永平寺(후쿠이현 요시다군)를 대상으로 모두 3번 발령되었다. 1612년 5월에 승려는 오로지 학문에 매진할 것, 말사는 본사의 지시에 복종할 것, 행실이 좋지 않은 승려는 추방할 것 등의 내용이 하달되었다. 1615년 7월에는 사원의 내규를 잘 지킬 것, 수행 기간을 잘 지킬 것, 주지의 자의紫衣 착용에 관한 것 등의 내용이 하달되었다. 예부터 권위 있는 불교 사원의 주지는 천황이 하사한 자의를 착용하는 것이 관행이었다. 소지지와 에이헤이지 주지도 자의를 착용했다.

임제종 법도는 1613년의 자의칙허 법도, 1515년의 5산십찰五山十刹・다이토쿠지大德寺・묘신지妙心寺 법도가 있다. 1613년 6월에 임제종의 다이토쿠지・묘신지, 정토종의 지온인知恩院에 법도가 내려졌다. 천황에게서 자의를 하사받기 전에 에도 막부에 신고하라는 내용이었다. 당시 천황의 자의 하사는 조정의 재원확보를 위한 수단이었다. 자의를 받는 승려는 조정에 막대한 금전을 상납하는 것이 관례였다. 1613년 법도는 이에야스가 천황을 압박하기 위한 정책의 일환이었다. 1515년에 내린 법도 또한 자의와 관련된 내용에 초점이 맞춰져 있었다.

정토종 법도는 1602년의 다이주지大樹寺, 1615년의 정토종제법도 등 3번 내려졌다. 전자의 내용은 불사에 전념할 것, 주지의 의견을 존중할 것, 노승이 정한 규칙을 어기지 말 것, 말사는 본사의 명령에 따를 것, 주지의 허가 없는 벌목 금지 등이었다. 후자는 전문 35조로 구성되었는데, 그 내용을 정리하면 사원 내부의 서열, 승려의 위계 및 수행의 의무, 사원의 의식, 승진의 기준, 전법에 관한 규정 등이었다.

이에야스는 사원법도를 통하여 본사와 말사 제도를 강화하려고 했다. 종파에 따라서 시기적으로 약간의 차이는 있으나, 이에야스는 모든 사원이 본산 또는 본사 중심으로 수행의 체계와 승려의 위계가 엄정한 질서가 유지되기를 원했다. 특히 자의 법도는 예부터 천황이 사원과 밀접한 관계를 유지하며 누리던 특권적 지위를 통제하는 것을 목적으로 제정되었다. 요컨대, 사원 법도는 사원 밖의 권력자 도쿠가와 이에야스가 사원을 본격적으로 통제하고 아울러 천황과 귀족을 위압하기 위해 정한 것이라고 할 수 있다.

### (3) 크리스트교

도쿠가와 이에야스는 무역에 관심이 많았다. 포르투갈, 스페인, 영국, 네덜란드 등 서양 여러 나라의 주권을 존중하는 태도를 보였고, 일본을 왕래하는 서양 무역선에 주인장朱印狀을 발급하여 안전을 보장했다. 하지만 크리스트교 전교는 허용할 수 없다는 생각에 변함이 없었다. 일본의 주권과 관련된 문제였기 때문이다. 1602년 이에야스는 필리핀의 마닐라를 통치하던 포르투갈 총독에게 다음과 같은 내용의 서신을 보냈다. 첫째, 일본의 어떤 해안에 입항해도 선원과 화물의 안전을 보장한다. 둘째, 상품의 가격은 합의에 따른다. 셋째, 외국인이 일본에 거주하는 자유를 보장한다. 하지만 크리스트교 전교는 용인하지 않는다.

그러나 이에야스는 처음부터 크리스트교를 적극적으로 탄압하지는 않았다. 무역이 위축되는 것을 원하지 않았기 때문이다. 그런데 필리핀에서 크리스트교 선교사들이 잇달아 일본으로 건너와 전교하면서 신자가 증가했다. 그러자 승려·신관은 물론 보수적인 사상을 수호하려는 민중이 크리스트교에 대한 반감을 드러냈다. 그들은 서양 선교사들이 전교를 침략의 수단으로 삼고 있다고 믿었고, 크리스천이 된 다이묘들이 서양 세력과 가까워지는 것을 두려워했다. 1612년에는 슨푸성에 거주하는 이에야스의 측근 중에도 여러 명의 크리스천이 있다는 사실이 드러났다.

1612년 2월 오카모토 다이하치岡本大八(?~1612) 사건이 일어났다. 다이하치는 이에야스가 가장 아끼는 측근 혼다 마사즈미本田正純의 가신이었는데, 그가 히젠肥前의 다이묘 아리마 하루노부有馬晴信(1567~1612)에게서 뇌물을 받은 것이 드러났다. 그런데 그 사건을 조사하는 과정에서 하루노부가 나가사키 부교의 암살을 계획했다는 점, 그 배후에 나가사키 무역에 관여하는 크리스트교 선교사가 있다는 사실이 밝혀졌다. 이에야스는 아리마 하루노부에게 자결을 명하고, 3월 21일 오카모토 다이하치를 화형에 처했다.

　이에야스는 오카모토 다이하치 사건을 처리하면서 크리스트교가 장차 일본 사회의 안정에 중대한 위험이 될 수 있다는 것을 통감했다. 이에야스는 크리스트교 금지를 결심했다. 오카모토 다이하치를 처형한 이에야스는 교토쇼시다이 이타쿠라 가쓰시게에게 명하여 교토에 있는 크리스트교 교회를 파괴했다. 그리고 슨푸·교토·나가사키를 비롯한 막부의 직할령에 크리스트교 금지령을 내렸다. 이것이 에도 막부가 내린 최초의 크리스트교 금지령이었다.

　에도 막부의 크리스트교 박해는 전국적으로 확산했다. 막부는 에도에 18조 제도를 두어 크리스천을 밀고하도록 했다. 슨푸에서 막부에 직속한 상급 무사 14명이 크리스트교 금지령에 저촉되어 영지를 몰수하고 추방하는 형벌에 처해졌다. 이에야스는 히젠肥前의 다이묘 아리마 나오즈미有馬直純(1586~1641)와 나가사키부교 하세가와 후지히로長谷川藤広(1567~1617)에게 크리스트교를 엄격하게 금압하라고 명령했다. 크리스천이 잇달아 체포되었다.

아리마 나오즈미는 오카모토 다이하치 사건에 연루되어 할복 형식으로 처형된 아리마 하루노부의 아들이었다. 나오즈미는 이에야스와 친분이 두터웠다. 이에야스는 하루노부에게 자결을 명하면서 나오즈미가 아리마 가문의 대를 잇는 것을 허락했다. 나오즈미는 에도 막부의 크리스트교 금지령에 따라 불교로 개종하면서 영내의 크리스천을 박해했다. 1613년 4월 25일에는 부친 하루노부와 독실한 크리스천이었던 그의 후처 사이에 태어난 이복형제 두 명을 사형에 처하기도 했다.

1613년 12월 이에야스는 막부의 외교 담당 승려 스덴崇伝에게 선교사 추방에 관한 글을 작성하게 했다. 그 내용은 다음과 같다. "크리스트교 도당은 무역을 위하여 상선을 일본에 보낼 뿐만이 아니라 사악한 법을 퍼뜨려 일본의 정치를 바꾸고 영토를 빼앗으려고 했다. 신자들은 막부의 법령을 위반하고, 신도神道를 의심하고, 정법을 배척했다. 또 막부가 처형한 자들을 예배했다. 이러한 사악한 법은 신도의 적이고 불법의 적이다. 반드시 국가의 재앙이 될 것이다. 엄벌을 내리지 않을 수 없다."

승려 스덴이 작성한 크리스트교 금지령은 쇼군 도쿠가와 히데타

잔혹하게 처형되는 크리스천, 『キリシタン退治物語』, 上智大学キリシタン文庫 소장

다의 이름으로 공포되었다. 1614년 1월부터 교토・오사카・사카이 등 막부의 주요 직할령에서 크리스트교 박해가 시작되었다. 교토에서는 크리스트교 신도 명부가 작성되어 수배되었고 가톨릭 교회를 불태웠다. 오사카에서는 도요토미 가문의 중신 가타기리 가쓰모토片桐且元(1556~1615)가 크리스트교 금지령에 따라서 교회를 파괴하고 크리스

천 53명을 체포하여 나가사키로 압송했다. 사카이에서도 막부 관리들이 크리스천을 철저하게 색출하여 추방했다. 가가加賀의 마에다 도시쓰네前田利常(1594~1658), 아키安芸의 후쿠시마 마사노리, 히젠肥前의 마쓰라 다카노부, 지쿠젠筑前의 구로다 나가마사 등의 다이묘도 크리스트교 탄압에 나섰다. 호소카와 타다오키細川忠興, 오무라 스미요리大村純頼(1592~1619) 등과 같은 크리스천다이묘가 가신과 함께 불교로 개종했다.

선교사들이 체포되어 나가사키로 압송되었다. 막부의 관리는 체포된 크리스천에게 신앙을 버릴 것을 강요했다. 그때 크리스트교 신자 대부분이 신앙을 포기했다. 1614년 10월 13일 신앙을 포기하지 않은 신자 148명이 나가사키에 내항한 3척의 포르투갈 선박에 분승하여 마카오와 마닐라로 추방되었다. 크리스천다이묘로 유명한 다카야마 우콘高山右近(1552~1615), 나이토 조안内藤如安(1550~1626) 등도 가족과 함께 추방되었다. 도쿠가와 이에야스가 사망한 후에 2대 쇼군 히데타다는 크리스트교의 금지령을 더욱 강화했다.

### (4) 다이묘

　도쿠가와 이에야스는 무가제법도를 제정하여 다이묘를 철저하게 통제하는 정책을 추진했다. 1515년 7월 7일 이에야스가 다이묘들을 후시미성伏見城으로 모이게 했다. 그리고 다이묘들 앞에서 2대 쇼군 히데타다가 무가제법도를 공포했다. 이 법도는 이에야스가 승려 스덴에게 기초하게 한 것으로 정치 도덕상의 훈계, 치안 유지의 규정, 의례상의 규정 등을 내용으로 했다.

　무가제법도는 13조로 구성되었다. 각 조문의 내용은 다음과 같다.

　　一. 오로지 무예와 학문에 힘쓸 것
　　一. 여럿이 모여서 음주하거나 노는 행위를 금할 것
　　一. 법도를 어긴 자를 영내에 숨겨두지 말 것
　　一. 다이묘가 채용한 무사 중에 반역·살인자가 있으면 즉시 추방할 것
　　一. 다른 다이묘 가문에 소속한 자를 채용하지 말 것
　　一. 거성을 보수할 때 반드시 신고할 것. 당연히 새로운 축성을 금지함

一. 인근의 다이묘가 모반을 꾸미거나 도당을 결성하면 즉시 막부에 신고할 것

一. 사사로이 혼인을 맺지 말 것

一. 다이묘는 에도에 참근할 것

一. 의상은 신분에 걸맞게 착용할 것

一. 가마에 탈 때도 정해진 법도에 따를 것

一. 다이묘와 무사는 검약할 것

一. 정무를 엄정하게 행할 것

법도의 내용은 다음 세 가지로 요약할 수 있다. (1) 가장 중요한 것은 다이묘들이 막부에 맞설 수 있는 여지를 원천적으로 봉쇄하는 것이었다. (2) 다이묘와 그 가신이 신분·사회질서를 어지럽히는 것을 방지하고, (3) 막부의 쇼군과 다이묘, 그리고 다이묘와 그 가신 간의 주종관계를 엄격히 하는 것이었다.

무가제법도 중에서 특히 주목되는 것은 6·7·8조이다. 막부는 다이묘의 거성을 제외한 모든 성곽을 파괴하게 하고, 성곽을 신축하는 것을 금지했다. 거성을 수리하는 것조차 막부의 사전 허락을 받도록 했다. 또 막부는 다이묘들을 서로 감시하도록 했고, 다이묘 상호 간의 혼

인까지 간섭했다. 막부는 다이묘의 군사행동을 원천적으로 봉쇄하고, 다이묘들이 세력을 결집하는 것을 방지하려고 했다. 막부에 아무리 충성을 다한 다이묘라도 무가제법도를 위반하면 가혹한 처벌이 내려졌다.

무가제법도는 3대 쇼군 도쿠가와 이에미쓰 시대인 1635년에 19조로 늘려서 정비되었다. 이때 1515년에 공포된 법도 제9조의 내용을 발전시켜 다이묘가 매년 4월에 참근교대參勤交代하는 것을 제도화했다. 참근교대란 다이묘가 격년제로 영지를 떠나 에도로 와서 생활하는 것을 말한다. 원래 참근교대는 충성을 서약하는 인질 제도의 일종이었다.

에도 막부가 성립한 후에 여러 다이묘가 이에야스가 있는 슨푸성이나 막부의 쇼군이 있는 에도성으로 출사하여 일정 기간 머무는 참근교대의 전통이 세워졌다. 참근은 다이묘가 막부에 충성을 증명하는 의식이었다. 이미 세키가하라 전투 이전에 5大老의 한 사람이었던 마에다 도시나가前田利長가 모친을 도쿠가와 이에야스에게 인질로 보냈고, 1602년에는 모친을 문안한다는 구실로 에도로 가서 오래 머물렀다. 1603년에는 구로다 나가마사, 이케다 데루마사, 모리 데루모토, 아사노 나가마사, 가토 기요마사 등 유력한 다이묘들이 에도에 참근했다.

1604년부터는 다이묘가 처자를 에도에 인질로 남겨두는 것이 관례가 되었다. 이러한 관례는 1635년 무가제법도를 보완할 때 제도화되었다.

다이묘가 참근교대를 하기 위하여 에도로 향할 때 전시 편성 형태를 갖추고 행군했다. 다이묘들은 가능한 많은 인원을 거느리고 행군하는 것을 자랑으로 여겼다. 무기와 장비를 갖추고 행군하며 무위를 과시했다. 에도 막부는 군역 규정을 두었지만, 다이묘들이 참근교대할 때 거느리는 인원까지 규정하지는 않았다. 여러 사례를 검토하여 필자가 추정한 참근교대 시 동원 인원은 대략 다음과 같다. 고쿠다카石高가 100만 석 이상이었던 가가加賀의 마에다 가문은 3,000~4,000명, 고쿠다카 60만 석 이상이었던 다이묘는 2,000~3,000명, 고쿠다카 30만 석 이상 60만 석 이하의 다이묘는 1,000~2,000명, 고쿠다카 10만 석 이상 30만 석 이하의 다이묘는 500~1,000명, 고쿠다카 1만 석 이상 10만 석 이하 다이묘는 100~500명을 거느리고 행군했다.

# CHAPTER 10. 도요토미 가문 멸망

## 1) 이에야스와 히데요리

　1611년 3월 28일 교토의 니조성에서 도쿠가와 이에야스와 도요토미 히데요리가 만날 때, 오사카성에서 교토의 니조성까지 히데요리가 탄 가마 옆에서 걸으며 호위한 것은 생전의 도요토미 히데요시가 가장 신뢰했고 또 히데요리에게 충성을 다할 것이라고 공언했던 가토 기요마사加藤清正였다. 그런데 니조성 회견이 무사하게 끝난 지 3개월 후인

6월 24일 기요마사가 자신의 본거지 구마모토성에서 급사했다.

1613년 1월 25일 이케다 데루마사池田輝政가 히메지성에서 사망했다. 데루마사는 이에야스의 사위였지만, 도요토미 히데요리를 매우 아끼던 인물이었다. 데루마사가 사망했다는 소식을 들은 도요토미 가문의 중신들이 경악했다고 전한다. "데루마사가 살아 있다면 이에야스를 걱정할 필요가 없었을 것이다. 히데요리 또한 무사했을 것이다. 데루마사가 사망한 이상 도요토미 가문이 급속히 멸망할 것이다." 그로부터 7개월 후인 8월 25일 니조성 회견 때 가토 기요마사와 함께 히데요리를 호위했던 아사노 요시나가浅野幸長가 와카야마성和歌山城에서 병사했다. 나가마사는 도요토미 가문의 집사를 자임했던 인물이었다.

1614년 5월 20일 마에다 도시나가前田利長가 사망했다. 그는 히데요시 사망 후 오사카성에 거주하면서 히데요리를 양육했던 마에다 도시이에前田利家의 아들이었다. 히데요시는 생전에 도시나가를 불러 부친 도시이에와 함께 어린 히데요리를 지켜달라고 당부했다. 도시나가는 도쿠가와 이에야스의 위세에 굴복했지만, 상황이 바뀌면 언제라도 도요토미 가문에 충성할 인물이었다. 가토 기요마사가 사망한 후 2~3년 사이에 도요토미 가문에 충성하던 다이묘들이 잇달아 사망하자 히데요리와 그의 모친 요도도노淀殿는 물론 도요토미 가문을 추종하던 세력이 동요했다.

도요토미 가문을 남다르게 생각하던 다이묘들이 잇달아 사망하

도요토미 히데요리

면서 도요토미 히데요리의 군사적 기반이 붕괴했다. 아직 후쿠시마 마사노리가 도요토미 가문을 섬기고 있었지만, 그 혼자의 힘으로 이에야스의 군사력에 맞설 수 없는 일이었다. 이에야스가 언제라도 무력으로 도요토미 가문을 멸망시킬 수 있는 조건이 무르익었다. 그러나 이에야스는 섣불리 군사를 움직이지 않고 정세를 관망했다. 목적을 빨리 달성할 수 있는 것은 군사행동이었지만, 윤리적인 문제가 이에야스의 발목을 잡고 있었다.

도쿠가와 이에야스는 세키가하라 전투에서 승리한 후 실권을 장악하고 에도 막부를 열었지만, 그가 도요토미 정권의 수상 지위에 있었다는 사실까지 지울 수 없었다. 이에야스는 어디까지나 도요토미 가문

의 가신이라고 생각하고 있는 무사들이 많았다. 히데요리에게 창을 겨누는 것은 곧 주군에게 반역하는 행위라는 인식에서 벗어날 수 없었다. 이 무렵 이에야스가 젊은 유학자 하야시 라잔을 불러 방벌론 강의를 들었다고 하는데, 이에야스의 복잡했던 심경이 생생하게 전해진다.

쇼군의 지위를 아들 히데타다에게 물려주는 데 성공한 이에야스의 다음 과제는 도요토미 히데요리 문제를 해결하는 일이었다. 이에야스가 고민에 고민을 거듭하면서도 군사를 움직이지 못하고 있는 동안, 이에야스의 나이가 어느덧 73세가 되었다. 당시로서는 매우 고령으로 언제 사망해도 이상하지 않은 나이였다. 이에 비하여 히데요리는 20살이 넘은 준수한 청년으로 성장해 있었다. 이에야스의 고민이 깊어질 수밖에 없었다. 그런데 이때 이에야스에게 그야말로 뜻하지 않았던 절호의 기회가 찾아왔다. 유명한 호코지方広寺(교토시 히가시야마쿠) 종명 사건이었다. 노회한 이에야스는 절호의 기회를 놓치지 않았다.

도요토미 히데요시는 1586년 4월 호코지에 대불을 조영하기 시작했다. 1595년에 대불전이 완공되었고 그 안에 높이 약 18미터의 불상이 안치되었다. 그러나 1596년 대지진으로 대불전이 무너졌다. 1598년 8월 히데요시가 사망한 후 도요토미 히데요리가 부친의 유지를 받들어 대불전 재건 사업을 개시했다. 1609년 공사가 거의 마무리되었을 무렵, 대불 주조 작업 중에 화재가 발생하여 대불전이 다시 불탔다. 대불전 공사와 대불 주조 작업이 재개되었다. 1612년 이윽고 금동 대불이 완성되었고, 1614년에 대불전이 웅장한 모습을 드러냈다. 그해 8월에 대불 개안식을 거행할 예정이었다. 도요토미 가문과 도쿠가와 이에야스는 대불전 준공과 대불 개안식 일정을 논의했다.

그런데 7월 26일 이에야스가 돌연히 개안식을 연기하라고 명령했다. 사원에 설치할 범종에 새겨진 '국가안강國家安康・군신풍락君臣豐樂'이라는 문구를 문제 삼았다. 즉, '국가안강'이라는 문구는 자신의 이름인 '家康'을 의도적으로 떼어 놓은 것이며 그것은 자신을 저주하려는 음모라고 주장했다. 이에야스는 '國家安康・君臣豐樂' 여덟 글자를 교토의 5산五山 즉, 덴류지天竜寺・쇼코쿠지相国寺・겐닌지建仁寺・도후쿠지東福寺・만주지万寿寺의 승려들에게 보내 판단해달라고 요구했다. 승려들은 모두 문구가 불길하여 종명으로 합당하지 않다고 답변했다. 승려들은 이에야스가 바라는 대답을 했던 것이다.

8월 17일 사태가 위험한 방향으로 진행하는 것이 두려웠던 도요토미 가문의 중신 가타기리 가쓰모토片桐且元가 슨푸성으로 달려갔다. 가쓰모토는 이에야스를 알현하고 종명의 내용에 대하여 설명하고 싶다고 청원했다. 그러나 이에야스는 가쓰모토의 면회를 불허했다. 가쓰모토는 슨푸성 인근에 머물며 이에야스를 알현할 기회를 엿보았다. 8월 20일 이에야스의 참모 혼다 마사즈미와 스덴이 가쓰모토를 불러 종명의 내용과 낭인을 모집한 사실을 추궁하며 말했다. "도요토미 히데요리가 에도로 와서 쇼군 히데타다에게 충성을 맹세하거나, 요도도노를 인질로 에도성으로 보내거나, 히데요리가 오사카성을 떠나 다른 곳으로 가거나 세 방안 중 하나를 선택하라."

이에야스가 요구한 내용을 보고받은 요도도노와 히데요리는 분노했다. 가타기리 가쓰모토가 이에야스에게 포섭되었다고 판단한 도요토미 가문의 중신들이 가쓰모토와 그 가족을 오사카성의 외진 건물에 가두려고 했다. 신변에 위험이 닥쳐오고 있다는 것을 감지한 가쓰모토는 가족을 데리고 오사카성에서 탈출하여 자신의 거성 이바라키성茨木城(오사카부 이바라키시)에서 농성하며 도요토미 가문의 공격에 대비했다. 도요토미 가문은 가타기리 가쓰모토 토벌군을 보낼 준비를 했다. 10월 1일 교토쇼시다이 이타쿠라 가쓰시게가 이에야스에게 오사카에서 소동이 일어날 조짐이 보인다고 보고했다. 이에야스는 오사카성을 공격할 기회라고 판단했다.

## 2) 오사카 겨울 전투

1614년 10월 1일 이에야스는 에도성에 있는 쇼군 히데타다에게 출진을 준비하라고 명령하고 이어서 도호쿠 지방과 서부 일본, 그리고 오미・이세・미노・오와리・도토미 지역의 다이묘들에게 동원령을 내렸다. 도토미에서 이세에 이르는 지역에 영지를 보유한 다이묘들은 요도淀(교토시 후시미쿠)・세다瀬田(시가현 오쓰시 동남부), 도호쿠 지방의 다이묘들은 오쓰大津(시가현 오쓰시)・사카모토坂本(시가현 오쓰시 시모사카모토마치)・가타다堅田(시가현 오쓰시 북부), 주고쿠 지방의 다이묘들은 이케다池田(오사카부 이케다시), 규슈 지방의 다이묘들은 니시노미야西宮(효고현 니시노미야시)・효고兵庫(효고현 고베시), 시코쿠 지방의 다이묘들은 이즈미和泉(오사카부 남서부)에 각각 병력을 집결하라고 명령했다.

도쿠가와 이에야스가 동원령을 내렸다는 정보를 입수한 도요토미 가문은 10월 2일부터 군사를 동원할 준비를 했다. 군량을 조달하고, 오사카성의 해자와 성벽을 수리하고, 망루를 신축하고, 성 밖에 요새와 방어벽을 구축하고, 오사카성에 들어와 싸울 낭인들을 모집하고, 히데요시에게 은혜를 입은 다이묘들에게 원군을 요청했다. 도요토미 가문이 원군을 요청한 다이묘 명단은 대략 다음과 같았다. 아사노 나가아키라浅野長晟(1586~1632), 이케다 도시타카池田利隆(1584~1616), 이케다 타다오池田忠雄(1602~32), 고이데 요시히데小出吉英(1587~1666), 가토 타다히로加藤忠広(1601~53), 가모 타다사토蒲生忠郷(1602~27), 구로다 나가마사, 사타케 요시노부, 시마즈 이에히사, 다테 마사무네, 토도 다카토라, 나베시마 가쓰시게, 하치스카 이에마사, 후쿠시마 마사노리, 호소카와 타다오키, 마에다 도시쓰네, 마쓰다이라 타다나오 등이었다.

후쿠시마 마사노리가 오사카의 저택에 비축한 군량미를 도요토미 가문에게 내어주었다. 모리 가문이 가신 나이토 모토모리内藤元盛(1566~1615)를 사노 도카佐野道可로 성명을 바꾸어 오사카성으로 잠입시켰다. 가토 가문의 노신들이 무기와 군량을 오사카성에 반입했다. 몇몇 다이묘가 배후에서 도요토미 가문을 지원했지만, 공식적으로 도요토미 가문 편을 드는 다이묘는 한 사람도 없었다. 그들은 이미 도요토미 가문이 도쿠가와 가문과 싸워서 승리할 가능성이 없다고 판단했을 것이다.

도요토미 가문의 구원 요청에 응했던 것은 사나다 유키무라真田幸村, 조소카베 모리치카長宗我部盛親, 고토 모토쓰구後藤基次(1560~1615), 모리 가쓰나가毛利勝永(1578~1615) 등 몰락한 다이묘, 기무라 시게나리木村重

成(?~1615), 오노 하루나가大野治長(1569~1615), 하야미 모리히사速水守久 (1570~1615) 등 도요토미 가문의 가신이나 그 후예들이었다. 그리고 당시 전국에 넘쳐나던 낭인 즉, 실업한 무사들이 도요토미 가문의 부름에 응했다. 그들의 대부분이 세키가하라 전투에서 멸망한 다이묘를 주군으로 섬기던 자들이었다. 오사카성에 10만여 명의 군사가 결집했다. 무사 사회에서 신망이 높았던 사나다 유키무라, 고토 모토쓰구, 기무라 시게나리 등이 낭인 부대를 편성하고 지휘했다.

10월 6일 도쿠가와 이에야스가 슨푸성에서 토도 다카토라와 함께 오사카 토벌 작전을 세웠다. 10월 7일 이에야스가 서부 일본의 다이묘 50여 명에게 자신과 쇼군 히데타다에 충성 서약서를 제출하라고 명령했다. 10월 8일 이케다 도시타카가 자신의 영지 오카야마岡山로 돌아가던 중에 슨푸성에 들러 이에야스를 알현했다. 이에야스는 도시타카에게 서둘러 군사를 아마가사키尼崎(효고현 아마가사키시)로 이동시키고, 그곳의 다이묘와 함께 도요토미군의 공격에 대비하라고 명령했다. 같은 날 이에야스는 토도 다카토라에게 선봉에 서라고 명령했다. 다카토라는 야마토大和(나라현)의 다이묘들을 거느리고, 도토미에서 이세에 이르는 지역 다이묘들이 이끄는 부대와 합류하여 오사카성을 남서쪽에서 진격할 수 있는 덴노지天王寺(오사카시 덴노지쿠)로 향했다.

이에야스는 다케나카 시게노부竹中重信(1562~1615)를 에도에 머물던 후쿠시마 마사노리에게 보내어 다음과 같이 말했다. "마사노리는 에도에 머물고, 가신들은 후쿠시마 가문의 영지로 돌아가 마사노리의 아들 후쿠시마 타다카쓰福島忠勝(1598~1620)를 보좌하여 오사카로 출진하도록 하라." 이에야스는 도요토미 가문과 가장 친밀했던 후쿠시마 마사노리 부대를 오사카성 공격에 앞장세웠다. 도요토미 히데요시의 은혜를 입은 다이묘들의 기세를 단번에 꺾으려는 이에야스의 노회한 술책이었다.

후쿠시마 마사노리는 이에야스의 명령에 복종했다. 측근을 슨푸성의 이에야스에게 보내 이전에 도요토미 히데요리와 요도도노에게 보낸 서신의 초안을 제출했다. 그 서신의 내용은 대략 다음과 같았다. "도쿠가와 가문의 의향에 거스르는 것은 멸망을 재촉하는 일입니다. 한시라도 빨리 머리를 조아리고, 요도도노를 인질로 에도에 보내 종명 사건을 사죄해야 할 것입니다. 만약 저의 간언을 받아들이지 않고 거병한다면 저는 에도 막부 쇼군의 뒤를 따라 오사카성을 공격할 생각입니다." 이에야스는 마사노리에 대한 경계심을 풀었다. 이 무렵에 에도에 머물던 아사노 나가아키라, 나베시마 가쓰시게, 하치스카 요시시게, 고이데 요시히데 등 여러 다이묘가 잇달아 슨푸성으로 와서 이에야스를 알현했다. 이에야스는 그들에게 영지로 돌아가 출진 준비를 마치고 명령을 기다리라고 말했다.

10월 11일 이에야스가 군대를 이끌고 슨푸성을 출발했다. 이때 이에야스는 이미 73세의 노인이었으나 히데요리 토벌 의욕에 불타고 있었다고 전한다. 이에야스가 10월 23일에 교토에 도착하여 니조성에 머물렀다. 먼저 도착하여 진을 치고 있던 토도 다카토라와 한때 오사카성에서 도요토미 가문의 집사 역할을 하던 가타기리 가쓰모토가 이에야스를 알현했다. 가쓰모토는 이에야스 앞에 오사카성의 지도를 펼쳐놓고 성곽을 둘러싸고 있는 해자의 깊이, 가장 효율적으로 공격할 수 있는 방책 등에 대하여 설명했다. 10월 25일 이에야스는 토도 다카토라와 가타기리 가쓰모토에게 오사카성을 포위하라고 명령했다.

10월 23일 쇼군 히데타다가 5만 대군을 이끌고 에도성을 떠났다. 다테 마사무네도 대군을 이끌고 상경했다. 11월 10일 쇼군 히데타다가 후시미성에 도착했다. 11월 11일 이에야스와 쇼군 히데타다가 상의하여 오사카성 주변 여러 곳에 공격용 요새를 구축했다. 11월 15일 이에야스 부자가 대군을 이끌고 교토를 떠났다. 이에야스가 이끄는 부대는 나라奈良(나라현 나라시)를 지나 오사카 방향으로 나아갔다. 쇼군 히데타다가 이끄는 부대는 요도가와淀川를 따라 남하하여 가와치河內(오사카부 동부)에서 오사카성 방향으로 나아갔다. 11월 18일 차우스야마茶臼山(오사카시 텐노지쿠)에서 이에야스·히데타다 부자가 만나 작전을 논의했다.

한편 도요토미 진영에서는 사나다 유키무라, 고토 모토쓰구 등이 오사카성 밖으로 나가 도쿠가와군과 싸워야 한다는 주장을 폈다. 원군을 기대할 수 없는 상황에서 농성은 무의미하니 도쿠가와군이 포위망을 형성하기 전에 분쇄하는 것이 좋은 책략이라는 것이었다. 그러나 요격 전략은 한정된 성내의 군사를 분산시킬 우려가 있다는 주장이 제기되면서 일단 폐기되었다. 도요토미군의 전략은 오사카성에서 농성하며 지구전을 벌이는 것으로 변경되었다.

11월 중순이 되면서 이에야스의 명령을 받은 다이묘들의 군대가 전국 각지에서 달려왔다. 도쿠가와군 20여만 명이 오사카성을 포위했다. 11월 19일 이에야스가 하치스카 요시시게, 아사노 나가아키라, 이케다 타다오 등에게 명하여 오사카 주변 지역의 마을을 습격하여 도요토미 가문 추종 세력을 소탕하라고 명령했다. 11월 하순에 오사카성 주변에서 산발적인 전투가 벌어졌다. 전투는 모두 도쿠가와군의 승리로 끝났다.

이에야스는 도요토미군이 기즈가와木津川(교토부 기즈가와시 일대의 하천) 하구 일대에 구축한 여러 요새를 공격하는 것으로 전단을 열었다. 당시 기즈가와 요새에는 8,000여 명의 도요토미군

오사카성 주변도,『関ヶ原合戦と大阪の陣』
(笠谷和比古, 吉川弘文館, 2007)

이 지키고 있었다. 도쿠가와군의 선봉은 하치스카 요시시게가 이끄는 부대였다. 아사노 나가아키라・이케다 타다오 부대가 하치스카군의 좌우에 포진했다. 11월 19일 새벽 도쿠가와군이 3,000여 명의 육군과 선박 40여 척에 분승한 수군을 동원하여 기즈가와 요새를 공격했다. 도쿠가와군이 화공 작전을 전개하여 순식간에 기즈가와 요새를 점령했다.

기즈가와 전투에서 승리한 하치스카 요시시게는 여세를 몰아 기즈가와 하구와 연결되는 바쿠로부치博勞淵(오사카시 니시쿠) 전투에서도 큰 공을 세웠다. 도쿠가와군이 기습하자 도요토미군이 요새를 버리고 도주했다. 도쿠가와군이 기즈가와·바쿠로후치 전투에서 연승하면서 도요토미군의 해상 보급로가 차단되었고, 수군을 동원하여 도쿠가와군의 배후를 공격하려는 계획도 무산되었다. 도요토미군이 오사카성으로 철수하여 농성 태세에 들어갔다.

도요토미군은 오사카성 동북쪽 시기노鴫野와 이마후쿠今福(오사카시 조토쿠 일대)에 요새를 구축했다. 네야가와寢屋川를 사이에 두고 남쪽이 시기노 북쪽이 이마후쿠였다. 11월 26일 새벽에 시기노에서 도요토미군과 도쿠가와군의 선봉 우에스기 카게카쓰 부대 사이에 전투가 벌어졌다. 오사카성에서 오노 하루나가 등이 이끄는 원군이 도착하면서 전투가 격렬해졌다. 하지만 우에스기 부대가 500여 명의 뎃포대를 앞세워 공격하자 도요토미군이 후퇴했다.

11월 26일 새벽 도쿠가와군의 사타케 요시노부 부대가 이마후쿠 요새를 공격했다. 격전 끝에 오후 2시경에 사타케 부대가 이마후쿠 요새를 점령했다. 그러자 오사카성에서 기무라 시게나리가 군사를 이끌고 와서 사타케 부대에 맹공을 퍼부었고, 이어서 고토 모토쓰구 부대가 달려와 기무라 시게나리를 도와 싸웠다. 사타케 부대가 수세에 몰리자 시기노에 있던 우에스기 카게카쓰가 구원군을 보냈다. 이어서 이에야스가 보낸 구원군도 이마후쿠에 도착했다. 그러자 고토 · 기무라 부대가 오사카성으로 물러났다. 고토 · 기무라 부대의 분투 장면을 오사카성에서 지켜본 도요토미군의 사기가 올랐다. 고토 모토쓰구와 기무라 시게나리의 명성이 높아졌다.

오사카성은 오사카만 · 요도가와 · 네즈가와 · 히라노가와平野川로 둘러싸인 천혜의 요새였지만, 남쪽으로는 완만한 사면이 이어졌다. 그곳이 오사카성 최대의 약점이었다. 사나다 유키무라는 이런 약점을 보강하기 위해 오사카성 동남쪽에 돌출한 요새를 설치했다. 훗날 세상 사람들이 이 요새를 사나다마루真田丸라고 불렀다. 사나다마루 전방에 수풀이 우거진 언덕이 있었는데, 유키무라는 그곳에 뎃포대를 배치하여 지키게 했다.

이에야스는 오사카성 남쪽에 마에다 도시쓰네 · 마쓰다이라 타다나오 · 혼다 마사시게 · 토도 다카토라 · 다테 마사무네 · 이이 나오타카井伊直孝(1590~1659) 등이 이끄는 10여 만의 군사를 배치했다. 12월 2

일 마에다 부대가 사나다마루를 공격했다. 하지만 사나다 부대의 뎃포 사격으로 많은 사상자를 냈다. 이어서 이이·마쓰다이라 부대가 사나다마루를 공격했지만, 역시 사나다군의 뎃포대 공격으로 많은 사상자를 내고 물러났다. 그때 사나다마루에서 도요토미군 500여 명이 나와 도쿠가와군을 추격했다. 도쿠가와군이 수천 명의 전사자를 내고 퇴각했다.

12월 5일 토도 다카토라 부대가 성벽 공격을 시작했다. 하지만 도요토미군의 반격을 이기지 못하고 퇴각했다. 오사카성이 난공불락의 요새라는 것을 실감한 이에야스는 대포 300여 정으로 오사카성에 연일 포격을 가했다. 포탄에 맞은 천수각天守閣이 기울었고, 히데요리와 요도도노의 처소도 무너졌다. 그 무렵 오사카성의 무기·군량·물자가 바닥을 드러냈다. 대포 공격과 물자 부족은 오사카성에서 농성하던 도요토미군을 심리적으로 위축시켰다. 염전 분위기가 확산하면서 강화해야 한다는 주장이 제기되었다.

이에야스는 연일 오사카성을 향해 포탄을 쏘아대면서 강화 교섭을 시작했다. 12월 19일 이에야스와 요도도노 사이에 강화가 성립되었다. 하야시 라잔林羅山이 편찬한 『오사카후유노진키大坂冬陣記』의 기록에 따르면 강화의 조건은 다음과 같았다.

一. 이번에 농성한 여러 낭인의 죄를 묻지 않는다.

一. 히데요리는 이전과 같이 영지를 보유한다.

一. 요도도노를 인질로 에도에 보내지 않는다.

一. 오사카성을 명도하면 그 대신에 원하는 다른 지역의 영지를 제공한다.

一. 히데요리 신변의 안전을 보장한다.

위의 내용 이외에 오사카성 성벽과 해자 및 방어시설을 허무는 문제가 거론되었다. 합의한 내용은 오사카성의 니노마루二の丸와 산노마루三の丸의 성벽과 방어시설 그리고 해자였다. 성벽과 방어시설을 허물고 해자를 메우는 일은 대군이 동원되어도 1개월 이상 걸리는 일이었다. 특히 니노마루의 해자는 상상 이상으로 깊고 폭이 넓었다. 도쿠가와군이 주변에 흙으로 쌓은 성을 헐어서 해자를 메웠지만 흙이 턱없이 부족했다. 그러자 도쿠가와군이 니노마루의 망루와 성 주변에 있던 다이묘들의 저택을 허물어 해자를 메웠다. 1615년 1월 22일경에 해자 매몰 작업이 완료되었다.

### 3) 오사카 여름 전투

1615년 1월 1일 이에야스가 교토의 니조성에서 여러 다이묘의 신년 인사를 받았다. 도요토미 히데요리도 사자를 보내 이에야스에게 신년 인사를 올렸다. 1월 3일 이에야스가 니조성을 떠나 1월 30일에 도토미의 나카이즈미中泉(시즈오카현 이와타시)에 이르러 머물렀다. 2월 1일 이에야스는 가신 혼다 마사즈미로부터 오사카성 파괴 현황에 대한 보고를 받았다. 2월 8일 쇼군 히데타다가 교토에서 에도성으로 돌아가던 중 이에야스가 머무는 나카이즈미에 들렀다. 그곳에서 이에야스와 히데타다가 밀담을 나누었다.

2월 10일 이에야스가 나카이즈미를 떠나 2월 14일에 슨푸성에 도착했다. 3월 14일 도요토미 히데요리의 사자 아오키 가즈시게青木一重(1551~1628)와 요도도노가 보낸 조코인常高院, 오쿠라교노쓰보네大蔵卿局 등이 슨푸성으로 가서 이에야스를 알현했다. 요도도노의 여동생이었던 조코인은 이에야스의 손녀사위이기도 했던 다이묘 교고쿠 타다다카京極忠高(1593~1637)의 모친이었다. 얼마 전 강화 교섭을 주도했던 인물이었다. 노회한 이에야스는 요도도노가 속내를 터놓을 수 있는 조코인을 앞세워 강화를 추진했던 것이었다. 오쿠라교노쓰보네는 요도도노의 측근이었다.

이에야스는 도요토미 가문의 동향을 세심하게 관찰하고 있었다. 3월 5일 교토쇼시다이 이타쿠라 가쓰시게의 급보가 있었다. 도요토미 가문이 오사카성 주변의 해자를 준설하고 방책을 둘러 방비를 강화하고, 식량을 매입하고, 낭인을 불러들이고 있다는 것이었다. 그리고 도요토미 가문의 중신 오노 하루나가가 은밀히 교토의 호코지 대불전을 재흥할 때 비축해 두었던 목재를 오사카성으로 운송하려다가 막부의 관리와 다투는 일이 있었다는 것이었다.

그 무렵 이에야스는 히데요리와 요도도노에게 오사카성을 떠나 야마토大和나 이세伊勢(미에현 북·중부와 아이치현 일부)로 본거지를 옮기든지, 아니면 오사카성에서 농성하는 낭인들을 모두 쫓아내든지 둘 중 하나를 선택하라고 요구했다. 4월 5일 히데요리가 보낸 사자가 이에야스에게 히데요리 모자가 오사카성을 떠나는 것은 불가하다는 뜻을 전했다. 그러자 이에야스가 다시 오사카성을 공략할 결심을 했다.

이에야스는 예전과 같이 신중하지도 침착하지도 않았다. 당시 이에야스는 아홉째 아들 도쿠가와 요시나오의 혼인에 참석하기 위해 나고야성名古屋城(아이치현 나고야시 나카쿠)으로 향하고 있었는데, 4월 6일 이에야스는 이세·미노·오와리·미카와 지역의 다이묘들에게 후시미伏見와 도바鳥羽(미에현 도바시)로 진군하라고 명령했다. 4월 7일에는 서부 일본의 다이묘들

오사카 여름 전투에 출진하는 이에야스
「東照宮縁起」, 日光東照宮 소장

에게 출진 명령을 내렸다. 이에야스가 나고야성에 도착한 4월 10일 막부의 쇼군 히데타다가 대군을 거느리고 에도를 떠나 상경길에 올랐다.

4월 10일 이에야스가 나고야성에서 히데요리의 사자 아오키 가즈시게를 만나 다음과 같이 힐책했다. "도요토미 가문은 여전히 오사카성의 낭인들을 쫓아내지 않고 있다. 나에 대한 적대감을 드러내고 있다." 그러면서 이에야스는 만약 히데요리 모자가 오사카성에서 야마토大和

의 고오리야마郡山(나라현 야마토고오리야마시)로 거처를 옮긴다면 도요토미 가문이 다시 전쟁을 준비한다는 의혹을 해소할 수 있을 것이고, 그러면 오사카성을 수축하여 훗날 반드시 복귀할 수 있도록 조치할 것이라고 말했다.

1615년 3월 도요토미 가문은 다시 전쟁이 일어난다고 확신하고 작전회의를 열었다. 그러나 지난 겨울 전투 후에 오사카성의 성벽과 방어시설이 허물어지고 해자가 메워졌다. 오사카성은 더 이상 예전과 같은 난공불락의 철옹성이 아니었다. 오사카성에서 농성하는 것이 더 이상 무의미했다. 그래서 작년 겨울 전투 때와 같이 오사카성 외곽 하천을 따라서 방어막을 치는 안이 검토되었다. 하지만 결국 전군이 오사카성에서 농성하면서 도쿠가와군의 공격에 대응하고 때에 따라서 출격한다는 방침이 정해졌다.

4월 5일 도요토미 히데요리가 여러 장수를 거느리고 오사카성 외곽을 순시했다. 히데요리 일행은 정문을 나와 아베노阿倍野·스미요시住吉·차우즈야마·시텐노지四天王寺 등 장차 전투의 무대가 될 곳의 지형을 살폈다. 고토 모토쓰구와 기무라 시게나리가 이끄는 부대가 선두에서 길을 열었고 이어서 센나리뵤탄千生瓢箪 즉, 도요토미 히데요시가 생전에 사용하던 대장기를 앞세운 히데요리의 본대가 따랐다. 모리 가쓰나가가 히데요리를 옆에서 호위했고, 그 뒤를 이어 휘하 무사들이 줄을 이었다. 조소카베

차우즈야마

모리치카·사나다 유키무라가 이끄는 부대가 히데요리 본대를 에워싸고 행진했다. 오노 하루나가의 동생 하루후사治房가 이끄는 부대가 행렬의 맨 뒤에서 행군하며 적의 기습에 대비했다. 오노 하루나가는 요도도노가 있는 혼마루를 지켰다. 오사카성으로 돌아온 히데요리는 그날 밤 장병들에게 술과 음식을 내렸다.

이에야스는 오사카성 내부의 동향을 일일이 보고받고 있었다. 4월 18일 이에야스가 교토의 니조성에 도착했다. 4월 21일 쇼군 히데타다가 대군을 거느리고 후시미성에 도착했다. 다테 마사무네·마에다 도시쓰네·우에스기 카게카쓰·아사노 나가아키라·이케다 도시타카·교고쿠 다카토모京極高知·호리오 타다하루堀尾忠晴(1599~1633)·

모리 타다마사森忠政(1570~1634) · 아리마 도요우지有馬豊氏(1569~1642) 등 여러 다이묘가 속속 오사카 주변으로 결집했다.

4월 22일 이에야스가 니조성에서 쇼군 히데타다와 혼다 마사노부 · 혼다 마사즈미 · 도이 도시카쓰土井利勝(1573~1644) · 안도 시게노부安藤重信(1557~1621) · 토도 다카토라 등 참모를 불러 작전회의를 열었다. 그 결과 도쿠가와군을 2군단으로 나누어, 제1군은 요도가와 왼편 도로를 따라 남하하여 가와치河內 방면에서 오사카로 향하고, 제2군은 야마토를 우회하여 오사카로 향하기로 했다. 양군은 오사카성 동남쪽에 있는 도묘지道明寺(오사카부 후지이데라시) 인근에서 합류한 후에 오사카성 남쪽에서 공격한다는 작전을 세웠다. 4월 29일 이에야스가 다시 쇼군 히데타다와 함께 오사카성 공략 계획을 점검하고 5월 3일에 출진하기로 했다. 도쿠가와 이에야스 · 히데타다가 이끄는 제1군이 12만여 명, 마쓰다이라 타다테루가 이끄는 제2군이 3만5,000여 명이었다.

이 무렵 도요토미군의 오노 하루후사大野治房가 2,000여 명의 군사를 이끌고 오사카성을 나와서 야마토 지역으로 이동했다. 도쿠가와군이 가와치河內 일대로 진출하는 틈을 노려서 야마토 인근에서 기습하려고 했던 것 같다. 오노 하루후사가 이끄는 도요토미군과 아사노 나가아

사나다 유키무라        기무라 시게나리

키라가 이끄는 도쿠가와군이 가시이樫井(오사카부 이즈미사노시)에서 싸웠다. 사실상 오사카의 여름 전투가 시작된 것이다. 이에야스는 원래 5월 3일에 출진할 예정이었지만, 그날 비가 와서 5월 5일 출진한다고 발표했다.

4월 30일 도요토미군의 여러 장수가 회의를 열었다. 고토 모토쓰구는 도쿠가와군을 요격할 수밖에 없는데, 그 경우에 평지에서 싸우면 군사 수가 적은 도요토미군이 도쿠가와군에 맞서기 곤란할 것이다. 그렇

10. 도요토미 가문 멸망    257

다면 도쿠가와군이 진용을 갖추기 전에 먼저 공격하는 것이 상책이라고 주장했다. 사나다 유키무라 · 기무라 시게나리가 모토쓰구의 제안에 동의했다. 회의 결과, 도요토미군이 도묘지 인근에서 도쿠가와군을 기다리고 있다가 요격하기로 했다. 5월 1일 고토 모토쓰구가 이끄는 선봉대 6,400여 명, 사나다 유키무라가 이끄는 본대 1만2,000여 명이 출진했다.

1615년 5월 5일 이에야스가 이끄는 대군이 교토의 니조성을 출발하여 호시다星田(오사카부 가타노시)에 이르렀고, 쇼군 히데타다도 대군을 이끌고 오사카성으로 향했다. 5월 6일 쇼군 히데타다가 이끄는 대군이 히라오카枚岡(오사카부 히가시오사카부 동쪽)로 나아가 가타야마片山(오사카부 가시와라시) · 고마쓰야마小松山(오사카부 가시와라시) · 도묘지 일대, 그리고 야오八尾(오사카부 야오시) · 와카에若江(오사카부 히가시오사카시) 부근에서 도요토미군과 싸웠다.

5월 6일 고토 모토쓰구가 이끄는 도요토미군의 선봉대가 도묘지에 도착했다. 하지만 도쿠가와군 2,000여 명이 이미 그곳을 지나 고쿠분国分(오사카부 가시와라시) 일대로 진격했다는 정보를 입수했다. 모토쓰구는 차선책으로 고쿠분 서쪽에 있는 고마쓰야마를 먼저 차지하고 그곳

출진하는 무사들, 「大坂夏の陣図屛風」, 彦根城博物館 소장

에서 도쿠가와군을 요격하기로 했다. 고토군이 고마쓰야마를 점령하는 것을 본 도쿠가와군의 선봉대 미즈노 가쓰나리水野勝成(1564~1651)가 공격했다. 전투가 벌어지자 혼다 타다마사本多忠政(1575~1631)·마쓰다이라 타다아키라松平忠明(1583~1644)·다테 마사무네 등이 이끄는 도쿠가와군이 벌떼처럼 달려들어 고마쓰야마를 포위했다.

고토 모토쓰구는 승산이 없다는 것을 알고 부하 장병들에게 말했다. "죽음을 원치 않는 자는 여기에서 빨리 벗어나라." 그러나 도망하는

출진하는 鉄砲隊(화승총부대)「大坂夏の陣図屛風」

자는 없었다. 고토 모토쓰구는 고마쓰야마의 서쪽 평야에서 최후의 전투에 임했다. 도쿠가와군이 일제히 뎃포로 사격하자 고토군 선봉대가 무너졌다. 모토쓰구가 부대의 맨 앞에서 지휘할 때 적의 총탄에 쓰러졌다. 종자가 모토쓰구를 부축하려고 했으나 갑옷을 입은 거구의 몸이 움쩍도 하지 않았다. 체념한 모토쓰구가 종자에게 명령했다. "내 목을 베어 땅에 묻어라." 대장이 죽자 도요토미군이 괴멸했다. 새벽부터 시작한 격전은 정오 무렵에 도쿠가와군의 승리로 끝났다.

미즈노 가쓰나리·혼다 타다마사가 이끄는 도쿠가와군이 퇴각하는 도요토미군을 추격했다. 그 무렵 스스키다 가네스케簿田兼相(?~1615) 등이 이끄는 도요토미군이 고토 부대의 패잔병과 합류하여 도쿠가와군을 요격했다. 이때 가네스케가 적진으로 돌진하다 전사했고, 나머지 부대는 곤다譽田(오사카부 하비키노시) 방면으로 퇴각했다. 때마침 후지이데라藤井寺(오사카부 후지이데라시)에 도착한 모리 가쓰나가毛利勝永가 고토·스스키다 부대의 패잔병을 수습하며 전열을 정비했다.

그날 정오 무렵에 사나다 유키무라가 도착했고, 이어서 도요토미군의 여러 장수가 도착했다. 사나다 유키무라가 이끄는 도요토미군이 곤다로 향했다. 사나다군이 다테 마사무네 부대와 싸워 이겼다. 그 후 마쓰다이라 타다테루松平忠輝 등이 이끄는 도쿠가와군이 도착했다. 도쿠가와군은 도묘지에서 곤다에 걸쳐서 전선을 구축했고, 도요토미군은 곤다의 서쪽에서 후지이데라에 이르는 지역에 진을 쳤다.

이때 다테 마사무네의 부장 가타쿠라 시게나가片倉重長(1585~1659)가 사나다 부대를 공격했다. 사나다 유키무라도 뎃포로 응전하며 병력을 매복시켰다가 적군이 접근하면 요격했다. 사나다군의 공격을 견디지 못한 다테군이 도묘지 인근까지 후퇴했다. 사나다군도 후지이데라까지 물러나서 모리 가쓰나가 부대와 합류했다. 미즈노 가쓰나리를 비롯한 도쿠가와군 장수들이 도요토미군을 공격하자고 했으나 다테 마사무네가 응하지 않았다. 전투는 교착상태에 빠졌다.

오후 3시경에 도요토미군의 오노 하루나가가 전령을 보냈다. 하루나가는 도쿠가와군이 야오八尾(오사카부 야오시)·와카에若江(오사카부 히가시오사카시)를 점령했다는 소식을 전하고, 도묘지·곤다 일대에서 도쿠가와군과 대치하고 있던 도요토미군에게 퇴각을 명령했다. 도요토미군은 오후 4시경부터 차례로 덴노지天王寺(오사카시 덴노지쿠) 방면으로 물러나기 시작했다. 도쿠가와군의 미즈노 가쓰나리와 히토쓰야나기 나오모리一柳直盛(1564~1636)가 추격하자고 주장했지만, 다테 마사무네를 비롯한 여러 장수가 응하지 않았다.

한편 도요토미군의 기무라 시게나리가 도쿠가와 이에야스·히데타다가 이끄는 도쿠가와군 본대를 측면에서 공격하기 위한 특공대를 편성했다. 시게나리의 작전은 오사카성에서 동쪽으로 약 8킬로미터 떨어진 와카에若江·야오八尾의 공격에 초점이 맞춰져 있었다. 5월 6일 오전 2시경 기무라 시게나리가 4,700여 명의 군사를 거느리고 오사카성을 떠났다. 시게나리는 오전 5시경에 와카에에 도착하여 진을 쳤다. 이때 도쿠가와군의 토도 다카토라가 도요토미군을 공격했으나 대패했다. 오전 7시경 도쿠가와군의 이이 나오타카井伊直孝 부대가 기무라 부대를 공격했다. 이 전투에서 기무라 시게나리가 직접 창을 들고 일선에서 싸우다 전사했다. 도요토미군이 오사카성으로 후퇴했다.

5월 6일 오전 4시경 도요토미군의 조소카베 모리치카 부대가 오사카성을 출발하여 야오로 진격했다. 도묘지 방향으로 나아가 이에야스 · 히데타다가 이끄는 도쿠가와군 본대를 공격하기 위해서였다. 그러나 도쿠가와군의 토도 다카요시藤堂高吉(1579~1670) 부대가 조소카베 부대의 선봉을 공격하여 패퇴시켰다. 조소카베 모리치카는 나가세가와長瀨川 제방에 매복했다가 토도군이 가까이 다가왔을 때 일제히 공격했다. 토도군이 무너졌다. 토도 다카요시가 달려왔으나 조소카베군을 이기지 못하고 물러났다. 정오까지 계속된 전투가 끝나고 조소카베군이 쉬고 있을 때 기무라 시게나리가 전사했다는 소식이 전해졌다. 도쿠가와군에게 포위되는 것이 두려웠던 조소카베 모리치카가 오사카성으로 물러났다. 도요토미군이 모두 오사카성으로 들어가자 도쿠가와군이 오사카성을 겹겹이 에워쌌다.

5월 7일 이에야스 · 히데타다가 이끄는 도쿠가와군 본대가 오사카성

총공격 태세를 갖추었다. 정오 무렵에 도쿠가와군의 선봉대 혼다 타다토모本多忠朝(1582~1615)가 도요토미군의 모리 가쓰나가 부대를 향해 뎃포를 발사하면서 전투가 시작되었다. 도요토미군의 지휘관 사나다 유키무라가 모리 부대에게 사격 중지를 명령했

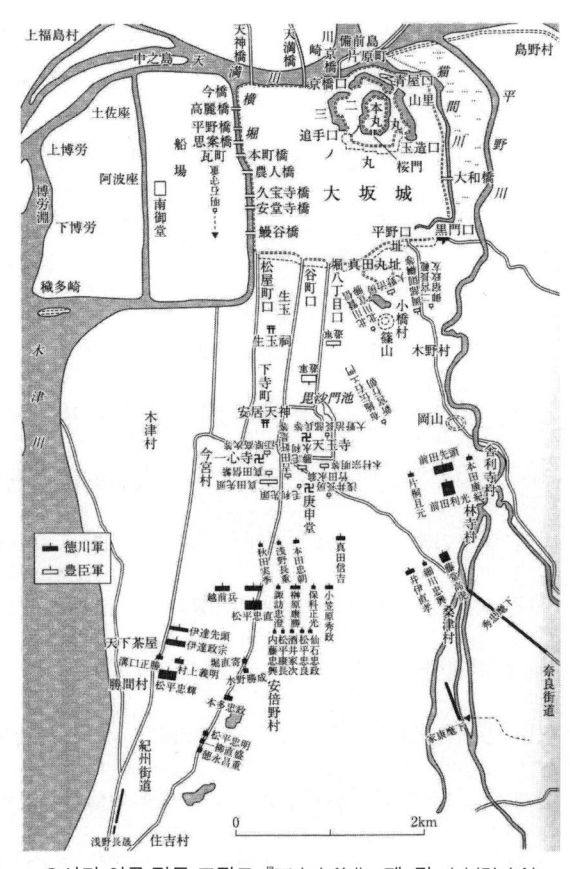

오사카 여름 전투 포진도, 『国史大辞典』 제2권, 吉川弘文館

다. 작전에 차질이 빚어지는 것을 염려했기 때문이다. 그러나 이미 시작된 총격전은 멈출 줄 몰랐다. 그때 도쿠가와군의 혼다 타다아키가 돌격을 명령하면서 본격적인 전투가 시작되었다.

모리 가쓰나가는 혼다군이 깊숙이 다가올 때까지 기다려 일제 사격을 명령했다. 혼다군 70여 명이 쓰러졌다. 그때 모리군이 혼다군을 향해 돌격했다. 혼다 타다토모가 총탄에 맞아 쓰러지자 모리군의 뎃포대 대장 아메노모리 산에몬雨森三右衛門이 타다토모의 목을 베었다. 그 무렵 덴노지 동쪽에서는 도쿠가와군의 용장 오가사와라 히데마사小笠原 秀政가 이끄는 부대가 도요토미군의 오노 하루나가 부대와 싸웠다. 혼전 중에 히데마사가 중상을 입고 퇴각했으나 얼마 후 사망했다. 이 전투에서 히데마사의 장남이 전사하고 차남이 중상을 입었다. 지휘관을 잃은 오가사와라군이 무너졌다.

차우즈야마에 주둔한 도요토미군의 사나다 유키무라가 전황을 살펴보고 있었는데, 모리 가쓰나가 부대의 선전으로 도쿠가와군의 선봉대가 패주하는 것을 보고 3,500여 명의 군사를 거느리고 마쓰다이라 타다나오 부대를 향해 돌격했다. 빨간 깃발을 등에 꽂은 사나다군과 검은 깃발을 등에 꽂은 마쓰다이라군이 뒤섞여 싸웠다. 사나다군의 분투에 마쓰다이라군이 밀렸다. 당황한 도쿠가와 이에야스가 정예군을 보냈으나 사나다군을 이기지 못했다. 사나다군은 이에야스 본진으로 돌진했다. 도쿠가와군은 인해전술로 사나다군의 공격을 겨우 막아냈다.

이에야스는 전열을 정비한 후 도요토미군의 본영인 차우즈야마를 점령했다. 전투 중에 도요토미군의 맹장 사나다 유키무라가 중상을 입었다. 잇달아 부장들이 전사하면서 사나다군이 무너졌다. 모리 가쓰나가 부대가 외롭게 싸웠지만, 사나다군이 괴멸되고 차우즈야마가 함락되었다는 소식을 듣고 철수하지 않을 수 없었다. 모리군은 도쿠가와군의 방어선을 돌파하여 야마토바시大和橋(오사카부 사카이시 사카이쿠) 방면으로 퇴각했다.

한편 쇼군 히데타다가 이끄는 도쿠가와군은 오카야마岡山(오사카부 오사카시 이쿠노쿠)에 진을 치고 있었다. 덴노지 일대에서 전투가 시작되었다는 정보를 입수한 쇼군 히데타다가 정오 무렵에 공격을 명령했다. 도쿠가와군의 선봉대 마에다 도시쓰네前田利常 부대가 앞서고 쇼군 히데타다의 친위대가 뒤를 따랐다. 도요토미군의 장수는 오노 하루후사였다. 하루후사는 뎃포대를 이끌고 우회하여 쇼군 히데타다를 향해 돌진했다. 하루후사의 기습으로 쇼군 히데타다 본진이 무너졌다. 당황한 쇼군 히데타다가 직접 창을 들고 싸우는 급박한 상황이었다. 이때 역전의 용장 구로다 나가마사와 가토 요시아키加藤嘉明가 진두에서 도요토미군의 맹공을 막아내어 위기를 모면했다. 전열을 정비한 쇼군 히데타다 본대가 오노 하루후사 부대를 힘겹게 물리쳤다.

오사카성으로 난입하는 도쿠가와군, 「東照宮緣起」, 日光東照宮 소장

덴노지·오카야마 일대에서 많은 전사자를 낸 도요토미군이 패잔병을 수습하여 오사카성으로 퇴각했다. 5월 7일 오후 4시경 오사카성에 잠입한 도쿠가와군의 첩자가 건물에 불을 질렀다. 때마침 부는 바람을 타고 불길이 하늘로 치솟았다. 이것을 본 도쿠가와군이 다투어 산노마루三の丸의 방어벽을 넘어 진격하며 불을 질렀다. 5시경에 니노마루二の丸가 함락되었다. 도요토미군 장병 중에 자결하는 자들이 줄을 이었다.

도요토미 히데요리와 그의 모친 요도도노가 오사카성 맨 밑층에 있는 다실로 내려갔다. 이때 히데요리를 따르는 자는 겨우 20여 명이었다고 전한다.

오노 하루나가는 도요토미 히데요리의 본처이며 쇼군 도쿠가와 히데타다의 딸 센히메千姬와 그녀의 시녀들을 성 밖으로 내보냈다. 센히메를 호위하던 무리 중에 하루나가가 이에야스에게 보내는 사자가 포함되어 있었다. 센히메 일행이 혼마루本丸를 나섰을 때 화염이 앞을 막아 위기에 처했으나 우연히 도쿠가와군의 사카자키 나오모리坂崎直盛(?~1616)에게 발견되어 무사히 탈출할 수 있었다. 센히메를 맞이한 혼다 노부마사가 차우즈야마에 진을 치고 있던 이에야스에게 보고했다.

5월 8일 아침 가타기리 가쓰모토가 히데요리 모자가 숨어있는 곳을 알아냈다. 가쓰모토는 즉시 이에야스·히데타다 부자에게 보고했다. 센히메와 오노 하루나가가 보낸 사자가 도요토미 히데요리 모자를 살려달라고 탄원했다. 이에야스가 잠시 생각에 잠겼다. 이때 쇼군 히데타다가 센히메가 히데요리와 함께 자결하지 않았다고 화를 내며 히데요리 모자를 살려줄 수 없다고 말했다. 절망한 히데요리 모자가 자결했다. 이때 오노 하루나가, 모리 가쓰나가, 하야미 모리히사, 사나다 유키

마사 등 30여 명이 히데요리 모자를 따라 자결했다. 도요토미 가문이 멸망했다.

　오사카의 전투가 끝난 후 이에야스는 히데요리의 아들과 딸을 찾아내라고 명령했다. 체포된 히데요리의 아들 구니마쓰国松(1608~1615)가 5월 23일 교토 시내에서 참수되었다. 딸은 비구니가 되어 연명했다. 이에야스는 도요토미 가문을 위해 싸웠던 자들을 집요하게 색출했다. 패배자 측의 총대장과 몇몇 간부의 목숨을 거두고 나머지 장병에게 책임을 묻지 않는 것이 무사 사회의 오랜 관행이었다. 그러나 이에야스는 조금이라도 도요토미 가문 편에 섰던 자들을 모두 체포했다. 이에야스는 체포된 자들을 사형에 처한 후 그들의 수급을 오사카에서 교토로 이어지는 큰길 가에 매달았다. 잔당 수색은 10여 년간 이어졌다.

# CHAPTER 11. 임종과 장의

도요토미 가문 멸망이라는 숙원을 푼 도쿠가와 이에야스는 이즈伊 豆의 이즈미가시라성泉頭城(시즈오카현 슨토군 시미즈초)을 늙은 몸이 쉴 수 있는 휴양지로 선택했다. 그곳은 예전에 간토 지방을 지배했던 호조 가문이 축조한 조그마한 성이었다. 1615년 12월 4일 에도성을 떠난 이에야스가 도중에 이즈미가시라성을 둘러보고 슨푸성으로 돌아갔다. 쇼군 도쿠가와 히데타다가 측근 도이 도시카쓰를 슨푸성으로 보내 이즈미가시라성을 새로운 거성으로 선정한 것을 축하했다. 그런데 1616

년 1월 12일 이에야스가 이즈미가시라성 수축을 중지시켰다. 여러 사람에게 불편을 끼치는 것이 마음에 걸린다는 이유였다.

1616년 1월 19일 이에야스가 에도 막부의 문교 정책을 책임진 승려 스덴과 젊은 유학자 하야시 라잔을 불러『군쇼치요群書治要』를 간행하라고 명령했다.『群書治要』는 중국 당나라 태종이 정치의 규범이 되는 군신의 언행을 여러 자료에서 발췌하여 간행한 책이었다. 이 책을 인쇄하고 교열하는 일에 슨푸 인근의 여러 사원 승려들이 동원되었다.

1월 21일 이에야스가 슨푸성에서 멀리 떨어진 곳까지 나아가 매사냥을 했다. 그런데 그날 밤 다나카성田中城(시즈오카현 후지에다시)에서 유숙하던 이에야스가 갑자기 복통을 일으켜 의원 가타야마 소테쓰片山宗哲가 처방한 약을 먹고 겨우 진정되었다. 1월 24일 이에야스가 슨푸성으로 돌아왔다. 이에야스가 다나카성에서 복통을 일으킨 것은 도미를 기름에 튀긴 덴푸라를 과식한 것이 원인이었다고 전해진다. 그날 이에야스와 친밀하게 지내던 호상 차야시로지로茶屋四郎次郎가 포르투갈에서 수입한 덴푸라 솥을 들고 이에야스를 방문하여 직접 덴푸라 요리를 대접했다.

11. 임종과 장의  271

2월 1일 아침 쇼군 히데타다가 에도성을 출발하여 슨푸성까지 잠시도 쉬지 않고 주야로 36시간 행군했다. 다음 날 저녁 8시경에 슨푸성에 도착한 쇼군 히데타다가 이에야스를 문병했다. 이에야스의 병세는 때때로 호전되는 기미가 보이기도 했으나 다시 악화하기를 반복했다. 시종하는 의원은 이에야스의 맥박이 불규칙하게 뛰는 것을 가장 염려했다. 이에야스가 병이 났다는 소문을 들은 여러 다이묘, 교토의 귀족, 대사원의 주지 등이 차례로 사자를 보내거나 직접 슨푸성으로 와서 문병했다.

슨푸성의 니시노마루西の丸에 거처를 마련한 쇼군 히데타다는 매일 이에야스를 방문하여 병세를 살폈다. 쇼군 히데타다는 문병할 때마다 반드시 이에야스의 아홉째 아들 요시나오, 열째 아들 요리노부, 열한째 아들 요리후사와 동행했다. 승려 스덴도 병상을 떠나지 않았다. 고미즈노오 천황은 여러 사원과 신사에 명령하여 이에야스의 완쾌를 기원하는 기도를 올리도록 했다. 또 천황은 진언종 사원 산보인三宝院(교토시 후시미쿠) 승정 기엔義演에게 칙명을 내려 2월 21일부터 7일 동안 염불을 독송하며 이에야스의 쾌유를 빌도록 했다.

2월 17일 고미즈노오 천황이 칙사를 슨푸성으로 파견했다. 천황의 칙사는 2월 27일 슨푸성에 도착하여 이에야스를 태정대신으로 임명한다는 칙서의 내용을 전했다. 귀족이 아닌 무장의 신분으로 생전에 태정대신에 임명된 것은 다이라노 기요모리平淸盛(1118~81)·아시카가 요시미쓰足利義滿(1358~1408)·도요토미 히데요시뿐이었다. 이에야스는 천황의 각별한 배려에 눈물을 흘렸다. 이에야스는 칙사를 융숭하게 대접하라고 명령했다. 2월 29일 슨푸성에 머물던 귀족과 다이묘들이 물러갔다.

3월 10일 이에야스의 병세가 조금 호전되는 듯했다. 기력을 되찾은 이에야스가 약간의 죽을 먹었다. 그러나 다음 날부터 이에야스는 음식을 입에 대지 않았다. 이에야스의 병세가 점점 더 악화했다. 이에야스는 죽음이 임박한 것을 알았다. 4월 2일 이에야스가 최측근 혼다 마사즈미와 승려 덴카이天海·스덴崇伝을 머리맡으로 불러 사후의 일을 다음과 같이 당부했다. "첫째, 유체는 일단 구노잔久能山(시즈오카현 시즈오카시 소재)에 임시 매장할 것, 둘째, 장례식은 에도의 조조지增上寺(도쿄토 東京都 미나토쿠)에서 거행할 것, 셋째, 위패는 미카와三河의 다이주지大樹寺(아이치현 오카자키시 카모다초)에 둘 것, 넷째, 일주기가 지난 다음 닛코산日光山(도치기현 닛코시 소재)에 사당을 세우고 신령의 계시를 빌 것."

4월 3일 이에야스는 자신의 외숙부 미즈노 타다시게水野忠重
(1541~1600)의 아들이며 오랫동안 충직한 가신으로 많은 공을 세운
미즈노 타다키요水野忠清(1582~1647)를 불러서 영지 1만 석을 더 수
여했다. 4월 4일 가신 오쿠보 타다치카大久保忠隣의 아들 타다후사忠
総(1582~1651)로 하여금 이미 사망한 양부 이시카와 이에나리石川家成
(1534~1609)의 뒤를 잇게 하여 이시카와 가문을 존속시켰다. 4월 6일
이에야스가 쇼군 히데타다와 함께 에도 조조지와 미카와 다이주지의
승려들을 인견했다.

4월 11일 유학자 하야시 라잔을 불러 그동안 이에야스가 보관하던
스루가문고駿河文庫 장서의 처분에 관하여 명령했다. 당시 스루가문고
에는 약 1만 권의 서책이 보관되어 있었다. 그중에는 임진·정유 왜란
때 조선에서 약탈한 서적이 다수 포함되어 있었다. 이에야스는 스루가
문고의 장서를 도쿠가와 가문의 고산케御三家 즉, 아홉째 아들 요시나
오義直, 열째 아들 요리노부頼宣, 열한째 아들 요리후사頼房(미토번水戸藩
초대 당주)에게 골고루 배분하기를 원했다. 그러나 이에야스가 사망한
후 하야시 라잔은 장서의 귀중본을 에도성으로 옮기고, 나머지 서책을
5 : 5 : 3의 비율로 고산케에 배분했다.

『德川実記』에 다음과 같은 일화가 전한다. 4월 15일 이에야스가 쓰즈키 카게타다都筑景忠를 불러 평소에 애용하던 대도를 건네주며 말했다. "이 대도로 죄인을 베어 보라." 카게타다가 이에야스에 보고했다. "도검의 베는 맛이 아주 좋았습니다." 그러자 이에야스가 그 칼을 들어 두세 번 휘두르고 말했다. "이 대도로 오래 내 자손을 보호할 것이다." 『메이료코한明良洪範』에는 이 일화가 다음과 같이 기록되어 있다. "(이에야스가) 자신의 대도로 사람을 베게 한 다음, 피도 닦지 않은 채 머리맡에 두고, 신령이 이 도검에 깃들어 오래 국가를 수호할 것이라고 말씀하셨다."

1616년 4월 17일 오전 10시경에 도쿠가와 이에야스가 슨푸성에서 파란만장한 삶을 마감했다. 향년 75세였다. 유체는 당일 구노잔으로 옮겨졌다. 유체를 모시고 구노잔으로 올라간 것은 혼다 마사즈미, 마쓰다이라 마사쓰나松平正綱, 이타쿠라 시게마사板倉重昌(1588~1638), 아키모토 야스토모秋元泰朝(1580~1642), 승려 스덴과 덴카이, 신도가神道家 본슌梵舜 그리고 쇼군 히데타다의 대리인 도이 도시카쓰, 아홉째 아들 요시나오의 대리인 나리세 마사나리成瀨正成(1567~1625), 열째 아들 요리노부의 대리인 안도 나오쓰구安藤直次(1555~1635), 열한째 아들 요리후사의 대리인 나카야마 노부요시中山信吉(1577~1642)뿐이었다.

4월 19일 구노잔에 임시 건물을 세우고, 신도가 본슌이 요시다 신도吉田神道 방식에 따라, 이에야스의 유해를 구노잔의 묘지에 매장하는 의식을 치렀다. 4월 20일 에도 막부의 중신들과 승려 스덴이 구노잔에서 슨푸로 돌아가고, 신도가 본슌이 장지에 머물며 제사를 올렸다. 4월 22일 쇼군 도쿠가와 히데타다가 요시나오·요리노부·요리후사를 데리고 이에야스의 묘소에 참배했다. 쇼군 히데타다는 그 자리에서 측근에게 서둘러 본전을 조영하라고 명령했다. 쇼군 히데타다가 4월 24일 슨푸성을 출발하여 27일 에도성에 도착했다. 장례를 주관한 본슌은 17일 동안 장지에서 머물다 구노잔에서 내려왔다.

　5월 2일 천황의 칙사가 슨푸성으로 가서 조의를 표하고, 5월 4일 구노잔으로 가서 참배했다. 이날 에도의 조조지에서 이에야스 사망 17일 법회가 열렸다. 하루 전인 5월 3일 승려 덴카이와 신도가 본슌이 이에야스의 신호神號를 무엇으로 할지 논쟁했다. 본슌은 요시다 신도의 입장에서 다이묘진大命神을 신호로 해야 한다고 주장했다. 다이묘진 신호는 태정대신 관위에도 걸맞다고 말했다. 이에 대하여 승려 덴카이는 산노 신도山王神道의 입장에서 곤겐權現을 신호로 해야 한다고 역설했다. 이에야스의 신호는 결국 승려 덴카이의 의견에 따라 곤겐으로 정해졌다.

5월 26일 쇼군 히데타다가 승려 덴카이를 불러 이에야스의 신호를 곤겐으로 정한다고 통고하면서 가까운 시일 내에 상경하여 조정에 보고하라고 명령했다. 6월 11일 승려 덴카이가 이타쿠라 시게마사板倉重昌와 하야시 라잔의 동생 하야시 노부즈미林信澄(1585~1638)를 데리고 교토로 올라갔다. 그로부터 11일 후에 본슌이 에도를 떠나 7월 3일에 교토에 도착했다. 본슌은 다음 날 조정의 곤다이나곤權大納言 히로하시 가네카쓰広橋兼勝(1558~1623)에게 그간의 일을 보고했다.

 7월 6일부터 천황과 여러 공가公家 즉, 귀족이 회의를 열었다. 7월 13일 조정이 이에야스의 신호를 곤겐으로 한다고 확정했다. 9월 16일 천황의 칙사 8명이 교토를 떠나 9월 26일 에도에 도착했다. 칙사와 동행한 승려 덴카이가 쇼군 히데타다에게 천황의 칙명으로 곤겐이라는 신호가 확정되었다고 보고했다. 천황의 칙사는 에도성으로 가서 쇼군 히데타다를 예방하고 천황의 뜻을 전했다. 10월 7일 쇼군 히데타다가 칙사 일행에게 향연을 베풀고 선물을 주었다. 10월 10일 칙사 일행이 에도를 떠나 23일에 교토에 도착하여 조정에 복명했다.

 1617년 4월 닛코도쇼샤日光東照社(도치기현 닛코시)가 완공되었다. 승려 덴카이, 간토 지방 사원의 승려들, 혼다 마사즈미를 비롯한 에도 막부의 중신들이 구노잔에 가매장되었던 이에야스의 유체를 닛코산으로 옮겼다. 4월 12일 쇼군 히데타다가 에도성을 떠나 닛코산으로 향했다. 4월 14일 닛코산으로 옮겨진 이에야스의 유체가 임시로 마련한 빈궁에 안치되었고, 천황의 칙사가 도쇼다이곤겐東照大權現이라는 신호를 추증했다. 4월 16일 쇼군 히데타다가 닛코산에 도착했다. 쇼군 히데타다는 개장식에 참석하기 위해 온 칙사를 비롯한 귀족, 여러 사원의 승려들, 에도 막부의 중신들을 차례로 인견하고 개장식 때 담당할 역할을 정했다.

이에야스가 사망한 지 1년이 지난 1617년 4월 17일 임시 빈궁에서 소상小祥 의례를 올렸다. 4월 18일 이에야스의 유체를 새로 조영한 신전에 안치하고 제례를 올렸다. 19일 새로 조영한 약사당藥師堂에서 공양 법회가 열렸다. 4월 21일 쇼군 히데타다가 닛코산을 떠나 22일 에도성에 도착했다. 4월 29일 쇼군 히데타다가 에도성에서 개장식에 참석한 칙사를 비롯한 귀족과 승려들에게 향응하고 연극을 상연하여 노고를 치하했다. 5월 6일 쇼군 히데타다가 다이묘들을 에도성으로 불러 향응하고 노고를 치하했다.

1623년 4월 17일 에도 막부의 세자 도쿠가와 이에미쓰德川家光

(1604~51)가 닛코도쇼샤에 참배했다. 그로부터 3개월 후인 7월 27일 막부의 2대 쇼군 히데타다가 세자 이에미쓰에게 쇼군의 지위를 물려주었다. 1634년 11월 3대 쇼군 이에미쓰가 닛코도쇼샤 신전 대조영에 착수했다.

日光 東照宮 정문

1636년 4월 화려하고 장엄한 신전 및 부속 건물이 모습을 드러냈다. 1645년 11월 고코묘 천황後光明天皇(재위:1643~54)이 닛코됴쇼샤에 궁호宮號를 내렸다. 11월 9일 천황의 칙사가 에도성으로 가서 쇼군 이에미쓰에게 칙명을 전했다. 칙사는 11월 17일 닛코도쇼샤로 가서 선명宣命・선지宣旨・위기位記를 봉납했다. 이리하여 닛코도쇼샤・구노잔도쇼샤를 비롯한 전국에 조영된 500여 도쇼샤가 모두 도쇼구東照宮로 불리게 되었다.

# 제2부

「德川家康像」
德川恒孝氏 소장

# CHAPTER1. 처첩과 자녀

도쿠가와 이에야스에게는 두 명의 처가 있었다. 1557년 1월 이에야스가 16살이 되었을 때 이마가와씨의 일족이며 스루가駿河 모치부네성持船城(시즈오카현 시즈오카시 스루가쿠) 성주 세키구치 요시히로関口義広의 딸과 혼인했다. 그녀는 훗날 스루가고젠駿河御前 또는 쓰키야마도노築山殿로 불렸다. 1559년 3월 6일에 장남 노부야스信康, 1560년 6월에 장녀 가메히메亀姫를 낳았다. 1567년 5월 장남 노부야스가 오다 노부나가의 딸 도쿠히메徳姫와 혼인했다. 쓰키야마도노와 도쿠히메 사이가 좋지 않았다. 도쿠히메는 부친 노부나가에게 노부야스 모자가 다케다 가문과 내통했다는 서신을 보냈다. 노부나가는 이에야스에게 노부야스 모자를 죽이라고 명령했다. 1579년 8월 이에야스는 쓰키야마도노를 죽이고 다음 달 장남 노부야스를 죽였다.

쓰키야마도노 다음에 이에야스의 정처가 된 여인은 도요토미 히데요시의 여동생 아사히히메朝日姬였다. 히데요시는 이미 혼인한 아사히히메를 강제로 이혼시키고 이에야스에게 시집보냈다. 1586년 5월 14일 하마마쓰성에서 이에야스와 아사히히메의 혼인식이 거행되었다. 당시 이에야스는 45세, 아사히히메는 44세였다. 당시 여성의 나이 44세는 초고령이었다. 이에야스가 정략적으로 혼인한 아사히히메에게 애정이 있을 리가 없었다. 1588년 6월 아사히히메가 모친 오만도코로를 만난다는 명분으로 교토로 돌아갔고, 그 후 그녀는 주라쿠테이에 머물러 살았다. 1590년 1월 14일 아사히히메가 주라쿠테이에서 사망했다.

이에야스는 십수 명의 첩을 거느렸다. 그가 첩을 고르는 조건은 '강하고 능력 있는 자식을 많이 낳을 가능성이 있는 여성'이었다. 그래서인지 이에야스의 첩 중에는 미인이라고 알려진 여성이 없었다. 오히려 신분이 낮은 집안 출신이나 남편과 사별한 '건강하고 총명한' 여인이 많았다. 이에야스는 정력을 유지하며 장수하기 위해 끊임없이 노력했다. 약초원을 두고 스스로 정력제를 제조하여 복용할 정도였다.

쓰키야마도노의 시녀 오만お万이 이에야스의 눈에 들어 회임했다. 당시 오만의 나이는 27세였다. 그 사실을 안 쓰키야마도노가 한밤중에 오만을 발가벗겨 정원의 나무에 매달고 채찍으로 때렸다. 때마침 그곳을 지나던 혼다 시게쓰구本多重次가 오만을 구하여 농민의 집으로 데려가 지내게 했다. 이 무렵부터 오만이 코고노쓰보네小督局로 불렸다. 1574년 2월 코고노쓰보네가 쌍둥이 아들을 낳았으나 한 명은 죽고 한 명이 살아남았다. 그때 살아남은 아들이 한때 도요토미 히데요시의 양자가 되었던 차남 유키 히데야스結城秀康였다. 코고노쓰보네는 1619년에 72세의 나이로 사망했다.

이에야스의 두 번째 첩은 사이고노쓰보네西鄕局였다. 그녀는 이마가와 가문을 섬기던 무사 도쓰카 타다하루戶塚忠春(?~1554)의 딸로, 처음에 사이고 요시카쓰西鄕義勝(?~1571)와 혼인했으나 남편이 전사한 후 핫토리 마사나오服部正尙의 집에서 기숙하고 있었다. 그녀는 심한 근시안이었다. 이에야스가 매사냥을 나갔다가 마사나오의 집에 들렀을 때 그

1. 처첩과 자녀　285

녀를 처음 만나 하마마쓰성으로 데려왔다. 1576년 4월 에도 막부의 2대 쇼군將軍이 되는 셋째 아들 도쿠가와 히데타다, 다음 해 9월에 넷째 아들 마쓰다이라 타다요시를 낳았다. 1589년 5월에 사망했다.

시모야마노카타下山の方는 다케다 가문의 유신 아키야마 도라야스秋山虎康(?~1602)의 딸로, 동족 아나야마 노부타다穴山信君의 양녀가 되었다. 1582년 다케다 가문이 멸망하고 아나야마 노부타다가 노부나가에게 충성을 맹세할 때 이에야스의 첩이 되었다. 1580년에 이에야스의 3녀 후리히메振姬, 1583년에 이에야스의 다섯째 아들 노부요시信吉를 낳았다. 1591년 10월 24세의 젊은 나이에 사망했다.

차아노쓰보네茶阿局는 도토미遠江 가나야초金谷町(시즈오카현 시마다시) 대장장이 하치조八蔵의 처였는데, 하치조가 물꼬 싸움에 휘말려 다른 마을 사람에게 살해되었다. 과부가 되어 어린 딸을 데리고 살던 그녀는 미카와의 기라吉良 마을에서 매사냥하던 이에야스에게 죽은 남편 하치조의 원한을 풀어달라고 직소했다. 이에야스는 그녀를 하마마쓰성으로 데리고 와서 첩으로 삼았다. 1592년 1월 쌍둥이 아들을 낳았으나 한 명은 죽고 살아남은 다른 한 명이 여섯째 아들 마쓰다이라 타다테루였다. 1621년 6월 사망했다.

니시고오리노카타西郡の方는 다케다 가문의 유신 우도노 나가타다鵜殿長忠(?~1589)의 딸이었다. 1565년 11월 오카자키성에서 이에야스의 차녀 도쿠히메督姬를 낳았다. 1590년 이에야스가 에도에 입성할 때 따라갔다. 1606년 5월 교토의 후시미성에서 급사했다. 사인이 명확하지 않아서 이런저런 낭설이 시중에 퍼졌다. 이에야스가 교토의 혼젠지本禅寺(교토시 가미교쿠)에 그녀의 위패를 봉안했다.

아차노쓰보네阿茶局는 다케다 가문의 유신 이이다 나오마사飯田直政의 딸로, 이마가와 가문의 무사와 혼인하여 두 아들을 두었는데, 1577년 7월 남편이 전사하면서 과부가 되었다. 1577년 이에야스가 가이甲斐의 구로코마黒駒(야마나시현 후에후키시)로 출진했을 때 그녀를 하마마쓰성으로 데려와 잠자리 시중을 들게 했다. 당시 이에야스는 38세, 아차노쓰보네는 25세였다. 이에야스는 여러 첩 중에서 그녀를 가장 총애하고 신뢰했다. 2대 쇼군 히데타다와 3대 쇼군 이에미쓰도 그녀를 믿고 의지했다. 이에야스 사망 후 운코인雲光院을 칭했다. 1637년 83세를 일기로 세상을 떠났다.

오카메노카타お亀の方는 두 번이나 혼인한 전력이 있는 여성이었다. 처음에 다케코시 마사토키竹腰正時와 혼인하여 아들 다케코시 마사노

부竹腰正信(1591~1645)를 낳았다. 마사토키와 사별한 후 도요토미 히데
요시의 가신 이시카와 미쓰모토石川光元의 첩이 되어 아들 이시카와 미
쓰타다石川光忠(1594~1628)를 낳았다. 1594년 이에야스가 그녀를 미쓰
모토와 헤어지게 한 다음 첩으로 삼았다. 당시 이에야스는 53세, 오카
메노카타는 22세였다. 그녀가 임신하자 이에야스는 이와시미즈하치
만궁岩淸水八幡宮의 신관을 그녀의 양부로 삼았다. 1595년 7월 아들 센
치요仙千代를 낳았으나 6세 때 요절했다. 1600년 10월 후시미성에서
아홉째 아들 요시나오義直를 낳았다. 1642년 9월 나고야성에서 74세
를 일기로 세상을 떠났다.

가게야마도노蔭山殿는 오타키성大多喜城(지바현 이즈미군) 성주 마사키
요리타다正木賴忠(1551~1622)의 딸이라고 전해진다. 요리타다는 1590
년 도요토미 히데요시의 오다와라 정벌 때 호조 가문의 편을 들었다.
호조 가문이 멸망하자 영지가 몰수되었다. 요리타다와 헤어진 가게야
마도노의 모친은 딸을 데리고 이즈伊豆로 도망했다. 1594년 이즈 지역
을 순시하던 이에야스가 그녀를 첩으로 삼았다. 당시 이에야스는 53
세, 가게야마도노는 18세였다. 이에야스는 가게야마도노를 총애했다.
1602년 3월 후시미성에서 열째 아들 요리노부賴宣를 낳고, 다음 해 8
월에 열한째 아들 요리후사賴房를 낳았다. 에도의 기이번紀伊藩 저택에

서 67세를 일기로 세상을 떠났다.

　오카치노카타お可知の方는 여러 첩 중에서 이에야스가 사망할 때까지 총애한 여인이었다. 그녀는 미토성水戶城 성주 에도 시게미치江戶重通 (1556~98)의 딸이었다. 이에야스는 1590년부터 그녀를 침실에서 시중 들게 했다. 당시 이에야스는 49세, 오카치노카타는 13살이었다. 1607년 1월 에도성에서 딸 이치히메市姬를 낳았다. 그러나 이치히메는 겨우 4살 때 요절했다. 이에야스는 오카치노카타를 위로하기 위해 열한째 아들 요리후사를 그녀의 양자로 삼았다. 1614년 겨울 오사카의 전투 때 말을 타고 이에야스를 따랐다. 1642년 8월 56세를 일기로 세상을 떠났다.

　이에야스는 오카치노카타의 시녀 오로쿠お六라는 소녀도 총애했다. 그녀는 이에야스가 사망했을 때 20살이었다. 오로쿠는 1625년 3월 닛코도쇼구에 참배할 때 신전에서 급사했다. 1600년을 전후로 하여 이에야스는 어린 오나쓰お奈津와 오우메お梅를 잇달아 첩으로 삼았다. 1600년 이에야스는 15살 난 첩 오우메를 당시 36세였던 중신 혼다 마사스미에게 '하사'했다. 그밖에 이에야스는 다케다 가문을 섬기던 무사의 딸 고차노쓰보네胡茶局와 오하시노쓰보네大橋局, 가이甲斐에서 데

1. 처첩과 자녀　289

려온 소녀 오무스노카타お牟須の方, 오타케노카타お竹の方, 오젠노카타お
仙の方 등을 첩으로 삼았다.

장남 마쓰다이라 노부야스松平信康(1559~79)의 생모는 築山殿. 슨푸
에서 태어났다. 1567년 5월 아홉 살 때 동갑내기 오다 노부나가의 딸
도쿠히메德姬와 혼인했다. 1570년에 오카자키성 성주가 되었고, 1573
년에 처음으로 전투에 나아갔다. 노부야스와 도쿠히메는 금실이 좋았
는데, 쓰키야마도노가 노부야스에게 다른 여자를 가까이하라고 권했
다. 마음이 상한 도쿠히메는 부친 노부나가에게 노부야스 모자가 다케
다 가문과 내통하고 있다는 서신을 보냈다. 1579년 8월 노부나가는 이
에야스에게 노부야스를 죽이라고 명령했다. 9월 15일 노부야스가 할
복 형식으로 처형되었다.

차남 유키 히데야스結城秀康(1574~1607)의 생모는 小督局. 1584년 12
월 이에야스가 히데야스를 도요토미 히데요시에게 양자 형식의 인질
로 보냈다. 1587년 5월 14살이 된 히데야스는 규슈 정벌에 참전하여
처음으로 전투를 경험했다. 1590년 8월 히데요시의 명령에 따라 유키
성結城城(이바라키현 유키시) 성주 유키 하루토모結城晴朝(1534~1614)의 양
자가 되었다. 세키가하라 전투에서 대승한 이에야스는 유키 히데야스

를 에치젠越前(후쿠이현) 68만 석의 다이묘로 임명했다. 1607년 윤4월 34세의 나이로 병사했다.

셋째 아들 도쿠가와 히데타다德川秀忠(1579~1632)의 생모는 西郷局. 1590년 1월 오다와라 정벌 때 인질로 상경하여 도요토미 히데요시를 알현했다. 1월 15일 히데요시의 이름 중 '秀'자를 물려받았다. 1595년 9월 히데요시는 애첩 요도도노의 여동생 오고お江를 히데타다와 혼인시켰다. 오고는 처음에 사지 가즈나리佐治一成(?~1634)와 혼인했으나 이혼하고, 다음에 히데요시의 조카 도요토미 히데카쓰豊臣秀勝(1569~92)와 재혼했다. 히데카쓰가 조선 침략 중에 병사하자, 히데요시가 오고를 양녀로 삼은 후 히데타다와 혼인시켰다. 히데타다와 혼인 후 스겐인崇源院으로 불린 오고는 히데타다보다 6살 연상이었다. 1605년 4월 히데타다가 부친 이에야스의 뒤를 이어 에도 막부의 2대 쇼군에 취임했다. 1623년 6월 쇼군의 지위를 아들 이에미쓰家光에게 물려주었다. 1632년 1월 54세를 일기로 세상을 떠났다.

넷째 아들 마쓰다이라 타다요시松平忠吉(1580~1607)의 생모는 西郷局. 2대 쇼군 히데타다의 동복동생이다. 1592년 이에야스는 12살 난 타다요시를 무사시武蔵의 오시성忍城 성주 10만 석의 다이묘로 임명했다.

세키가하라 전투 후인 1600년 11월 오와리 및 미노의 52만 석을 영유하는 다이묘가 되었지만, 1604년에 병이 들어 1607년 4월에 사망했다. 향년 28세였다.

다섯째 아들 마쓰다이라 노부요시松平信吉(1583~1603)의 생모는 下山の方. 1590년 2월 이에야스는 7살 난 노부요시를 시모사下総의 고가네성小金城(지바현 마쓰도시) 3만 석의 다이묘로 임명했다. 1592년에 사쿠라佐倉(지바현 사쿠라시) 5만 석이 가증되었다. 그 후 히타치常陸의 미토水戸 15만 석의 다이묘가 되었다. 태어날 때부터 병이 잦았던 노부요시는 1603년 9월 21세의 젊은 나이에 사망했다.

여섯째 아들 마쓰다이라 타다테루松平忠輝(1592~1683)의 생모는 茶阿局. 1598년 다테 마사무네의 딸과 혼약했다. 1602년 12월에 사쿠라佐倉 5만 석, 다음 해 2월에 시나노信濃 마쓰시로松城(나가노현 나가노시) 12만 석이 가증되었다. 1606년 11월 이미 혼약했던 마사무네의 장녀와 정식으로 혼인했다. 1616년 4월 죽음이 임박한 이에야스는 쇼군 히데타다와 요시나오·요리노부·요리후사를 불렀으나 타다테루의 면회를 허락하지 않았다. 이에야스 사망 후 쇼군 히데타다는 타다테루의 영지를 몰수하고 유배형에 처했다. 1683년 7월 시나노의 가미스와上諏訪

(나가노현 스와시)에서 사망했다. 향년 93세였다.

일곱째 아들 마쓰다이라 마쓰치요松平松千代(1594~99)의 생모는 茶阿局. 1599년 1월 여섯 살 때 요절했다. 여섯째 아들 타다테루의 동복형제.

여덟째 아들 마쓰다이라 센치요松平仙千代(1595~1600)의 생모는 お亀の方. 아홉째 아들 요시나오의 동복형제. 6살 때 요절했다.

아홉째 아들 도쿠가와 요시나오德川義直(1601~50)의 생모는 お亀の方. 1607년 4월 6살 때 요절한 형 마쓰다이라 타다요시의 영지를 더하여 오와리尾張(아이치현 서부) 53만9,000여 석의 다이묘가 되었다. 그러나 당시 나이가 어린 요시나오 대신 이에야스의 중신이며 이누야마성犬山城(아이치현 이누야마시) 성주였던 히라이와 지카요시平岩親吉(1542~1612)가 오와리를 지배했고, 요시나오는 이에야스가 사망한 후에 오와리에 입국했다. 이에야스의 열째 아들 요리노부, 열한째 아들 요리후사와 함께 고산케御三家의 시조가 되었다. 1650년 5월 51세를 일기로 세상을 떠났다.

열째 아들 도쿠가와 요리노부德川賴宣(1602~71)의 생모는 蔭山殿. 1603년 2살 때 마쓰다이라 노부요시의 영지를 물려받아 미토水戶 20만 석의 다이묘가 되었다. 그러나 나이 어린 요리노부는 미토로 부임하지 않고 슨푸의 이에야스 처소에서 성장했다. 1609년 구마모토熊本 다이묘 가토 기요마사의 딸과 혼약한 후 1617년 2월에 정식으로 혼인했다. 1619년 7월 기이紀伊 와카야마和歌山(와카야마현) 55만5,000석의 다이묘로 전봉하면서 기이 도쿠가와 가문의 시조가 되었다. 1671년 1월에 사망했다. 향년 70세.

열한째 아들 도쿠가와 요리후사德川賴房(1603~61)의 생모는 蔭山殿. 이에야스가 62세 때 태어났다. 이에야스가 특히 총애했던 아들이었다. 1606년 9월 이에야스는 3살 난 요리후사를 히타치常陸 10만 석 다이묘로 임명했고 이어서 1609년 12월에 미토水戶 25만 석 영지를 가증했다. 그러나 나이가 어린 요리후사는 영지에 부임하지 않고 슨푸의 이에야스 곁에서 성장하다가 1619년 10월 17살이 되어서야 비로소 영지에 부임했다. 1661년 7월 59세의 나이로 세상을 떠났다.

장녀 가메히메龜姬(1560~1625)의 생모는 築山殿. 1576년 17세 때 미카와三河 신시로성新城城 성주 오쿠다이라 노부마사奧平信昌와 혼인했다.

남편이 61세로 사망한 후 출가하여 세이토쿠인盛德院을 칭했다. 1625년 5월 66세의 나이로 사망했다.

차녀 도쿠히메督姬(1565~1615)의 생모는 西郡局. 1583년에 19세 때 호조 우지나오北条氏直와 혼인했다. 1591년 우지나오가 사망한 후 1594년 9월 도요토미 히데요시의 중매로 이케다 데루마사와 재혼했다. 1615년 51세의 나이로 사망했다.

셋째 딸 후리히메振姬(1580~1617)의 생모는 下山の方. 1595년 2월 16세 때 가모 히데유키蒲生秀行와 혼인했다. 1616년 히데유키가 30세의 젊은 나이로 병사한 후 아사노 나가아키라淺野長晟와 재혼했으나 다음 해 38세의 나이로 사망했다.

넷째 딸 마쓰히메松姬(1595~1598)의 생모는 호조 가문의 가신 마미야 야스토시間宮康俊의 딸 후쇼인普照院 또는 호지 우지야스의 양녀 에이쇼인英勝院의 딸이라고 전한다. 3세 때 사망.

다섯째 딸 이치히메市姬(1607~1610)의 생모는 蔭山殿. 3세 때 사망.

1. 처첩과 자녀 295

## CHAPTER2. 가신과 군단

　도쿠가와 이에야스의 군단편성 과정을 시기별로 구분하면 다음과 같다. 제1기 오다 노부나가와 동맹을 맺고 활약했던 시기, 제2기 5개 구니國를 영유했던 시기, 제3기 에도성을 본거지로 하며 간토 지방을 지배했던 시기, 제4기 1600년 9월 세키가하라關ヶ原 전투 이후의 시기 등이다.

　(1) 1560년 5월 오케하자마桶狹間 전투에서 이마가와 요시모토가 전

사하면서 도쿠가와 이에야스의 운명이 바뀌었다. 마쓰다이라 가문이 지배하던 미카와三河 지역은 사실상 이마가와 가문의 식민지였는데, 요시모토 전사 후에 그동안 이마가와 가문에 인질로 잡혔던 마쓰다이라 모토노부(도쿠가와 이에야스)가 고향 오카자키성으로 돌아왔다. 그러나 아직 힘이 미약하여 독자적으로 미카와를 다스리기 어려웠던 이에야스는 오다 노부나가와 동맹을 맺고 이마가와 가문에서 독립했다. 그러나 이에야스에게 시련이 닥쳤다. 1563년 9월 서부 미카와 지역 호족들과 연대한 잇코잇키 세력이 봉기했다. 이에야스의 가신 중에 봉기에 가담한 자들이 많았다. 1564년 2월 이에야스가 가까스로 반란 세력을 진압했다. 서부 미카와를 평정한 이에야스는 여세를 몰아 동부 미카와도 제압했다.

이 무렵에 활약한 이에야스의 가신 중에 마쓰다이라씨 일족을 제외한 중요 인물은 다음과 같다. 사카이 타다쓰구酒井忠次, 이시카와 가즈마사石川数正, 혼다 타다카쓰本多忠勝, 사카키바라 야스마사榊原康政, 오쿠보 타다요大久保忠世, 도리이 모토타다鳥居元忠, 우에무라 이에사다植村家存, 요네키쓰 쓰네하루米津常春, 고리키 기요나가高力清長, 혼다 시게쓰구本多重次, 우에무라 마사카쓰植村正勝, 오쿠보 타다스케大久保忠佐, 오오카 쓰케무네大岡助宗, 하치야 사다쓰구蜂屋貞次 등

(2) 1586년 2월 다케다 신겐과 이에야스가 이마가와 가문의 영지를 동시에 침략하자고 협약했다. 다케다 신겐은 스루가駿河, 이에야스는 도토미遠江를 손에 넣었다. 그러자 예부터 이마가와 가문을 섬기던 도토미의 호족으로, 오늘날 시즈오카현 하마마쓰시 지역의 호리에성堀江城에 본거지를 둔 오사와大沢, 즈다지성頭陀寺城에 본거지를 둔 마쓰시타松下, 이누이성犬居城에 본거지를 둔 아마노天野 등의 가문, 오늘날 시즈오카현 이와타시 지역의 사기사카성匂坂城에 본거지를 둔 사기사카 가문, 오늘날 시즈오카현 시즈오카시 지역의 구노성久能城에 본거지를 둔 구노 가문, 오늘날 시즈오카현 가케가와시 지역의 다카텐진성高天神城에 본거지를 둔 오가사와라小笠原 가문 등이 잇달아 이에야스에게 복속했다. 이에야스의 가신이 두 배로 불어났다. 이에야스는 미카와·도토미 지역에서 8,000여 명을 동원할 수 있는 다이묘가 되었다. 이에야스가 본거지를 하마마쓰성浜松城으로 옮겼다.

이 무렵부터 다케다 신겐이 이에야스를 공격했다. 이에야스의 가신들이 다케다 신겐의 침공을 막아내기 위해 사력을 다했지만, 1572년 12월 미카타가하라 전투에서 다케다군에게 대패했다. 1575년경에 이에야스가 훗날 도쿠가와 가문의 사천왕四天王 중 한 사람으로 불렸던 이이 나오마사井伊直政를 발탁했다. 나오마사는 대대로 마쓰다이라 가문을 섬기던 미카와 출신 후다이譜代가 아니라 이마가와 가문을 섬기다가 이에야스에게 복속한 신참이었다. 하지만 능력이 출중한 나오마사는 혼다 타다카쓰·사카키바라 야스마사에 버금가는 중신이 되었다. 1582년 3월 다케다 가문이 멸망했다. 그해 6월에 오다 노부나가가 암살되었다. 이 무렵 이에야스의 가신단 구조가 변화했다.

다케다 가문을 멸망시킨 오다 노부나가는 스루가駿河를 이에야스의 영지로 주었다. 이에야스는 스루가 지역의 다케다 가문 유신들을 가신단에 편입시켰다. 노부나가 사망 후 이에야스는 가이甲斐·시나노信濃를 손에 넣었다. 이에야스는 미카와·도토미·스루가·가이·시나노 5개 구니國를 다스리는 다이묘가 되었다. 그런데 1585년 11월 이시카와 가즈마사가 도망하여 도요토미 히데요시의 가신이 되었다. 가즈마사는 사카이 타다쓰구에 버금가는 중신이었다. 히데요시가 이에야스의 군사기밀을 모두 알게 되었다. 이에야스는 결단을 내렸다. 미카와 시대 이래의 군제를 버리고 다케다 가문의 군제를 채택했다.

이에야스가 미카와·도토미의 다이묘에서 다케다 가문의 영지를 모두 차지하고 5개 구니의 다이묘로 성장하는 과정에 등장하는 중요 인물은 다음과 같다. 혼다 야스시게本多康重, 사카이 시게타다酒井重忠, 오쿠보 나가야스大久保長安, 혼다 마사노부本多正信, 오쿠보 타다야스大久保忠泰, 나루세 마사카즈成瀨正一, 다카기 히로마사高木広正, 아베 마사카쓰阿部正勝, 이나 타다쓰구伊奈忠次, 아마노 야스카게天野康景, 오구리 요시타다小栗吉忠, 사카이 미치타다酒井道忠, 나이토 이에나가內藤家長, 도리이 타다히로鳥居忠広, 와타나베 모리쓰나渡辺守綱, 히라이와 지카요시平岩親吉, 핫토리 마사나리服部正成, 마쓰다이라 야스타다松平康忠, 혼다 시게쓰구, 이이 나오마사, 스가누마 사다토시菅沼定利, 시바타 야스타다柴田康忠, 아시다 노부모리芦田信守, 오스가 야스타카大須賀康高, 구노 무네요시久能宗能, 미야케 야스사다三宅康貞, 나이토 노부나리內藤信成, 마쓰다이라 기요무네松平清宗, 마키노 야스나리牧野康成, 마쓰다이라 야스시게松平康重, 다카기 기요히데高木清秀 등

(3) 1586년 10월 이에야스가 상경하여 도요토미 히데요시에게 복종할 것을 서약했다. 그 후 이에야스는 히데요시의 천하통일 사업에 협력했다. 1589년 11월 히데요시가 호조 우지마사·우지나오 부자에게 선전을 포고하고 이에야스에게 선봉을 명했다. 이에야스는 3만여 명의 군사를 이끌고 오다와라 정벌에 참전했다. 도요토미군의 공격을 견디지 못한 호조 가문은 1590년 7월에 멸망했다. 히데요시는 이에야스에게 호조 가문이 지배하던 간토 지방으로 영지를 옮기라고 명령했다.

히데요시는 이에야스에게 간토 지방의 무사시·이즈·사가미·가즈사·시모사·고즈케 6개 구니國를 다스리도록 했다.

이에야스는 오다와라성에서 곧장 에도로 입성했다. 1590년 8월 15일 이에야스가 가신들에게 간토 지방의 영지를 나누어주었다. 이이 나오마사가 고즈케의 미노와箕輪 12만 석, 혼다 타다카쓰는 가즈사 오타키大多喜 10만 석, 사카키바라 야스마사는 고즈케 다테바야시館林 10만 석의 영주가 되었다. 도쿠가와 가문 사천왕 중에서 가장 나이가 많았던 사카이 타다쓰구가 1588년 10월에 당주의 지위를 장남 사카이 이에쓰구酒井家次에게 물려주었는데, 이에야스는 이에쓰구에게 시모사 우스이臼井 3만 석의 영지를 주었다. 이에야스가 간토 지방을 다스리면서 40여 명의 가신이 1만 석 이상의 영지를 보유하게 되었다.

이에야스가 간토 지방의 다이묘가 되면서 행정 관료가 두각을 나타냈다. 이미 미카와 시대부터 이나 타다쓰구, 아마노 야스카게, 오구리 요시타다 등과 같은 유능한 행정 관료들이 활약했지만, 이에야스가 에도성으로 본거지를 옮긴 후에 오쿠보 나가야스, 혼다 마사노부, 히코사카 모토마사彦坂元正, 도이 도시카쓰土井利勝, 가토 마사쓰구加藤正次, 안도 시게노부安藤重信, 아오야마 타다나리青山忠成, 나이토 마사나리内藤正

成 등이 행정 관료로서 능력을 발휘했다. 이들의 역할은 일선에서 전투하는 무공파와 달랐다. 이에야스가 영국을 안정적으로 지배하는 것에 무게를 두었다는 것을 알 수 있다.

(4) 세키가하라 전투 후 이에야스는 서군 편에 섰던 90여 명의 다이묘가 보유했던 영지를 몰수하거나 감봉했다. 이에야스는 빼앗은 632만4,000여 석의 영지를 다시 분배했다. 이에야스는 빼앗은 영지의 상당 부분을 자신의 직할령으로 편입시켰다. 그 다음에는 동군 편에서 공을 세운 도자마다이묘와 대를 이어 이에야스를 섬긴 가신들에게 나누어주었다. 이때 생산량 1만 석 이상을 보유한 후다이다이묘 40여 가문이 창출되었다. 후다이다이묘는 도쿠가와 정권의 핵심 무력이 되었다.

도쿠가와 이에야스가 1560년 5월 오케하자마 전투 후 미카와의 오카자키성으로 돌아왔을 때부터 1600년 9월 세키가하라 전투에서 승리할 때까지 가신단이 끊임없이 팽창되었다. 영지가 확대됨에 따라 이마가와 가문을 섬기던 무사, 다케다 가문을 섬기던 무사들이 차례로 이에야스의 가신으로 편입되었다. 도토미·스루가·가이·시나노 지역의 무사들이 이에야스의 가신이 되었지만, 그중에서 이에야스의 핵심 측근이 된 것은 이마가와 가문의 가신 집안 출신으로 호우다祝田(시즈오카현 하마마쓰시 기타쿠)에서 태어난 이이 나오마사뿐이었다. 이에야스 가신단의 중심에는 언제나 미카와 출신 무사들이 포진하고 있었다. 여기에서는 16명의 신장神將으로 일컬어지는 인물만 소개하기로 하겠다. 참고로 16명의 신장 중에서 사카이 타다쓰구, 혼다 타다카쓰, 사카키바라 야스마사, 이이 나오마사 네 명이 사천왕으로 불렸다.

사카이 타다쓰구(1527~96) : 미카와 누카타군額田郡 출생. 이에야스의 부친 마쓰다이라 히로타다를 섬김. 23세 때 이에야스가 이마가와 가문의 인질로 갈 때 동행했다. 1560년 5월 오케하자마 전투 후 도쿠가와 가문의 家老가 되었다. 1564년 요시다성 전투 때 공을 세워 요시다성 성주가 된 후 동부 미카와 지역에 토착한 마쓰다이라씨 일족을 통제하는 임무를 맡았다. 1569년 이에야스가 도토미 지역을 침공할 때 다케다 가문과 교섭하는 일을 담당했다. 그 후 아네가와 전투, 미카타가하라 전투, 고마키·나가쿠테 전투 등에서 공을 세웠다. 1588년 10월 장남 이에쓰구家次에게 당주의 지위를 물려주었다. 1596년 10월 교토에서 사망했다. 향년 70세.

혼다 타다카쓰(1548~1610) : 미카와 누카타군 출신. 어릴 때부터 이에야스를 섬겼다. 1563년 9월 잇코잇키 봉기 때, 열렬한 잇코슈一向宗 신자였던 타다카쓰는 이에야스가 믿는 정토종으로 개종하며 이에야스 곁을 지켰다. 그 후 항상 이에야스를 호위하는 친위대 대장으로 활약했다. 1570년 아네가와 전투, 1572년 후타마타성 전투, 1575년 나가시노 전투, 1580년 다카텐진성 전투 등에서 공을 세웠다. 1582년 6월 혼노지의 변 때 이에야스는 혼다 타다카쓰를 비롯한 소수의 인원만 데리고 사카이에 있었다. 타다카쓰는 이에야스가 무사히 하마마쓰성으로 돌아오는 데 공을 세웠다. 이에야스가 에도에 입성한 후에 10만 석의 다이묘가 되었다. 1600년 9월 세키가하라 전투에서 큰 공을 세웠다. 1609년 아들 타다마사忠政에게 당주 지위를 물려주고 물러났다. 1610년 10월 사망했다. 향년 63세.

사카키바라 야스마사(1548~1606) : 미카와 가미노고上野鄉(아이치현 이누야마시) 출신. 13세 때부터 이에야스를 섬겼다. 1566년 19세 때 혼다 타다카쓰와 함께 친위대 지휘관으로 발탁되었다. 1572년 미카타가하라 전투, 1575년 나가시노 전투 때 다케다군의 공격을 막아내 이에야스를 지켰고, 1581년 다카텐진성 공략 때 선봉대를 지휘했다. 1582년 혼노지의 변 후 궁지에 몰린 이에야스를 호위하여 무사히 고향으로 돌아왔다. 1584년 고마키 · 나가쿠테 전투 때 도요토미군을 괴멸시켰다. 1586년 11월 이에야스가 히데요시를 알현하러 상경할 때 호위했다. 1590년 7월 오다와라 정벌 때 도쿠가와군의 선봉을 맡았다. 1599년경 이시다 미쓰나리石田三成의 이에야스 암살 음모를 저지했다. 1600년 9월 세키가하라 전투 때 이에야스의 아들 히데타다를 보좌했다. 1606년 5월 14일 사망했다. 향년 59세.

이이 나오마사(1561~1602) : 도토미 이이노야井伊谷(시즈오카현 하마마쓰시 키타쿠) 출신. 이마가와 가문의 가신 이이 나오치카井伊直親의 아들. 1575년부터 이에야스를 섬겼다. 1582년 6월 혼노지의 변 때 이에야스를 호위하여 무사히 귀환했다. 1583년 1월 이에야스의 양녀 하나花와 혼인했다. 1584년 고마키·나가쿠테 전투 때 무공을 세우며 두각을 나타냈다. 체구가 작고 얼굴이 소년처럼 어리게 보였으나 붉은 투구를 쓰고 전투에 나아가면 장창을 비껴들고 적진으로 치달았다. 적장들이 아카오니赤鬼 즉, 붉은 귀신이라고 부르며 두려워했다. 1590년 7월 오다와라 정벌 때 오다와라성 정문까지 진격한 유일한 장수였다. 에도로 입성한 후 이에야스가 나오마사에게 12만 석의 영지를 주었다. 가신 중에서 가장 지위가 높았다. 1600년 9월 세키가하라 전투 때 이에야스의 본진을 지휘했다. 논공행상으로 오미近江 사와야마佐和山(시가현 히코네시) 18만 석의 다이묘가 되었다. 1602년 2월 사와야마성에서 사망했다. 향년 42세.

요네키쓰 쓰네하루(1524~1612) : 미카와 헤키카이군 출신. 13세 때부터 이에야스를 시봉했다. 1560년 오케하자마 전투 전초전이라고 할 수 있는 마루네토리데丸根砦(아이치현 나고야시 미도리쿠) 전투에서 이에야스를 호위했다. 그 후 전투 때 이에야스를 호위하는 부대를 지휘했다. 이에야스의 미카와·잇코잇키 평정, 1564년 아카사카 전투 등에 종군했다. 생애 13번의 이치방야리一番槍 즉, 맨 먼저 적진으로 돌진하여 전단을 열었다. 몸의 73개소에 싸우다 입은 상처가 있었다. 1600년 세키가하라 전투 때 이에야스를 곁에서 호위했다. 비록 영지는 3,000석이었지만 이에야스의 신임이 두터웠다. 1612년에 에도에서 사망했다.

다카기 기요히데(1526~1610) : 미카와 헤키카이군 출신. 원래 오다 가문을 섬기면서 여러 전투에 종군했다. 1576년경에 오다 노부나가의 부장 사쿠마 노부모리佐久間信盛 부대에 편성되었다. 1580년 노부나가가 사쿠마 노부모리를 추방한 후 기요히데의 신상에 변동이 있었다. 1582년 6월 노부나가가 암살된 후 그해 10월 24일 도쿠가와 이에야스를 알현하고 주종관계를 맺었다. 이때 이에야스는 기요히데에게 1,000석의 영지를 주었다. 그 후 고마키·나가쿠테 전투, 오다와라 정벌에 종군했다. 1590년 8월 이에야스가 5,000석의 영지를 주었다. 1610년 7월에 사망했다.

나이토 마사나리(1528~1602) : 1543년 16세 때 아즈키자카小豆坂 전투에서 활을 쏘아 오다군을 격퇴시키는 공을 세웠다. 1563년 잇코잇키 세력과 싸울 때 명사수로 이름을 날렸다. 미카타가하라 전투 때는 장남의 전사 소식을 듣고도 싸움을 멈추지 않았다. 1590년 이에야스가 에도에 입성한 후 5,000석의 영지가 하사되었다. 1602년 4월에 사망했다. 향년 75세.

오쿠보 타다요(1532~94) : 미카와 가미와다上和田(아이치현 오카자키시) 출신. 1563년 잇코잇키 평정, 1572년 12월 미카타가하라 전투에 종군하여 공을 세웠다. 1575년 나가시노 전투에서 동생 타다스케忠佐와 함께 활약했다. 오다 노부나가로부터 대단한 무사라는 칭찬을 들었다. 같은 해 12월 이에야스가 타다요를 후타마타성 성주로 임명했다. 1582년 6월 혼노지의 변 후 이에야스가 가이·

시나노로 영지를 확장할 때 공을 세웠다. 1590년 7월 이에야스가 에도로 입성할 때 오다와라 4만5,000석의 다이묘가 되었다. 1594년에 63세의 나이로 세상을 떠났다.『미카와모노가타리三河物語』를 저술한 오쿠보 타다타카大久保忠教의 형이다.

오쿠보 타다스케(1537~1613) : 오쿠보 타다요의 동생. 1572년 히토코토자카一言坂 전투 때 혼다 타다카쓰와 함께 신가리殿 즉, 아군의 철수를 돕기 위해 적진에 남는 결사대 임무를 완수했다. 1575년 나가시노 전투, 1584년 고마키·나가쿠테 전투에서 공을 세웠다. 1600년 세키가하라 전투 때 도쿠가와 히데타다를 보좌했다. 1601년 이에야스가 타다스케를 스루가 누마즈沼津 2만 석의 다이묘에 봉했다. 아들이 2살 때 죽은 후에 여덟 째 동생 오쿠보 타다타카에게 당주의 지위를 물려주려고 했지만, 성격이 강직했던 타다타카가 고사했다. 1613년 9월 타다스케가 77세의 나이로 사망하면서 가문이 단절되었다.

하치야 사다쓰구(1539~64) : 미카와 무쓰나무라六名村(아이치현 오카자키시) 출신. 1560년 5월 이마가와 요시모토가 오와리를 침략할 때 이에야스를 따라 마루네토리데丸根砦를 공격했다. 오케하자마 전투 후 오다군의 공격을 물리치는 공을 세웠다. 1563년 잇코 잇키 봉기 때 잇코슈 신자였던 사다쓰구가 이에야스를 배반하고 잇코잇키 편에 서서 싸웠다. 1564년 잇코잇키 세력이 약화하자 오쿠보 타다마사大久保忠政의 중재로 이에야스에게 항복했다. 이에야스는 사다쓰구의 죄를 용서하고 다시 가신으로 삼았다. 1564년 6월 이에야스가 요시다성을 공격할 때 적진으로 돌진하다가 총탄에 맞아 부상했다. 그때의 상처가 도져 무쓰나무라에서 사망했다. 향년 26세.

도리이 모토타다(1539~1600) : 미카와 헤키카이군 출신. 도리이 타다요시鳥居忠吉의 셋째 아들. 1572년 부친이 사망하며 당주의 지위를 계승했다. 1570년 6월 아네가와 전투, 1572년 12월 미카타가하라 전투에 종군했다. 1575년 나가시노 전투 때 이시카와 가즈마사와 함께 뎃포대 앞에 방책을 설치했다. 1581년 다카텐진성 공략 때 공을 세웠다. 이에야스가 가이·시나노로 진출할 때 야무라성谷村城(야마나시현 쓰루시) 성주가 되었고, 그 후 독자적으로 군단을 거느리는 지휘관이 되었다. 이에야스가 에도로 입성한 후 시모사 야하기矢作(지바현 카토리시) 4만 석 영주가 되었다. 1600년 이에야스가 아이즈会津 정벌에 나설 때 후시미성을 지키다가 8월 1일 전사했다. 향년 62세. 이에야스는 모토타다의 아들 타다마사忠政를 야마가타山形(야마가타현) 24만 석의 다이묘로 임명했다.

도리이 타다히로(?~1573) : 미카와 헤키카이군 출신. 도리이 타다요시의 넷째 아들. 도리이 모토타다의 동생. 1563년 잇코잇키 봉기 때 이에야스에 반기를 들었으나, 잇코잇키 세력이 쇠퇴하자 이에야스에게 항복했다. 형 모토타다에 버금가는 맹장이었다. 1570년 6월 아네가와 전투 때 도쿠가와군의 선봉대를 이끌었다. 도쿠가와군이 미카타가하라 전투에서 대패하고 물러날 때 신가리殿 즉, 결사대를 이끌고 다케다군에 맞섰다. 이때 다케다군의 맹장 쓰치야 마사쓰구土屋昌続와 싸우다 전사했다.

와타나베 모리쓰나(1542~1620) : 미카와 누카타군 출신. 16세 때부터 동갑내기 이에야스를 섬겼다. 열렬한 잇코슈一向宗 신도였던 그는 1563년 잇키잇키 봉기 때 이에야스를 배반하고 잇코잇키 편에서 싸웠다. 잇코잇키 세력이 쇠퇴하자 이에야스에게 항복했다. 그 후 아네가와 전투, 미카타가하라 전투, 나가시노 전투, 고마키 · 나가쿠테 전투 등에서 큰 공을 세웠다. 1590년 이에야스가 에도에 입성한 후 3,000석의 영지가 하사되었고, 1600년에 1,000석이 가중되었다. 1608년 이에야스의 아홉째 아들로 오와리의 다이묘가 된 도쿠가와 요시나오의 家老가 되었다. 1616년 이에야스가 사망한 후 나고야성에서 요시나오를 보좌했다. 1620년 나고야에서 사망했다. 향년 79세.

히라이와 지카요시(1542~1611) : 미카와 누카타군 출신. 이에야스와 동갑내기. 이에야스가 인질로 슨푸로 끌려갈 때 동행하여 그곳에서 함께 생활했다. 이에야스의 장남 마쓰다이라 노부야스가 성년식을 올린 후에 노부야스를 보좌했다. 1579년 오다 노부나가가 이에야스에게 노부야스를 죽이라고 요구했을 때, 지카요시는 자신이 대신 죽겠다고 요청했으나 노부야스의 죽음을 막을 수 없었다. 지카요시는 칩거했다. 1582년 6월 혼노지의 변 후 이에야스가 가이 지역을 평정할 때 다케다 가문을 섬기던 무사들을 위무하는 공을 세웠다. 1590년 에도에 입성한 이에야스가 지카요시에게 우마야바시厩橋(도쿄토 다이토쿠) 3만3,000석 영지를 하사했다. 세키가하라 전투 후 고후甲府 6만3,000석의 다이묘가 되었고, 1607년에는 이누야마犬山(아이치현 이누야마시) 12만3,000석을 영유하며 오와리의 다이묘로 임명된 도쿠가와 요시나오를 보좌했다. 1611년 12월 나고야성에서 사망했다. 향년 70세.

핫토리 마사나리(1542~1596) : 미카와 이가伊賀(아이치현 오카자키시 이가초) 출신. 1557년 16세 때부터 이에야스를 섬겼다. 1563년 잇코잇키 평정, 1569년 가케가와성 전투, 1570년 아네가와 전투, 1572년 미카타가하라 전투 때 무공을 세웠다. 1582년 6월 혼노지의 변 후 사카이에 머물던 이에야스를 호위하여 무사히 고향으로 귀환했다. 이때 마사나리가 고향의 토호들을 동원하는 공을 세웠다. 7월 이에야스가 가이 지역으로 진출했을 때, 고향 이가의 병력을 이끌고 출진했다. 1583년 8월 이에야스는 마사나리에게 이가 병력을 이끌고 야무라성을 지키게 했다. 1584년 4월 고마키·나가쿠테 전투 때 이가 병력을 이끌고 도요토미군을 격퇴했다. 1590년 오다와라 정벌 때 뎃포대를 이끌고 종군했다. 1596년 11월 사망했다.

마쓰다이라 야스타다(1545~1618) : 도쿠가와 이에야스의 종형제. 1570년 아네가와 전투, 1575년 나가시노 전투에 종군했다. 이에야스의 장남 노부야스를 보필했는데, 1579년 노부야스가 자결한 후 칩거했다. 이에야스는 야스타다를 다시 불러 곁에 두었다. 1584년 고마키·나가쿠테 전투에 참전했다. 1588년에 아들 야스나오康直에게 당주의 지위를 물려주고 교토에서 살았다. 1618년 8

월 10일에 사망했다. 향년 73세.

# CHAPTER3. 인물과 사상

    도쿠가와 이에야스는 유소년 시절에 오다·이마가와 가문의 인질로 생활한 적이 있었다. 특히 이마가와 가문의 본거지 슨푸駿府(시즈오카현 시즈오카시 아오이쿠)에서 10여 년의 세월을 보냈다. 이에야스는 인고의 세월을 견디며 인내심을 배웠을 것이다. 이에야스는 말수가 적고 화를 내는 경우가 드물었지만, 그의 마음은 평온하지 않았다. 이에야스는 분노와 수치심을 가슴속 깊이 묻어두었다가 훗날 기회가 왔을 때 반드시 응징하는 성격이었다.

다음과 같은 일화가 전한다. 이에야스가 슨푸에서 인질 생활할 때 거주했던 집 옆에 이마가와 가문의 가신 하라미이시 모토야스孕石元泰의 저택이 있었다. 이에야스는 어릴 때부터 매사냥을 즐겼던 것 같다. 어린 이에야스의 매가 사냥감을 물고서 가끔 하라미이시의 저택 뜰에 내려앉았다. 그러면 어린 이에야스가 매와 사냥감을 주우러 모토야스의 저택으로 들어가지 않을 수 없었다. 그럴 때마다 모토야스가 짜증을 내며 말했다. "미카와의 어린놈 정말 보기도 싫다."

그로부터 이십여 년이 지난 1581년 3월 이에야스가 도토미의 다카텐진성을 공략했을 때 성안에 있던 하라미이시 모토야스가 포로로 잡혀 이에야스 앞에 끌려왔다. 이에야스가 말했다. "그대는 예전에 '미카와의 어린놈 정말 보기도 싫다'고 말한 적이 있었지 않나? 나도 그대의 얼굴이 정말 보기도 싫다. 그대는 아무것에도 쓸모가 없는 사내다. 한시라도 빨리 죽는 것이 좋을 것이다." 이에야스는 모토야스에게 할복을 명령했다.

앞에서 살펴보았듯이, 이에야스의 장남 노부야스의 처는 오다 노부나가의 딸이었다. 그녀는 부친 노부나가에게 노부야스와 쓰키야마도노가 다케다 가문과 내통했다고 보고했다. 노부나가는 이에야스에게 그 사건의 해명을 요구했다. 이에야스는 가신 사카이 타다쓰구를 노부나가에게 보냈다. 그때 타다쓰구는 쓰키야마도노와 노부야스에게 잘못이 없다고 적극적으로 변호하지 못했다. 노부나가는 이에야스에게 쓰키야마도노와 노부야스를 죽이라고 명령했다. 이에야스는 정실과 장남을 죽이지 않을 수 없었다. 훗날 사카이 타다쓰구가 이에야스에게 아들 이에쓰구에게 더 많은 영지를 하사해 달라고 청원했다. 그때 이에야스가 말했다. "그대도 아들이 사랑스러운가?"

이에야스는 엄정하고 냉정했다. 전국시대 무사는 전쟁터에서 적진으로 뛰어들어 이름을 날리는 것을 영예로 여겼다. 1578년 이에야스가 다카텐진성을 공략할 때 명령이 있을 때까지 공격하지 말라는 군령을 내렸다. 그런데 오스가 야스타카大須賀康高(1527~89)의 조카 야요시弥吉가 갑자기 홀로 다케다 가쓰요리의 본진으로 돌진했다. 도쿠가와군 진영에서 함성이 터졌다. 군령을 위반했어도 영예를 드날린 무사를 사면하는 것이 당시 무사 사회의 관습이었다. 그러나 이에야스는 군령을 어긴 야요시에게 할복을 명령했다.

다이도지 유잔大導寺友山(1639~1730)이 저술한 『스루가미야게駿河土産』에 다음과 같은 이야기가 실려있다. 슨푸성 성문은 해가 지면 닫게 되어 있었다. 어느 날 이에야스의 가신 무라코시 나오요시村越直吉가 사신으로 갔다가 돌아오니 문이 닫혀있었다. 나오요시가 성문을 두드리며 외쳤다. "사신으로 갔다가 돌아왔다. 문을 열어라." 그러나 문지기는 문을 열지 않았다. 그때 마침 그 옆을 지나던 안도 나오쓰구安藤直次가 함께 문을 두드리며 열라고 소리쳤다. 문을 지키던 무사가 말했다. "이 문은 예부터 해가 지면 사람이 통행할 수 없습니다. 규정을 위반할 수 없습니다." 훗날 그 소문을 들은 이에야스가 문을 지키던 무사를 포상했다.

 이에야스는 법도를 어긴 자를 용서하지 않았다. 1607년 12월 22일 슨푸성에서 화재가 일어났다. 화재는 순식간에 오오쿠大奧 즉, 이에야스의 처첩이 거주하는 건물로 번졌다. 이에야스의 처첩과 시녀들이 도망하느라 정신이 없었다. 혼란 중에 도망하다 밟혀 죽는 사람이 있을 정도였다. 그때 오오쿠로 달려가 여성들이 안전하게 피신할 수 있도록 도운 무사가 있었다. 이에야스의 처첩과 시녀들은 목숨을 구해준 그 무사에게 감사의 말을 전했다. 그러나 그 소식을 들은 이에야스가 차갑게 말했다. "남자의 출입이 금지된 오오쿠에 들어간 것은 있을 수 없는 일이다." 이에야스는 그 무사를 엄벌로 다스렸다.

『도쿠가와짓키德川実記』에 다음과 같은 이에야스의 말이 실려있다. "선조가 예부터 시행한 법을 섣불리 바꾸는 자에게 반드시 화가 미칠 것이다." 이에야스가 정치를 어떻게 생각하고 있었는지 알 수 있는 대목이다. 『부야쇼쿠단武野燭談』에 다음과 같은 이에야스의 말이 실려 있다.

예부터 시행하던 정도政道를 가벼이 여기는 것은, 신하는 물론 다이묘 가문이라고 해도, 삿된 마음을 품는 것이라는 것을 알아야 할 것이다. 예를 들면 (무로마치 막부를 세운) 아시카가 다카우지 이래 여러 대에 걸쳐서 쇼군이 시행한 정도를 호소카와細川·야마나山名 가문이 사리에 어긋나게 무너뜨렸기 때문에 아시카가 쇼군 가문이 유명무실하게 되었다. 나아가 일본 각지가 戰國이 되었고 군신 사이에 신의를 잃었다. 미요시 요시쓰구三好義継가 부친 때의 정도를 무너뜨리고 (막부의 13대 쇼군) 아시카가 요시테루足利義輝를 시해했고, 마쓰나가 히사히데松永久秀 역시 힘을 앞세워 주군인 미요시 가문의 당주를 살해했다.

이에야스는 선조가 시행하던 정치 방식을 바꾸는 것은 삿된 것일 뿐만이 아니라 가문이 멸망하는 지름길이라고 말하고 있다. 이에야스는 전국시대를 거치면서 형성된 하극상 풍조를 잠재우고, 무너진 정치 질서를 회복해야 한다는 위정자로서의 자각이 있었을 것이다. 이에야스는 정치·사회질서를 안정시키려면 무엇보다도 전국시대를 거치면서 무너진 주종제 원리와 가부장제 원리를 복원시켜야 한다고 생각했던 것 같다.

1590년 7월 도요토미 히데요시가 오다와라 정벌에 나섰다. 이에야스도 히데요시의 명령에 따라 오다와라 정벌에 참전했다. 이에야스는 오다와라성에서 농성하던 호조 가문이 멸망한 직후 가신들과 이야기하는 자리에서 다케다 가문을 다음과 같이 평가했다.

> 다케다 신겐은 우리 시대의 훌륭한 다이묘였는데, 자기 부친 노부토라를 추방한 업장이 자식에게 앙갚음 되어 (신겐의 아들인) 다케다 가쓰요리는 걸출한 지도자였지만 운이 기울게 되었다. (1582년 3월 오다 노부나가 군단이 시나노·가이 지역으로 진격하자) 대대로 다케다 가문의 은혜를 입은 가신들마저 배반하여 허무하게 멸망하게 된

것은 天道가 그 부친의 은혜를 생각하는 의리가 없음을 미워했기 때문이다.

다케다 신겐은 가신의 지지를 배경으로 포악하기로 악명이 높았던 부친 노부토라信虎를 추방하고 영국을 경영했다. 신겐은 인사의 귀재였을 뿐만이 아니라 전술·전략에 뛰어난 통솔자였다. 오다 노부나가도 다케다 신겐을 두려워할 만큼 강력한 군단을 이끌었다. 하지만 신겐은 노부나가와 결전하기 위해 상경하던 도중 병사했다. 신겐이 사망하면서 전설적인 다케다 군단이 힘을 잃었다. 신겐의 아들 가쓰요리가 가신단을 단합시키기 위해 노력했으나 결국 다케다 가문이 멸망했다. 이에야스는 다케다 가문의 비운을 다케다 신겐이 부친 노부토라를 추방하는 천도에 반하는 짓을 했기 때문이라고 보았다.

이에야스는 1614년 겨울과 다음 해 여름에 오사카성을 공격하여 도요토미 가문을 멸망시켰다. 숙원을 푼 이에야스는 도요토미 가문이 멸망한 이유를 천도 사상의 관점에서 설명한 적이 있었다. 히데요시는 미천한 신분임에도 불구하고 노부나가의 각별한 은혜를 입고 출세하여 일본 최고의 권력자가 되었다. 1582년 6월 오다 노부나가가 비참한 최후를 맞이한 후 히데요시는 동료 장수들을 차례로 제거하고 권력을 장악했다. 그리고 노부나가의 아들을 죽이거나 신하로 삼고, 노부나가의 딸과 손녀 여러 명을 첩으로 삼아 치욕스럽게 했다. 그 과정을 옆에서 지켜본 이에야스는 저간의 사정을 소상히 알고 있었다. 이에야스는 그중에서 히데요시가 노부나가의 셋째 아들 오다 노부타카織田信孝를 무자비하게 죽인 사건을 떠올리며 가신들에게 말했다.

두터운 은혜를 입고 예전의 주군 또는 그의 자손에게 도리에 어긋난 짓을 하는 것은 잠시는 그때의 권세 때문에 무사하다고 해도 자손 대에 이르러서는 반드시 그 응보가 있는 것이다. (중략) 이번 오사카에서 도요토미 히데요리가 자결한 것은 5월 8일이었지만, 도요토미 가문이 멸망한 것은 5월 7일이었다. 노마野間(아이치현 오치군)에서 오다 노부타카가 할복한 것도 5월 7일이었다. 이 얼마나 천도의 응징하는 이치가 두렵지 않은가?

이에야스는 다음과 같은 논리를 폈다. 도요토미 히데요시는 주종제의 원리를 위반했다. 천도에 벗어난 행위를 한 것이다. 그러한 자는 하늘이 내린 벌을 받는 것이다. 이에야스는 주종제의 원리는 모든 가치에

3. 인물과 사상 321

우선한다고 주장하고 싶었을 것이다. 에도 막부를 세운 후 그동안 수평 관계였던 다이묘들을 상하관계로 재편하는 일을 추진하던 이에야스가 주종제를 강조한 것은 당연한 일이었다. 물론 이에야스가 도요토미 히데요시가 천도를 위배했다는 점을 강조한 것은 바로 자신이 주군으로 섬겼던 도요토미 가문을 멸망시킨 것을 정당화하기 위한 것이었다.

『德川実記』에 다음과 같은 이에야스의 일화가 소개되어 있다. 하루는 이에야스가 측근들과 대담하고 있었다. 그때 측근 중 한 사람이 천하의 패권을 잡은 군주는 후세에 이름이 길이 남을 사업을 해야 한다고 말하며 도요토미 히데요시가 호코지方広寺에 대불을 조영한 것을 예로 들었다. 그러자 이에야스는 다음과 같이 말했다.

도요토미 히데요시는 그런 것에 관심을 기울였지만, 나 이에야스는 천하를 안정시켜 다스리고 몇 대가 지나도 기강과 풍속이 문란해지지 않을 방도를 항상 생각하고 있다. 이것이 대불을 여러 곳에 건립하는 것보다 중요한 일이 아니겠는가?

그러자 도쿠가와 이에야스의 깊은 뜻에 감복한 측근들이 얼굴을 붉히며 자리에서 물러났다고 한다. 이에야스의 태도는 다음과 같은 일화와 상통하는 면이 있다. 하루는 정토종 승려가 이에야스에게 불경을 강의하면서 다음과 같이 말했다. "천하 국가의 주인이 된 자는 다른 사람을 돌보지 않고 자기만 성불하기를 바라서는 안 됩니다." 이에야스가 모든 서민이 안심하고 생업에 종사할 수 있도록 하는 일, 오랫동안 풍속이 문란해지지 않을 방도를 찾는 일이 곧 '다른 사람을 돌보는'일일 것이다.

어느 날 이에야스가 측근들과 함께 가마쿠라 막부를 세운 미나모토노 요리토모의 인물과 정치에 대하여 대담했다. 이때 측근 한 사람이 요리토모가 막부를 세우는 데 공헌한 그의 동생 미나모토노 요시쓰네源義経를 비정하게 죽인 것은 도리가 아니라고 비판했다. 이에야스가 다른 사람은 어떻게 생각하느냐고 물었다. 모든 사람이 요리토모가 도리에 어긋난 행위를 했다는 의견에 동조했다. 그러자 이에야스가 아무리 형제간이라고 해도 정을 앞세워 주군의 지위를 침해할 때는 단호히 처벌해야 한다고 말했다. 이에야스는 '천하는 다스리는 자'와 그 형제의 관계는 가족관계가 아니라 주종관계라고 생각하고 있었다. 『徳川実記』에 다음과 같은 이에야스의 말이 실려있다.

(막부 쇼군의) 여러 형제는 근신하여 위를 공경하고 만사 사려 깊고 성실하게 처신해야 한다. 만약에 형제가 부친의 후광에 의지하여 도리에 어긋난 행동을 하는 것을 친족이니 할 수 없다고 그냥 둔다면 다른 다이묘들의 본보기밖에 되지 않는다. 친족에 구애되지 않고 옳고 그름을 분명히 하는 것이야말로 천하의 주인 된 자의 태도이다. 다른 형제가 오만하고, 사치스럽고, 도리에 어긋난 짓을 하면 유배형에 처해야 한다. 만약에 반역을 생각한다면 사형에 처해야 한다.

위 이야기는 이에야스가 에도 막부의 쇼군 가문을 염두에 두고 훈계한 것이다. 쇼군의 지위는 특별한 사유가 없는 한 장남이 상속하게 되어 있었으므로, 이에야스가 상정한 관계는 도쿠가와 가문의 당주이기도 한 쇼군과 차남의 관계를 의미하는 것이기도 했다. 이에야스는 자신의 여러 아들이 쇼군과 피를 나눈 형제라고 하여 동등하다고 생각하거나 방자하게 처신하면 극형에 처해서라도 상하관계를 엄정하게 유지해야 한다는 뜻을 분명하게 밝힌 것이다.

이에야스의 생각은 "사람들은 신분의 고하에 따라 대우하는 것 또한 다르다."는 원칙을 전제로 하고 있었다. 그리고 이에야스는 신분 질서를 어지럽히면 그것이 도리 즉, 모든 사람이 보편타당하다고 인식하는 것이라도 법도 즉, 권력이 제시한 질서를 저촉하는 것이라면 부정되어야 한다고 생각하고 있었다. 이에야스의 사상은 『德川実記』에 실려있는 다음과 같은 말과 태도에 잘 표현되어 있다.

어느 날 가신들이 모여 있을 때 이에야스가 물었다. "소송은 어떻게 재판하고 판결하는 것이 옳은가?" 가신들이 이구동성으로 대답했다. "모든 사람이 공정하게 재판하고 판결하는 것이 상책입니다." 이에야스가 말했다. "그렇게 하면 안 된다. 道理에 따라 이기게 하고 싶은 쪽을 이기게 하는 것이 옳은 것이다. 부자간의 소송이라면 아버지를 이기게 하는 것이 마땅한 것이다. 옳고 그름에 관계없이 아버지를 이기게 해야 한다. 군신 사이의 소송이라면 주군을 이기게 하는 것이 옳은 것이다."

이에야스가 생각하는 바람직한 소송이란 어느 한 편에 치우치지 않게 판결하는 것이 아니었다. 상식에 부합하건 그렇지 않건 간에 권력이 '이기게 하고 싶은 쪽'을 이기게 하는 것이 옳고 공정한 판결이었다.

권력자의 의지를 반영하여 제정한 법의 권위가 이理 즉, 세상 사람들이 상식적으로 옳다고 생각하는 관념보다 우선하는 것이었다.

이 대목에서 독자는 '非理法權天'이라는 일본 근세의 법관념을 떠올릴 것이다. 일본인 중에도 남북조 시대에 남조의 고다이고 천황後醍醐天皇(1288~1339)을 섬기며 무로마치 막부室町幕府에 맞섰던 구스노키 마사시게楠木正成(?~1336)가 '非理法權天'이라고 써진 깃발을 앞세우고 출진했다고 믿는 사람이 적지 않다. 하지만 이런 이야기는 에도 시대에 창작된 것이다. '非理法權天'은 에도 시대 초기에 성립된 법관념이었다. 그렇다면 그것은 무슨 뜻이었을까? 에도 시대 중기의 무사 이세 사다타케伊勢貞丈(1718~84)가 저술한 『사다타케카쿤貞丈家訓』에 다음과 같은 내용이 있다.

> 非는 無理를 일컫는 것이다. 理는 道理를 일컫는 것이다. 法은 法式을 일컫는 것이다. 權은 권위權威를 일컫는 것이다. 天은 天道를 일컫는 것이다. 非는 理보다 열위劣位에 있고, 理는 法보다 열위에 있고, 法은 權보다 열위에 있고, 權은 天보다 열위에 있다.

필자는 '非理法權天'은 즉, 무리는 도리를 이길 수 없고, 도리는 법식을 이길 수 없고, 법식은 권력을 이길 수 없고, 권력은 천도를 이길 수 없다는 네 개의 문장을 압축한 것으로 이해하고 있는데, 여기에서 앞에서 살펴본 '재판에 관한 이에야스의 사상'으로 되돌아가서 '法'과 '理'의 관계에 초점을 맞춰 논의를 이어 나가보자.

 '理'는 '非'의 반대개념으로, 많은 사람이 옳다고 생각하는 것이었다. 근세 일본의 '法'은 율령과 같은 성문법도 아니고 자연법도 아니었다. 고대 일본 국가는 율령을 기본법전으로 삼았지만, 가마쿠라 막부가 성립하면서 율령이 사문화되었다. 그 대신에 모든 사람이 수긍하는 道理라는 자연법을 재판의 근본으로 삼았다. 그런데 전국시대를 거치면서 법은 권력이 임의로 정할 수 있는 것이고, 법은 도리보다 우선한다는 관념이 형성되었다. 전국시대 다이묘는 스스로 정한 법을 앞세워 권력을 지키려고 했다. 곤란한 사태를 수습하거나 강력한 처벌을 시행할 때 법도를 정당성의 근거로 내세웠다. 도쿠가와 이에야스는 전국시대의 마지막을 장식한 다이묘였다. 그가 도리보다 법도가 중요하다고 여긴 것은 어쩌면 당연한 일이었다.

 도리가 비리를 이기지 못하는 것은 당연한 이치이며 정연한 논리일 것이다. 그러나 한국인은 도리가 법식을 이기지 못한다는 논리에 전적으로 수긍할 수 없을 것이다. 조선 시대 사대부는 임금의 명령이라도 공자·맹자의 가르침이나 도리에 부합하지 않으면 받아들이지 않았다. 사대부에게 도리는 곧 정의였고, 그것은 세월이 지나도 변하지 않는 가치판단의 기준이었다. 사대부의 정신은 오늘날 한국인의 법관념 속에 여전히 살아 있을 것이다. 한국인에게 法은 理보다 우월하지 못한 가치이다. 그런데 문제는 理는 法을 이길 수 없다는 이에야스의 생각을 제대로 이해하지 못하면 일본·일본인·일본사회 또한 제대로 이해할 수 없다는 사실이다.

『도쿠가와세이켄햣카조德川成憲百箇條』에도 다음과 같은 내용이 있다. "법도는 도리를 부정할 수 있으나 도리는 법도를 부정할 수 없다." "유사시에 도리를 깨뜨릴 때 법도로써 할 수 있으나 법도를 깨뜨릴 때 도리로써 하지 말 것이다." 『德川成憲百箇條』는 에도 막부가 정한 법도와 다른 성격의 저작물이다. 일설에는 도쿠가와 이에야스가 자필로 작성하여 측근에게 남긴 저작이라고 하여 널리 유포되었으나 위서일 가능성이 있는 문서이다. 하지만 위서에서조차도 법도가 도리보다 우월하다는 사상이 강조되고 있다는 점에 주목할 필요가 있다. 에도 시대 사람들은 그러한 법관념을 당연한 것으로 받아들이고 있었다고 할 수 있다.

# CHAPTER4. 민정과 징세

일본 중세 무사들은 농촌에 토착했다. 일본 중세의 농촌 풍경은 양반이 농촌에 토착하며 일상적으로 하층 농민을 지배하던 조선의 그것과 유사했다고 할 수 있다. 다만 조선의 양반은 과거에 급제하여 위정자가 되기를 희망했던 '공부하는 자'였고, 일본 무사는 주군을 중심으로 단결하여 영지를 지키는 것을 집단의 목표로 했던 '싸우는 자'였다. 주군은 충성을 다하는 무사를 많이 거느릴수록 강한 무력을 보유할 수 있었고, 가신은 주군 가문의 보호가 없으면 존립할 수 없었다. 주군과 가신의 운명 공동체가 무사단이었다.

　15세기 중엽에 일본의 정치·사회가 격변하는 변동기에 접어들었다. 무로마치 막부는 공권력을 행사할 수 있는 권위와 권력을 상실했다. 그 후 16세기 중엽까지 100여 년 동안 일본 사회가 전쟁의 늪에 빠졌다. 다이묘들은 서로 싸워서 영지를 쟁취했다. 승리하지 않으면 무사단이 존립할 수 없었다. 기습전이 일상화되면서 다이묘는 언제라도 전투에 돌입할 수 있는 태세를 갖출 필요가 있었다. 이러한 시대를 배경으로 병농분리兵農分離 즉, 농촌에 토착하던 무사가 다이묘 거성 주변으로 이주하여 병영생활을 하게 되었다.

　도요토미 정권 때부터 농촌에 거주하는 사람은 모두 농민으로 분류되었다. 에도 시대 농민은 인구의 90퍼센트 이상을 차지했을 뿐만 아니라 자급자족 경제의 기반이었다. 막번권력幕藩權力 즉, 막부의 쇼군과 각 번의 다이묘는 농민이 경작지에서 이탈하는 것을 경계했다. 농민이 농촌에 정착하며 안정적으로 농업에 종사해야 연공年貢 즉, 조세를 확보할 수 있었다. 막부의 쇼군은 물론 다이묘도 재정 수입의 대부분이 조세였다. 조세가 확보되어야 가족과 친족의 생활비로 쓸 수 있었고, 가신에게 봉록을 줄 수 있었고, 군비를 확충하여 무력을 강화할 수 있었다.

도쿠가와 이에야스는 일찍부터 농정과 징세가 권력의 원천임을 알고 있었다. 이에야스는 이미 1590년 가을 에도에 입성하기 전부터 징세의 기본 자료가 되는 겐치檢地 즉, 토지조사를 시행했다. 1589년 7월부터 다음 해 2월에 걸쳐서 예부터 다스리던 미카와三河는 물론 새로 점령한 스루가駿河·도토미遠江·가이甲斐·시나노信濃의 농민을 대상으로 겐치 관련 법령을 발표했다. 그중에 연공은 반드시 규정에 정한 대로 납부해야 하며 만약 체납하면 처벌한다. 단, 태풍, 홍수, 가뭄 등 천재지변이 있었을 때는 작황을 조사하여 연공의 액수를 정한다는 내용이 포함되어 있었다. 연공은 쌀, 보리 등 현물로 납부하는 것이 원칙이었으나 화폐로 대신할 수도 있었다.

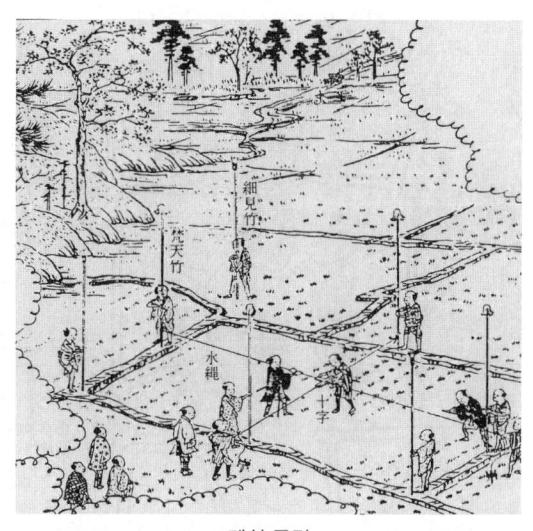

겐치 풍경

농민은 연공 이외에 부역의 부담을 지고 있었다. 부역은 농민을 토목 공사에 동원하거나 전쟁이 일어났을 때 역부로 징발하는 것이었다. 다이묘들은 조세보다도 농민의 노동력을 동원하는 부역을 중요시했다. 군역 규정에 따라 역부로 징발된 농민의 고통은 상상을 초월했다. 이에야스는 연공 액 200석 당 역부 1명과 말 1마리를 징발했다. 말이 없을 때는 말 1마리당 인부 2명을 제공하도록 했다. 이에야스는 촌락별로 역부에게 지급하는 식량과 말의 사료를 부담시켰다.

이에야스는 이나 타다쓰구伊奈忠次, 히코사카 모토마사彦坂元正 등과 같은 계산에 밝고 사무 능력이 뛰어난 가신을 부교奉行로 임명하여 대대적인 겐치를 시행했다. 연공과 부역의 기초 자료를 확보하기 위해서였다. 이전까지는 토지의 생산량을 통화단위인 간貫으로 헤아리는 간다카貫高 제도를 사용했는데, 겐치를 실시한 후에는 몇 가마니로 헤아리는 효다카俵高 제도로 변경되었다. 이때부터 이에야스가 가신에게 새로운 영지를 하사하거나 영지를 다른 지역으로 옮길 때 효다카가 영지의 넓이와 생산량을 표시하는 기준이 되었다. 참고로 당시 1가마니[俵]에는 벼 2말[斗]을 담았다. 효다카 제도가 도입되면서 연공 징수가 매우 수월해졌다. 효다카는 훗날 토지 생산량을 기준으로 지교다카知行高 즉, 영주가 보유한 경작지의 생산량을 고쿠다카石高로 표시하던 방식이 일반화될 때까지 사용하던 과도기적 기준이었다.

 이에야스는 대대적인 겐치를 시행하면서 상공업을 통제하는 정책도 추진했다. 전국시대 다이묘들은 상인의 경제력과 직인의 기술력을 영국의 지배와 전쟁에 이용했다. 그래서 다이묘들은 조카마치城下町에서 영업의 자유를 보장하고, 농민에게 부과하던 부역과 조세를 면제했다. 상공인들을 조카마치로 불러들이기 위해서였다. 이에야스는 조카마치에 쇼닌가시라商人頭와 쇼쿠닌가시라職人頭를 두어 그들이 각각 상인과 직인을 통제하도록 했다. 상인과 직인은 업종별로 정해진 구역에 거주하도록 했다. 상공인은 무사들의 생활용품이나 군수품을 조달하거나 생산하는 역할을 했다.

 이에야스의 부친 마쓰다이라 기요야스松平淸康는 일찍부터 상공인을 우대하는 정책을 펼쳤다. 이에야스는 부친 기요야스 시대의 상공인 우대 정책을 계승했다. 1570년 이에야스는 헤키카이군碧海郡(아이치현의 헤키난시·가리야시·안조시·지류시·다카하마시를 아우르는 지역) 북쪽에 개설한 시장의 조세를 면제했고, 이어서 1573년에는 일본에서 차 산지로 가장 유명했던 우지宇治(교토부 우지시) 출신의 가신 간바야시 마사시게上林政重(1550~1600)를 누카타군額田郡의 도로土呂(아이치현 오카자키시 후쿠오카초)에 개설한 새로운 시장의 다이칸代官으로 임명하여 차를 생산하고 유통하도록 했다. 당시 다이묘와 호상들은 다도에 심취해 있었다. 차는 매우 상품성이 있는 특산물이었다.

오늘날 시즈오카현 하마쓰시 나카쿠 덴마초伝馬町는 원래 주오초十王町로 불렸던 곳이었다. 간선 도로변에 있던 주오초에 숙역이 있었다. 이에야스는 주오초의 나누시名主 스케에몬助右衛門에게 마을에서 동원한 인부와 말을 이끌고 각지의 병영에 군량을 공급하도록 명령했는데, 이 무렵부터 주오초가 덴마초로 불리게 되었다. 말이 없는 마을에는 아루키야쿠步役 즉, 인부가 등에 짐을 지고 옮기는 부역이 부과되었다. 하마쓰에서는 사카나마치肴町(하마쓰시 나카쿠), 다마치田町(하마쓰시 나카쿠), 하타고마치旅籠町(하마쓰시 하타고마치) 3개소에 아루키야쿠를 부담하게 했다.

이에야스는 수공업자 통제에 힘을 기울였다. 하마쓰성 조카마치에는 염색을 전문으로 하는 곤야紺屋, 노송나무의 판자를 구부려 그릇을 만드는 히모노시檜物師, 기와를 제작하는 가와라시瓦師, 나무로 물통을 만드는 오케시桶師, 칠기를 제작하는 누시塗師, 바느질을 전문으로 하는 시다테모노시仕立物師, 대장장이 가지야鍛冶屋, 목수 다이쿠大工, 다타미를 제작하는 다타미시畳師, 목재를 다듬는 고비키木挽 등 여러 직인이 각각 가시라頭 즉, 직능별 두목의 통제하에 일하고 있었다. 직인들은 전쟁은 물론 성을 쌓고 진지를 구축할 때도 동원되었다. 이에야스는 조카마치의 직인뿐만 아니라 촌락에서 일하는 직인도 부역을 면제하는 대신에 전쟁이나 토목공사에 동원했다. 직인을 전쟁에 동원하면서 도쿠가와 군단의 전투력이 향상되었다.

세키가하라 전투 후 이에야스는 가신단과 도자마다이묘를 통제하는 법도를 제정함과 동시에 농민도 엄격하게 통제한다는 방침을 정했다. 1602년 12월 이에야스가 간토 지방에 영지를 보유한 하타모토旗本, 다이칸代官 그리고 농촌을 대상으로 각각 법령을 내렸는데, 거기에는 하타모토와 다이칸이 농민을 가혹하게 다루지 못하도록 규제함과 동시에 농민의 통제를 강화하는 내용이 포함되어 있었다.

이에야스는 하타모토·다이칸에게 다음과 같이 명령했다. "하타모토·다이칸이 불법을 저질러 지배지 농민이 경작지를 버리고 다른 곳으로 이주하는 경우 어떠한 경우라도 농민을 강제로 끌고 와서는 안 된다. 농민이 연공을 납부하지 않았어도 멋대로 처결하지 말고 도쿠가와 가문의 관리에게 보고한 후 관리의 입회하에 연공을 징수해야 한다.

농민을 살해하는 것을 금지한다. 농민이 불법을 저지르면 체포하여 관청에서 조사한 후 처결하도록 하라. 하타모토 · 다이칸이 자기 혼자만의 생각으로 농민을 살해하거나 옥에 가두어서도 안 된다."

이에야스는 농민에게 다음과 같이 명령했다. "하타모토 · 다이칸이 불법을 저질러 어쩔 수 없이 거주하던 곳에서 다른 곳으로 이주할 때는 반드시 연공을 납부해야 한다. 하타모토 · 다이칸의 비리를 도쿠가와 가문에 직소할 때는 (1) 그들에게 인질이 잡혀 어쩔 수 없는 경우, (2) 거주하던 곳을 떠나 다른 곳으로 이주할 각오를 했을 경우, (3) 다이칸이나 관청에 하타모토 · 다이칸의 불법을 몇 번이나 알렸으나 관청이 아무런 조치를 하지 않았을 때 직소를 허락한다. (4) 단, 다이칸이 불법을 자행하면 즉시 도쿠가와 가문에 직소하도록 해라. (5) 연공은 도쿠가와 이에야스님이 잘 알지 못하니 그것에 대하여 직소하는 것은 금지한다."

이에야스는 하타모토 · 다이칸이 농민을 자의적으로 지배하던 관행을 억제하고, 그들이 독자적으로 농민을 다스리던 영주재판권을 공권력으로 흡수하여 하타모토 · 다이칸의 권력을 약화하고, 농민에 대해서는 하타모토 · 다이칸에 대한 탄핵권을 제한적으로 보증했지만, 연공에 대해서는 어떤 경우에도 이의를 제기하지 못하도록 했다. 실제로 이에야스는 연공 징수 상황을 일일이 보고받았다. 그런데도 "연공은 도쿠가와 이에야스님이 잘 알지 못한다."는 이유를 들어 농민의 직소를 금지했다. 연공은 반드시 징수하겠다는 방침을 정한 것이다.

위 법령은 1603년 3월 에도 막부가 성립한 직후에 다시 간토 지방의 행정을 총괄하는 관리 나이토 기요나리內藤淸成(1555~1608)와 아오야마 타다나리靑山忠成(1551~1613)의 이름으로 공포되었다. 이 법령의 방침은 이에야스의 자손이나 후다이다이묘가 다스리던 지역의 법령에 하향적으로 적용되었다. 1603년 2월 이에야스는 11살 난 여섯 째 아들 마쓰다이라 타다테루松平忠輝를 시나노의 마쓰모토松本(나가노현 마쓰모토시) 12만 석 다이묘에 봉했다. 이때 이에야스는 오쿠보 나가야스大久保長安를 타다테루의 家老로 임명하며 말했다. "마쓰모토의 다이칸은 물론 하급 관리가 비리를 저지르면 기탄없이 나에게 직소하도록 하라."

이에야스는 농민을 빠짐없이 부역에 동원하고 연공을 확실하게 징수하기 위해 엄격한 겐치檢地를 시행했다. 이에야스는 먼저 직할령인 덴료天領에서 겐치를 시행했다. 덴료가 간토 지방 이외의 지역으로 확장하면서 이에야스는 이나 타다쓰구, 오쿠보 나가야스, 히코사카 모토

마사 등 농촌 사정에 밝은 경제관료를 등용하여 겐치 현장을 감독하도록 했다.

1602년 이에야스가 세키가하라 전투의 논공행상을 단행하며 히다치常陸를 다스리던 사타케佐竹 가문을 아키타秋田(아키타현 아키타시) 지역으로 전봉하고, 다섯째 아들 마쓰다이라 노부요시松平信吉(1583~1603)를 히타치의 미토水戶(이바라키현 미토시) 25만 석의 다이묘에 봉했다. 이때 이에야스는 이나 타다쓰구를 보내 겐치를 시행했다. 겐치는 매우 가혹했다. 예를 들면 다가군多賀郡(이바라키현 기타이바라키시 일대) 오쿠보무라大窪村는 1580년경에 697석이었던 마을 징세 기준액이 1602년에 겐치를 시행한 후 일약 1,380석으로 늘어났다. 이나 타다쓰구는 농촌 지역 뿐만 아니라 사원과 신사가 점유한 지역, 산림 지역에 대해서도 겐치를 가혹하게 시행했다.

1604년에는 무사시武蔵(도쿄토·사이타마현)·사가미相模(가나가와현)·에치고越後(니이가타현)·미카와三河(아이치현 동부)·도토미遠江(시즈오카현 서부) 지역에서 겐치가 시행되었다. 이 무렵 이에야스는 중세 이래의 자연부락이라고 할 수 있는 고鄕를 행정부락의 단위인 무라村로 나누어 무라다카村高 즉, 마을 단위의 징세 기준액을 정했다. 또 고쿠모리石盛

라고 하여 토지 등급별로 평균 수확률을 정하여 연공을 징수하기 편리하게 했다.

겐치의 결과는 마을 단위로 겐치초檢地帳라는 장부에 기록되었다. 겐치초에는 나우케닌名請人이 등록되었다. 나우케닌은 영주가 경작지의 보유를 인정하면서 연공 부담자로 겐치초에 이름이 등록된 농민을 말한다. 겐치초에는 농민의 신분 관계와 소작 관계도 상세하게 기록되었다. 어떤 겐치초에는 분즈케分付 즉, 기재된 농민의 이름 위에 '○○分'과 나우케닌의 이름이 기재되어 있었다. 이 경우 나우케닌은 분즈케누시分付主 '○○'와 예속 또는 소작 관계라는 것을 나타낸 것이었다.

16세기 말 일본의 농촌에는 여전히 다이묘의 친족이나 무사의 일족이 넓은 경작지를 보유하면서 직접 또는 간접으로 영농에 종사하고 있었다. 그들 중에는 게닌下人 즉, 조선의 노비와 같이 예속성이 강한 하인 또는 히칸被官 즉, 지주의 명령에 복종하는 신분이 낮은 농민을 거느리고 있는 자가 있었다. 그들은 무사 가문의 후예라는 자부심을 간직하고 있었다. 다이묘는 그들을 행정의 말단에 편입시켜 농민을 통제했고, 농민들 또한 그들을 마을의 지도자로 받들었다. 이에야스는 물론 여러 다이묘도 노예적 노동력을 이용한 직접 경영을 무너뜨리는 정책을 추진하지 않았다. 마을의 지도자를 앞세워 군역과 부역을 확보하고 연공을 징수할 필요가 있었기 때문이다.

1728년경에 다이도지 유잔大導寺友山이 저술한 도쿠가와 이에야스의 전기『오치보슈落穗集』에 따르면 이에야스의 징세 방침은 다음과 같았다. "농민이 죽지 않고 겨우 목숨을 부지할 수 있는 선에서 수취하도록 한다." 이에야스가 가장 신임했던 측근 혼다 마사노부本多正信가 저술했다고 전해지는『혼사로쿠本佐錄』에 다음과 같은 내용이 있다. "한 사람 한 사람 경작지의 경계를 명확하게 정하고, 그해의 비용과 필요한 식량을 남겨두고, 그 나머지를 연공으로 징수해야 한다. 농민은 재산이 남아서도 안 되고 부족해서도 안 되게끔 다스리는 것이 정치의 근본이다." 겐치를 시행하여 농민의 경작지를 확정하고, 그곳에서 생산하는 수확물 중에 농민과 그 가족이 필요한 최소한의 경비와 식비를 남겨두고, 나머지는 모두 연공으로 거두어들이는 완전 착취가 도쿠가와 이에야스의 방침이었다는 것을 알 수 있다.

연공年貢은 경작지와 주거지를 점유한 농민에게 부과하는 조세의 일종이었다. 연공은 혼토모노나리本途物成라고 일컬어지기도 했다. 겐치를 거쳐 경작지와 주거지의 고쿠다카石高가 확정되었고, 그 고쿠다카가 연공 부과의 기준이 되었다. 고쿠다카에 영주가 정한 세율을 곱하면 연공액이 확정되었다. 도요토미 정권 시대의 영주는 생산량의 약 3분의 2를 징수하고, 그 나머지 3분의 1을 농민의 몫으로 남겨두는 것이 일반적이었다. 에도 시대 초기에는 세율의 기준을 정하지 않아서 영주마다 다른 세율을 적용했다. 연공의 부과는 고쿠다카에 세율을 곱하여 부과하는 방법과 면적에 따라서 부과하는 방법이 있었다. 전자를 린도리厘取, 후자를 단도리反取라고 했다.

　린도리의 경우, 고쿠다카에 50퍼센트 세율을 적용하면 5公5民이라고 했다. 에도 막부의 직할령인 덴료天領의 연공은 처음에 6公4民이었으나 시간이 지나면서 점차로 세율을 낮추어 17세기 말경에 4公6民으로 정착되었다. 단도리의 경우, 1단反에 대한 연공의 액수를 정했다. 예를 들면 상급 답 1단의 연공이 쌀 8말이고, 중급 답의 그것이 쌀 6말이라고 정하여 징수하는 것이었다. 그러니까 단도리의 경우에는 고쿠다카가 의미가 없었고, 린도리의 경우에는 경작지 면적이 의미가 없었다.

　과세의 방법에는 검견법檢見法과 정면법定免法이 있었다. 전자는 매년 가을에 관리가 직접 경작 상태를 살펴보고 정해진 기준에 따라 세액을 산정하여 징수하는 방법이고, 후자는 과거 몇 년간 수확량을 평균한 다음에 세율을 정하여 징수하는 방법이었다. 연공은 쌀로 징수하는 것이 원칙이었다. 하지만 쌀 생산량이 적은 농민은 다른 곡식으로 납부할 수도 있었고 일부 또는 전부를 화폐로 납부할 수도 있었다.

검견법은 가장 이상적인 징수 방법이었으나 매년 일일이 조사하려면 엄청난 행정력이 요구되었다. 정확한 조사는 실제로 불가능했고 또 조사한다고 해도 부정이 개입될 소지가 있었다. 그래서 18세기 전반에도 막부의 직할령에서 정면법이 일괄 도입되었다. 정면법의 세율은 3년에서 5년에 한 번씩 개정하는 것이 원칙이었다. 세율은 부농·빈농을 구별하지 않고 일정하게 적용되었다. 그러자 농촌에서 정면법은 부농에게 유리하고 빈농에게 불리한 세법이라는 소문이 돌았다. 에도 막부는 천재지변으로 인한 흉작 시에는 검견법을 병행하여 농민의 불만을 잠재우려고 노력했다.

# CHAPTER5. 에도와 에도성

　1590년 7월 호조 가문의 멸망이 가까워졌을 때, 도요토미 히데요시가 도쿠가와 이에야스에게 호조 가문이 지배하던 간토 지방으로 전봉轉封 즉, 영지를 이전하는 방안을 제시했다. 이에야스는 히데요시의 제안을 받아들이지 않을 수 없었다. 일본 최고의 권력자 히데요시의 제안은 곧 명령이었다. 당시 이에야스는 도요토미 가문의 가신 신분이었다. 히데요시의 명령을 거부할 수 있는 처지가 아니었다.

전봉 소식을 들은 이에야스의 가신들이 경악했다. 특히 도요토미 히데요시가 이에야스를 간토 지방으로 전봉시키면서 마쓰다이라 가문이 대대로 다스리던 미카와三河(아이치현 동부)는 물론 근년에 이에야스가 쟁취한 스루가駿河 · 도토미遠江 · 가이甲斐 · 시나노信濃의 4개 구니国를 몰수한다는 소식을 들은 이에야스 가신단이 크게 동요했다. 하지만 이에야스는 가신들의 불만을 잠재우고 선조 대대로 살던 미카와를 떠나 낯선 간토 지방으로 향했다.

이에야스가 간토 지방을 다스리는 대영주가 되었다고 하지만 아와安房(지바현)는 사토미里見, 시모쓰케下野(도치기현)는 우쓰노미야宇都宮, 히타치常陸(이바라키현)는 사타케佐竹 가문이 각각 지배하고 있었다. 그래서 실제로 이에야스의 세력 범위는 무사시武蔵(도쿄와 사이타마현), 이즈伊豆(이즈 반도), 사가미相模(가나가와현), 가즈사上総(지바현), 시모사下総(지바현 · 이바라키현의 일부), 고즈케上野(군마현) 등의 6개 구니国였다.

1590년 8월 1일 이에야스가 간토 지방의 에도성을 접수했다. 8월 15일 이에야스는 부장들에게 간토 지방의 여러 지역을 분봉分封 즉, 영지를 나누어주었다. 그리고 에도의 조카마치城下町와 그곳에서 생업에 종사하는 상공인을 자치적으로 다스리는 마치도시요리町年寄를 정하고, 이타쿠라 가쓰시게板倉勝重를 에도의 행정을 총괄하는 에도마치부교江戶町奉行로 임명하는 등 본격적인 에도 경영에 착수했다.

이에야스는 영지를 간토 지방으로 옮기면서 농민과 무사의 유착관계를 근본적으로 차단하고 권력 기반을 다지는 정책을 시행했다. 먼저 가신단을 전략적으로 배치했다. 에도 주변의 무사시, 사가미 등의 지역에 직할령과 중·하급 가신들의 영지를 집중하여 배치했다. 혼다 타다카쓰, 이이 나오마사, 사카키바라 야스마사 등 1만 석 이상의 영지를 보유한 중신들을 간토 지방의 외곽에 배치하여 방어체계를 구축했다. 다른 다이묘들의 간토 지방 침략에 효과적으로 대처하기 위해서였다. 가신단의 통제도 강화되었다.

이에야스는 가신들에게 각기 영지에서 겐치檢地 즉, 토지조사를 시행하라고 명령했다. 겐치의 결과는 이에야스에게 신고되었다. 신고서가 제출되면 이에야스가 검사를 파견하여 경작지의 면적, 생산량, 경작자 수 등을 점검하고 가신의 영지별로 신고액을 확정했다. 단, 중·하급 가신의 영지는 이에야스가 직접 관리를 파견하여 겐치를 시행했다. 이에야스는 확정된 신고액의 40~60퍼센트를 고쿠다카石高 즉, 토지의 생산량으로 정한다는 방침을 세웠다.

이에야스가 처음으로 간토 지방에 입성했을 때, 에도성은 호조 가문의 일개 부장이 수축한 작고 초라한 성곽에 불과했다. 이에야스는 이러한 에도성을 도쿠가와 가문의 위상에 걸맞은 성곽으로 신축하고, 에도성 주변에 일본 제일의 조카마치를 건설한다는 계획을 세웠다. 에도성과 시가지 건설은 이에야스가 간토 지방을 다스리는 정치적 거점으로 삼기 위해서도, 영내의 상공업을 진흥하기 위해서도 서두르지 않을 수 없는 일이었다.

그러나 이에야스가 에도에 머물면서 성곽과 시가지 건설에 힘쓸 시간이 없었다. 1591년 1월 5일 이에야스가 오슈奧州(후쿠시마현·미야기현·이와테현·아오모리현과 아키타현의 일부)로 출진했다. 히데요시의 명령에 따르지 않는 반란군을 진압하기 위해서였다. 6월에 히데요시가 다시 이에야스에게 오슈로 출진하여 구노헤 마사자네九戶政実(1536~91)의 난을 진압하라고 명령했다. 이에야스는 7월 19일 에도를 출발하여 5개월이 넘게 오슈 지방에 머물며 구노헤 마사자네의 난을 진압하고 12월 29일에 에도성으로 돌아왔다.

1591년 겨울 도요토미 히데요시가 조선 침략을 위한 동원령을 내렸다. 1592년 2월 2일 이에야스가 에도성을 출발하여 교토로 향했다. 3

월 17일 이에야스는 교토를 떠나 규슈에 마련된 조선 침략기지 나고야성名護屋城(사가현 가라쓰시 진제이초)으로 향했다. 그 후 이에야스는 교토, 오사카, 규슈의 나고야 등 주로 서부 일본에 머물렀다. 도요토미 히데요시를 보좌하며 조선 침략군을 후방에서 지원하기 위해서였다. 에도성과 시가지 건설을 추진할 여력이 없었다.

1603년 2월 정이대장군에 취임하여 막부를 개설한 이에야스는 다이묘들의 충성 경쟁을 유도했다. 다이묘들은 쇼군의 명령에 따라 종군하고, 에도로 참근하고, 인질을 제공하면서 충성심을 증명하려고 힘썼다. 이에야스가 축성·토목공사를 명령하면 감당할 수 있는 경제력을 넘어선 비용을 지출하면서 부담을 지는 것을 자랑으로 여기는 다이묘들이 많았다. 비용을 충당하기 위해 교토·오사카의 호상에게 높은 이자를 주고 빚을 내기도 했고, 농민에게서 조세를 앞당겨 징수하기도 했다. 공사에 동원된 다이묘는 만성 적자에 허덕였다. 다이묘들을 대규모 토목공사에 동원하여 그들의 경제력을 약화하는 것은 이에야스의 교묘한 다이묘 통제정책의 일환이기도 했다.

1603년 3월 3일 이에야스가 다이묘들에게 에도성을 건설하고 에도 시가지를 확장하는 대규모 토목공사를 명령했다. 에도성과 시가지 설

니혼바시 부근, 「江戸名所図屏風」, 出光美術館 소장

계는 토도 다카토라藤堂高虎가 맡았다. 에도는 이미 일개 다이묘의 조카마치가 아니라 일본의 수도나 다름이 없었다. 일본 제일의 도시에 걸맞은 위용을 갖추지 않으면 안 되었다. 에도 시가지 확장 공사는 스사키洲崎(도쿄토 고토쿠) 일대의 바다에 면한 갯벌을 메우는 일로 시작했다. 오늘날 니혼바시하마초日本橋浜町(도쿄토 주오쿠)에서 신바시新橋(도쿄토 미나토쿠)에 이르는 시가지가 모습을 드러냈다.

5. 에도와 에도성

에도성 확장 공사에 서부 일본의 도자마다이묘들 뿐만이 아니라 후다이다이묘들도 빠짐없이 동원되었다. 이에야스는 이케다 데루마사, 가토 기요마사, 구로다 나가마사, 아사노 요시나가, 나베시마 가쓰시게, 호소카와 타다토시 등에게 목재와 석재의 운반을 명령했다. 에도성 확장 공사는 길이 약 1,300미터, 높이 약 13미터의 석축 공사부터 시작되었다. 여러 다이묘가 구간을 나누어 공사를 분담했다.

이에야스가 축성공사에 동원한 다이묘들의 부담은 어느 정도였을까? 조슈번長州藩 모리 가문의 경우를 예로 들어보자. 에도 막부는 모리 가문이 보유한 스오周防(야마구치현 동남부)·나가토長門(야마구치현 서반부)의 영지 생산량을 21만7,890석으로 파악하고 있었다. 이에야스는 그 중에서 12만5,962석을 야쿠다카役高 즉, 다이묘들에게 동원령을 내릴 때 적용하는 기준에 따라, 인부 2,688명, 가코水夫 즉, 선박에 배치할 수부 300명 등 모두 2,988명을 동원했다. 다른 다이묘들에게도 고쿠타카石高에 따라 산술적으로 계산한 인원이 할당되었다. 다이묘는 동원한 인부를 위해 숙소를 마련하고 식량을 지급했을 뿐만이 아니라, 공사에 필요한 목재와 석재는 물론 그것의 운반 비용 일체를 부담했다. 그 비용은 상상을 초월했다.

에도성- (1)혼마루 (2)천수각 (3)니노마루,「江戸図屏風」, 国立歴史民俗博物館 소장

    1606년부터 혼마루本丸・니노마루二の丸・산노마루三の丸 확장, 외곽 신축, 하천 정비, 습지 매립 등의 공사가 차례로 진행되었다. 에도성과 그 주변 즉, 오늘날의 마루노우치丸の内(도쿄토 지요다쿠) 일대가 모습을 드러냈다. 1607년 이에야스는 에도성 확장 공사에 간토 지방 및 시나노信濃(나가노현)・에치고越後(니이가타현)・오슈奥州 지방의 다이묘들을 동원했다. 동원된 다이묘들 역시 목재와 석재를 마련하고 그것을 에도까지 운반하는 데 많은 어려움을 겪었다. 다이묘들의 노력으로 에도성

중앙에 5층 규모의 천수각天守閣이 위용을 드러냈다.

에도성이 확장되면서 오늘날 도쿄토 지요다쿠 즉, 히비야日比谷, 와다쿠라和田倉, 오테마치大手町 일대에 형성되었던 상공인 거주지역이 성곽의 소토보리外堀 즉, 에도성 바깥 성곽 안으로 들어오게 되었다. 그곳에 거주하던 상공인들은 도시마의 스사키 일대에 갯벌을 메워 조성한 니혼바시日本橋 · 신바시新橋 쪽으로 이전했다. 이 무렵 에도 막부의 덴마야쿠伝馬役 즉, 역참제를 총괄하던 마고메 카게유馬込勘解由가 지요다千代田 숙역宿驛의 말과 인원을 이끌고 니혼바시로 옮겼다. 이때 오덴마초大伝馬町(도쿄토 주오쿠 니혼바시오덴마초)라는 지명이 탄생했다.

에도성의 천수각과 주요 건물이 완성되고 웅장한 성곽의 위용이 드러난 후에도 에도성 건설 공사가 계속되었다. 1610년부터 2년에 걸쳐 니시노마루西の丸 수축 공사가 진행되었다. 이에야스는 1611년 3월과 1614년 4월에도 에도성 건설 공사에 다이묘들을 대거 동원했다. 다이묘들은 다른 지역의 축성 · 토목공사에도 동원되었다. 1608년 1월 이에야스는 자신이 기거하기 위한 슨푸성駿府城 건설 공사에 여러 다이묘를 동원했다. 1610년 2월 이에야스는 나고야성名古屋城(아이치현 나고야시) 건설에도 다이묘들을 동원했다. 나고야성은 이에야스의 아홉 째 아

나고야성

들 도쿠가와 요시나오德川義直를 분가시키기 위해 건설한 성이었다.

나고야성 축성공사에 동원된 다이묘들 사이에서 거센 불만의 소리가 분출했다. "도쿠가와 이에야스를 위해 공사에 동원되는 것은 참을 수 있지만, 그의 어린 아들을 위한 성곽 건설에까지 우리가 동원되어야 하는가?" 다이묘들이 불만을 품고 있다는 말을 들은 가토 기요마사는 오히려 축성공사에 앞장섰다. 기요마사는 거대한 바위를 5,000여 명이 끌게 하고 스스로 그 바위 위에 올라서 소리를 지르며 인부들을 독려했다고 한다. 누구보다도 도요토미 히데요시의 은혜를 입었고, 도요토미 가문의 장래를 염려했던 기요마사조차도 이에야스의 눈 밖에 나지 않으려고 노력했다는 것을 알 수 있다. 기요마사의 행동은 곧 가문을 보전하기 위해 권력에 머리를 조아리지 않을 수 없었던 도자마다이묘들의 숙명을 상징하는 것이었다.

1614년 에도성의 서쪽을 따라서 해자가 건설되었다. 이때 간다가와 神田川와 스미다가와隅田川를 연결하는 공사도 함께 진행되었다. 에도성 인근에 하천이 어지럽게 흐르고 있었는데, 에도 시가지를 건설하면서 물줄기를 일직선으로 바로잡아 하천이 서쪽에서 동쪽으로 흐르도록 정비했다. 그리하여 오늘날 도쿄토 미타카시三鷹市에서 동쪽으로 흘러 다이토쿠·주오쿠를 지나 스미다쿠의 경계에서 스미다가와와 합류하는 간다가와가 모습을 드러냈다. 참고로 스미다가와는 사이타마현에서 도쿄토로 흘러드는 아라카와荒川에서 갈라져 도쿄만으로 흐르는 하천이다.

에도는 해변을 끼고 조성된 마을이었다. 오늘날 지요다쿠와 아사쿠사浅草(도쿄토 다이토쿠) 일대까지 바닷물이 넘실대던 어촌이었다. 지하수는 염분이 많아서 마시기에 부적합했다. 그래서 이에야스는 오쿠보 타다유키大久保忠行(?~1617)에게 상수도를 건설하여 멀리서 식수를 끌어들이도록 했다. 소금은 오늘날 지바현 해변에서 생산하여 에도로 운반하도록 했다. 또 이에야스는 에도성에서 바다로 이어지는 운하를 파서 큰 배가 왕래할 수 있도록 했다. 에도성과 조카마치로 군수품과 생활필수품을 원활하게 운반하기 위해서였다. 상수도와 함께 하수도 시설도 갖추었다.

교토·오사카 지역에서 활동하던 호상들이 에도 건설에 참여했다. 특히 교토의 호상 차야시로지로茶屋四郎次郎와 고토 쇼사부로後藤庄三郎는 이에야스의 최측근 참모로 활동했다. 이에야스를 따라 에도로 이주한 호상들이 자치단체를 구성하여 에도성 조카마치를 건설하고 상공인들의 생업과 생활을 통제했다. 기타무라喜多村·다루야樽屋·나라야奈良屋 등 에도 시가지를 자치적으로 다스리던 상인 가문이 대를 이어 도쿠가와 가문을 섬겼다. 특히 다루야는 에도의 마치도시요리町年寄라는 직책을 수행하며 도시 행정을 총괄했다.

이에야스는 특별한 경험이나 직능이 있는 상공인에게 특권을 부여했다. 기타무라 히코베에喜多村彦兵衛에게 간토 지방을 무대로 활동하는 행상을 단속하고 허가장을 발급하는 권한을 주었다. 고슈甲州의 저울과 말을 관장하던 슈즈이 히코타로守髓彦太郎에게 간토 지방의 도량형을 관장하도록 했다. 호조 가문을 섬기며 수송과 통신을 담당하던 마고메 가게유를 비롯한 네 명의 호족을 덴마야쿠로 임명하고, 그들에게 숙역이 설치되어 있는 에도 주변 마을에서 수송과 통신에 필요한 인원과 말을 징발할 수 있는 권한을 주었다.

이에야스는 다양한 직종에 종사하는 상인들을 에도로 불러들이기 위해 노력했다. 마치도시요리와 어용상인들에게 넓은 집터와 상가를 지을 수 있는 토지를 무상으로 제공하고 세금도 면제했다. 그 대신에 그들에게 다른 지역의 상공인들을 에도로 불러들여 상공업을 진흥시키는 의무를 부여했다. 교토·오사카는 물론 다이묘들의 조카마치에서 에도로 이주하는 상공인들에게 세금을 면제하는 등 각종 특혜를 주었다.

에도 시가지 대로변에는 상가가 처마를 맞대고 늘어섰다. 이면 도로에는 직인들이 공방을 마련하고 각종 물품을 생산했다. 상인·직인의 점포는 업종별로 나뉘어 배치되었다. 예를 들면 포목, 술, 과자, 대장간, 피혁, 나무통, 염색 등 같은 종류의 물건을 팔거나 만드는 상인·직인들이 일정한 지역에 모여서 나란히 점포나 공방을 차리고 일했다. 이에 야스는 직종별로 관리 책임을 맡는 상공인 가문을 정하고, 그 가문에게 같은 직종의 상인·직인을 관리하고 감독할 수 있는 권한을 주었다.

에도성 주변에 여러 다이묘의 저택이 배치되었다.「江戸図屛風」을 보면 에도성 주변에 기이紀伊·미토水戸·오와리尾張의 고산케御三家를 비롯하여 마쓰다이라松平·이이井伊 등의 후다이다이묘, 아사노浅野·우에스기上杉·모리毛利·다테伊達·나베시마鍋島·시마즈島津 등의 도자마다이묘들의 저택이 들어섰다. 다이묘 저택에서 특히 정문이 눈에 띈다. 다이묘 저택의 정문은 대개 2층으로 조성된 노문櫓門 즉, 망루가 있는 대문이었다. 망루에서 무사들이 보초를 서며 혹시나 있을 적의 침입에 대비했다. 다이묘 저택에는 정문 이외에 쇼군이 출입하는 오나리문御成門이 따로 마련되었다. 오나리문은 오직 쇼군만이 출입할 수 있는 대문이었다. 에도 막부의 쇼군이 가끔 유력한 다이묘 저택으로 행차했기 때문에 다이묘들이 오나리문을 사치스럽게 꾸몄다.

그 밖의 지역은 쇼군에 직속한 무사들이 거주하는 공간, 상공인들이 거주하는 공간 등으로 구분되었다. 다이묘 저택 주변에 하타모토旗本 즉, 쇼군에 직속한 상급 무사의 저택이 들어섰고, 이어서 에도 막부에 직속한 고케닌御家人의 주택이 배치되었다. 에도성에서 동쪽으로 하천이 흐르는 방향을 따라 상공인이 거주하는 시가지가 조성되었다.

에도의 다이묘 저택(1), 島津藩 저택

에도의 다이묘 저택(2), 会津藩 저택

에도의 다이묘 저택(3), 秋月藩 저택

# CHAPTER6. 대외관계

## 1) 조선

도요토미 히데요시가 사망한 후, 도요토미 정권의 실권자로 정무를 관장하던 도쿠가와 이에야스는 조선과 통교를 정상화할 준비를 했다. 이에야스는 쓰시마의 영주 소 요시토시宗義智(1568~1615)에게 조선과 소통할 길이 있는지 알아보라고 명령했다. 하지만 당시 조선은 7년 동안 이어진 일본 침략의 참화에서 벗어나지 못했다. 조선의 조정은 왜란으로 무너진 민중의 삶을 돌보지 못하고 있었다. 조선 민중의 가슴속에 자리 잡은 일본에 대한 적개심과 증오심이 극에 달했다. 조선은 일본이 내민 손을 잡을 여력이 없었다.

그러나 당시 조선을 둘러싼 국제 정세가 매우 급박하게 돌아가고 있었다. 조선이 명나라의 도움으로 가까스로 일본의 침략을 막아냈지만, 만주 지역에서 성장한 여진족이 호시탐탐 조선의 국경을 위협하고 있었다. 북쪽에서 여진족이 조선을 침략하고, 남쪽에서 일본이 다시 조선을 넘본다면 조선의 운명이 어떻게 될지 알 수 없었다. 조선 민중에게 일본은 불구대천의 원수였지만, 조선의 위정자들은 감정을 앞세워 일본을 적대하는 것이 국익에 도움이 되지 않는다는 것을 알고 있었다. 1603년 조선의 조정은 첨지 정 아무개와 손문욱孫文彧을 쓰시마로 보내 일본의 정치 상황을 살폈다.

1603년 11월 쓰시마 영주 소 요시토시는 조선의 사절이 귀국할 때 승려 겐소玄蘇에게 조선인 포로 김광金光을 데리고 조선으로 건너가 강화 의사를 타진하라고 명령했다. 이어서 소 요시토시는 임진·정유 왜란 때 일본군이 대마도로 끌고 온 조선인 포로 수백 명을 돌려보냈다. 조선의 민심을 달래기 위한 특별 조치였다. 일본과 강화할 명분을 얻은

6. 대외관계 361

조선의 조정은 소 요시토시의 요구를 받아들였다. 1604년 7월 쓰시마가 예전과 같이 부산포에 와서 무역하는 것을 승인하고, 승려 유정惟政(사명대사)과 손문욱을 다시 쓰시마로 보내 에도 막부와 소통할 수 있는 길을 모색했다.

여기에서 잠시 일본으로 파견된 조선 사절에 대해 알아보기로 하자. 일본인들은 조선이 보낸 사절을 조선통신사라고 불렀다. 통신사란 원칙적으로 교린과 신의를 전제로 하지 않으면 성립될 수 없는 명칭이었다. 실제로 조선은 수호, 교빙, 쇼군의 취임 등 교린정책의 기본적인 목적을 수행하는 경우에만 통신사라는 명칭을 사용했다. 그래서 임진·정유 왜란 후 일본으로 파견된 사절을 통신사라고 부르지 않았다. 일본의 침략으로 교린 관계가 단절되었기 때문이다.

1604년에 임진·정유 왜란 후 처음으로 조선에서 일본으로 사절이 파견되었다. 조선의 조정은 이 사절의 명칭을 통신사라고 하지 않고 탐적사探賊使라고 칭했다. 조선의 조정이 일본으로 파견한 사절의 임무는 어디까지나 도요토미 히데요시가 사망한 후에 일본을 무력으로 제패하고 에도 막부를 창립한 도쿠가와 이에야스의 속내를 간파하고, 또 전쟁 때 포로로 잡혀간 조선인을 송환하는 것이었다.

1607년에 파견된 사절의 정식 명칭은 회답겸쇄환사回答兼刷還使였다. 이때 파견된 조선의 사절은 훗날의 조선통신사와 성격이 달랐다. 문화교류를 목적으로 파견한 사절이 아니었다. 명분은 어디까지나 도쿠가와 이에야스가 먼저 조선에 보낸 국서에 대한 답신 형식으로, 조선 국왕의 서신을 지참하고 일본을 방문한 것이었다. 사절 파견의 가장 중요한 목적은 일본이 조선을 침략했을 때 납치한 조선인을 송환하는 것이었다. 1617년과 1624년에도 1607년과 같은 목적으로 사절이 파견되었다. 그러나 일반적으로 1607년부터 일본에 파견된 사절을 통신사라고 한다. 이후 조선은 모두 12회에 걸쳐 통신사라는 이름으로 일본에 사절을 파견했다.

　다시 1604년으로 돌아가자. 대마도로 건너간 승려 유정과 손문욱은 쓰시마 영주 소 요시토시의 요청으로 한동안 쓰시마에 머물렀다. 그동안 소 요시토시는 가신을 도쿠가와 이에야스에게 보내 조선에서 보낸 사절이 쓰시마에 와서 머물고 있다고 보고했다. 이에야스가 소 요시토시에게 다음과 같이 명령했다. "내년 봄에 후계자로 정해진 아들 히데타다秀忠와 함께 상경할 예정이니 교토京都에서 조선 사절을 접견할 수 있도록 준비하라."

1604년 12월 27일 소 요시토시는 조선의 사절 유정과 손문욱을 안내하여 교토에 이르렀다. 그 무렵 이에야스는 에도성에 있었다. 조선의 사절은 이에야스가 상경할 때까지 교토에 머물렀다. 그동안 막부의 관리, 승려, 학자 등이 조선의 사절과 대면했다. 그들은 한결같이 다음과 같이 주장했다. "조선을 침략한 것은 도요토미 히데요시의 뜻에 따른 것이었고, 도쿠가와 이에야스는 침략에 가담하지 않았습니다. 막부를 개설한 이에야스는 일본과 조선의 국교 회복을 진심으로 원하고 있습니다."

1605년 2월 19일 이에야스가 에도성에서 후시미성伏見城으로 왔다. 3월 5일 이에야스가 조선의 사절 유정과 손문욱을 인견했다. 이에야스는 조선 사절을 호의적으로 대했다. 『선조실록』에는 당시의 분위기가 다음과 같이 기록되어 있다. "이에야스가 좌우를 둘러보며 말했다. 도요토미 히데요시는 흉악한 위세를 부려 조선 사절을 만나지 않았다. 이제 내가 정사를 돌보자 (조선의 사절이) 이렇게 와 주었으니 어찌 기쁘지 않겠는가?"

에도 막부의 명령으로 편찬된 대외관계사료집 『쓰코이치란通航一覽』의 조선 관계 자료 「朝鮮聘考」에 따르면 이에야스가 조선 사절을 인견하기에 앞서 쓰시마 영주 소 요시토시에게 다음과 같이 말했다.

올해 천하를 아들 히데타다에게 넘겨줄 것이다. 이번에는 조선의 사절이 (내가 있는) 후시미로 와서 예를 갖추도록 해야 할 것이다. 그러나 (조선은) 가까운 시일 내에 반드시 다시 사절을 보내서 (새로이 쇼군에 취임한) 히데타다를 알현해야 할 것이다.

이에야스는 1604년 말부터 이미 후계자로 정해진 아들 히데타다에게 쇼군의 지위를 물려줄 준비를 하고 있었다. 1605년 4월 7일 이에야스가 조정에 아들 히데타다에게 쇼군의 지위를 물려주고 싶다고 주청했다. 4월 16일 조정이 이에야스의 뜻을 받아들였다. 4월 26일 도쿠가와 히데타다가 에도 막부의 제2대 정이대장군에 취임했다. 이에야스는 쇼군의 지위를 아들 히데타다에게 물려주기 전에 이미 새로운 쇼군이 취임하면 조선이 다시 사절을 파견해 주기 바란다고 말했던 것이다.

이에야스는 중신 혼다 마사노부와 쇼코쿠지相国寺(교토시 가미교쿠)의 승려 조타이承兌에게 조선의 사절을 접대하고 강화 건을 의논하라고 명령했다. 그리고 임진·정유 왜란 때 참전했던 다이묘들에게 전쟁 중에 납치하여 일본으로 끌고 온 조선인 포로를 돌려보내라고 명령했다. 이에야스는 조선과의 국교 정상화 실마리를 만들고, 조선 사절을 교토까지 안내한 쓰시마 영주 소 요시토시의 공로를 치하했다. 이에야스는 소 요시토시에게 영지 1,800석을 가봉하고 참근교대參勤交代 즉, 다이묘가 격년에 한번 에도로 와서 지내는 기간을 줄여주었다. 이때부터 쓰시마 영주는 3년에 한 번 참근교대하는 것이 관례가 되었다.

 도쿠가와 이에야스가 조선의 사절을 인견할 당시 일본의 정치 상황은 매우 혼란스러웠다. 1605년 2월 도쿠가와 히데타다가 10만 대군을 거느리고 에도성을 출발하여 3월 21일에 교토의 후시미성에 도착했다. 이에야스는 후시미성에서 쇼군의 지위를 아들 히데타다에게 물려주는 의식을 거행할 예정이었다. 히데타다에게 10만 대군을 거느리고 상경하게 한 것은 도요토미 가문 추종 세력을 위압하기 위해서였다. 교토·오사카를 비롯한 서부 일본의 민심은 도요토미 가문에 동정적이었다.

 도쿠가와 히데타다가 10만 대군을 거느리고 교토로 입성할 때, 이에야스는 쓰시마 영주 소 요시토시에게 조선의 사절을 안내하여 그 광경을 관람하게 하라고 명령했다. 유정과 손문욱은 오쓰大津의 오이와케追 分(시가현 오쓰시 오이와케초)에서 히데타다의 당당한 상경 행렬을 보았다. 일본의 경제력과 군사력을 직접 확인한 조선 사절은 공포심과 수치심을 동시에 느꼈을 것이다.

1605년 3월 27일 조선 사절 유정과 손문욱이 귀국길에 올랐다. 사절 일행은 일단 쓰시마로 돌아온 후 4월 말에 바다를 건너 부산으로 돌아왔다. 임진·정유 왜란 때 포로로 잡혀간 3,000여 명의 조선인이 사절 일행과 함께 귀국할 수 있었다. 『선조실록』 38년 4월 조에 승려 유정이 왜란 때 끌려간 조선인 포로를 데리고 돌아왔다고 기록되어 있다.

1605년 5월 쓰시마 영주가 가신을 조선으로 보내 예조판서에게 서신을 올렸다. 이번에 조선 사절을 교토로 호송한 것은 도쿠가와 이에야스의 명령에 따른 것이라는 점을 강조하면서 조속히 통교를 정상화하자는 내용이었다. 조선의 조정은 쓰시마 영주의 요청에 응답하지 않았다. 쓰시마 영주가 이에야스의 권위를 빌려서 통교를 서두르고 있다고 판단했기 때문이다.

도쿠가와 이에야스는 승려 유정과 손문욱을 조선의 정식 사절로 인정하지 않았다. 이에야스가 조선 사절을 환대했지만, 그들에게 국서를 전달하지 않았다. 이에야스는 쓰시마 영주 소 요시토시에게 다음번에는 조선 사절을 에도로 안내해서 새로운 쇼군을 알현하도록 하라고 명령했는데, 『通航一覽』의 「朝鮮聘考」에 다음과 같은 기록이 있다. "승려 유정은 출가한 자이므로 사신으로 인정할 수 없다. (다음번에는) 조선의 관리가 와야 할 것이다."

1606년 4월 선조는 중신들에게 일본으로 사신을 보내는 것을 논의하도록 했다. 영의정 유영경이 국서를 지참한 정식 사절을 보내는 것은 곤란하다는 의견을 제시했다. 그러나 영중추부사 이덕형은 형식에 구애되지 말고 국서를 지참한 사절을 보내야 한다고 주장했다. 우의정 심희수는 일본의 정세가 여전히 불안하니 사신을 보내는 것이 부당하다고 주장했다. 격론 끝에 일본이 왜란 때 왕릉을 훼손한 범인을 송환하고 이에야스가 먼저 통교를 요청하는 서신을 보낸다면 조선에서 회답서신을 지참한 사절을 파견하기로 의견을 모았다.

그러나 조선의 요구는 이에야스가 수용하기 어려운 것이었다. 왕릉을 훼손한 범인을 찾을 수 없었고 설령 찾았다고 하더라도 일본을 제패한 권력자가 일본인을 조선으로 압송할 수 없는 일이었다. 그리고 당시 외교 관례에 비추어보았을 때 먼저 강화 서신을 보내는 것은 곧 항복을 의미하는 것이었다. 그 또한 이에야스가 응할 수 없는 일이었다. 조선과 에도 막부 사이에서 궁지에 몰린 쓰시마 영주는 죄수 두 명을 왕릉을 훼손한 범인이라고 속여 조선으로 압송하고, 조선 조정의 요구에 맞춰 날조한 서신을 도쿠가와 이에야스가 날인한 국서라고 속여 조선으로 보냈다.

이 무렵 이에야스는 쓰시마 영주가 국서를 위조했다는 사실을 알았을 것이다. 조선의 조정도 쓰시마 영주가 왕릉 훼손범이라고 압송한 자들이 진범이 아니고 국서 또한 쓰시마 영주가 작성한 위서라는 것도 알았다. 하지만 조선은 이미 사절을 일본으로 보낼 준비를 하고 있었다. 그만큼 국내외 정세가 급박했다. 한편 이에야스도 조선 사절의 내일을 원하고 있었다. 쇼군將軍의 지위를 아들 히데타다에게 물려주었지만, 서부 일본에서 도요토미 가문을 추종하는 세력이 언제 반란을 일으킬지 알 수 없는 상황이었다. 하루라도 빨리 조선의 사절을 에도성으로 보내서 새로 취임한 쇼군 히데타다를 알현하게 할 심산이었다. 노회한 이에야스는 조선의 사절을 '조공' 사절로 둔갑시켜 쇼군 히데타다의 위엄을 일본인에게 각인시키려고 했다. 요컨대, 조선의 조정과 에도 막부는 서로의 필요성에 의해 쓰시마 영주의 월권을 애써 외면하고 통교를 서둘렀을 것으로 여겨진다.

1607년 1월 12일 선조의 명을 받은 조선의 사절이 국서를 지참하고 일본으로 향했다. 정사 여우길呂祐吉, 부사 경섬慶暹, 종사관 정호관丁好寬이었다. 사절은 수호・회답겸쇄환사를 칭했다. 사절단은 모두 504명으로 구성되었다. 부사 경섬은 사신의 임무를 수행하고 방일 기록『해사록海槎錄』을 남겼다. 여기에서는 『해사록』의 내용 중 도쿠가와 이에야스와 관련된 기록에 초점을 맞춰 조선 사절의 일정을 추적해 보기로 하겠다.

1607년 4월 12일 조선 사절이 쓰시마 영주 소 요시토시의 안내로 교토에 도착했다. 사절은 교토에 머물면서 도요토미 정권의 수상이었던 이에야스가 세키가하라 전투에서 승리하고 권력을 장악한 이야기를 소상하게 들었다. 조선 사절은 이에야스를 긍정적으로 평가했다. 5월 6일 사절 일행이 교토를 떠나 에도로 향했다. 5월 14일 하마마쓰浜松(시즈오카현 하마마쓰시)에 도착했다. 가까이에 이에야스의 거성이 있다는 정보를 입수한 정사 여우길이 국서를 이에야스에게 전하겠다는 뜻을 밝혔다. 그러자 안내하는 일본 관리가 먼저 에도성으로 가는 것이 옳다고 대답했다. 5월 17일 사절 행차가 슨푸성 인근을 지날 때 이에야스가 처첩들을 거느리고 망루에 올라 구경했다는 소식이 전해졌다. 5월 24일 에도에 도착했다. 25일 쇼군 히데타다가 측근을 보내 감사하다는 인사를 전했다.

6월 6일 사절 일행이 쇼군 히데타다를 예방하고 국서와 방물을 헌상했다. 6월 14일 사절 일행이 에도를 떠났다. 도중에 가마쿠라鎌倉에 들러 모처럼 한가로운 시간을 보냈다. 6월 20일 슨푸성에 도착하여 이에야스를 알현했다. 『海槎錄』에 다음과 같은 기록이 있다. "이에야스의 나이는 66세이다. 신체가 장대하고 그의 기력을 살펴보니 노쇠하지 않았다." 이에야스가 측근에게 명령했다. "돌아가기를 원하는 포로를 모두 쇄환하고, 포로가 돌아가기를 원하는데도 억류하는 주인이 있으면 처벌하라." 이에야스의 측근 혼다 마사노부가 조선의 예조참판에게 보내는 서신을 작성했다. 6월 29일 조선 사절이 교토에 도착했다.

윤6월 8일 조선 사절이 돌아가기를 원하는 포로들을 거느리고 교토를 떠났다. 그날 저녁 사절 일행은 사카이堺(오사카부 사카이시)에서 화승총 500정을 매입했다. 당시 일본에서는 다른 나라 사람에게 병기를 매매하는 것을 금하고 있었다. 쓰시마 영주가 이에야스에게 조선이 화승총 매입을 원한다고 보고했다. 이에야스가 흔쾌히 허락하며 말했다. "싸움이 일어나면 싸우면 된다. 하지만 병기가 없는 나라와 어찌 승부를 겨룰 수 있겠느냐? 하물며 이웃 나라가 그것을 매입하고자 한다면 어떻게 금하겠는가?" 11일 사절이 오사카에 머물 때 배를 태워달라는 포로들이 줄을 이었다. 12일 조선 사절을 태운 배 8척이 오사카를 떠났다. 윤6월 23일 조선 사절이 쓰시마에 도착했다. 그날 저녁 포로 180여 명을 태운 배가 쓰시마에 도착했다. 7월 4일 조선 사절이 부산에 도착했다. 7월 17일 일본을 다녀온 사절이 궁궐로 들어가 임무를 무사히 마치고 돌아왔다고 보고했다.

## 2) 유구

오키나와沖繩의 옛 이름은 유구琉球였다. 유구는 원래 일본 땅이 아니었다. 타이완과 일본의 규슈 사이에 있던 독립 왕국이었다. 15세기 유구는 조선·명·일본과 동남아시아를 연결하는 중계무역의 거점으로 번영했다. 유구 왕국은 일본의 하카타博多·쓰시마対馬·사카이堺·사쓰마薩摩 상인과 교역했다. 일본에 중국과 동남아시아에서 수입한 특산품을 팔고, 일본에서 공예품, 도검, 구리 등을 매입하여 그것을 다시 중

유구 왕국의 궁전

국이나 동남아시아 여러 나라에 팔았다.

　유구 왕국이 사실상 일본에 예속되는 계기가 된 것은 도요토미 히데요시의 대륙침략이었다. 1588년 히데요시는 사쓰마번薩摩藩의 시마즈 가문을 통하여 유구의 복속과 조공을 요구했다. 1591년 사쓰마번은 유구에 대륙을 침략할 때 사용할 군량미와 침략을 위한 전진기지를 건설하는 데 필요한 자금 지원을 요구했다. 자력으로 일본에 대항할 수 없었던 유구는 사쓰마번의 요구에 응할 수밖에 없었다.

일본의 유구 압박은 대륙침략 후에도 지속되었다. 1603년 사쓰마번은 유구를 본격적으로 침략할 준비를 했다. 1606년 사쓰마번은 유구 침략계획을 세우고 에도 막부의 허가를 요청했다. 도쿠가와 이에야스가 그 계획을 허가했다. 하지만 사쓰마번의 유구 침략이 전격 유보되었다. 에도 막부가 당시 명나라 사신이 유구에 체재하고 있다는 정보를 입수했기 때문이다. 이에야스는 유구에 일본과 명나라가 무역을 재개할 수 있도록 힘써 달라고 요청했다. 그러나 유구는 일본의 요청에 미온적으로 대처했다.

일본과 명나라의 교역 가능성이 희박해지자 사쓰마번의 유구 침략계획이 다시 추진되었다. 1608년 8월 이에야스가 사쓰마번의 유구 침략을 최종적으로 허가했다. 1609년 2월 사쓰마번이 3,000여 명의 군사를 보내 유구를 침략했다. 5월에 사쓰마번이 유구 왕과 중신들을 체포하여 가고시마鹿兒島로 연행했다. 1610년 8월 14일 시마즈 가문이 유구왕 상령尚寧을 슨푸성으로 데리고 와서 이에야스를 알현하게 했다.

이에야스는 유구의 처분을 사쓰마번에 일임했다. 사쓰마번은 유구가 지배하던 오시마大島 일대의 여러 섬을 빼앗고, 관리를 파견하여 유구 왕실을 감시했다. 유구 왕과 중신들은 인질을 가고시마에 보냈다.

에도로 향하는 유구 사절

1611년 9월 사쓰마번이 15개 조의 명령을 내려 유구의 정치를 통제했다. 사쓰마번은 유구에서 겐치檢地 즉, 토지조사를 시행하여 유구의 생산량을 8만9,000석으로 정했다. 유구는 매년 공물로 2만여 단의 포목을 사쓰마번에 바쳤다. 사쓰마번은 유구의 대외 무역도 통제했다. 유구는 사쓰마번의 식민지나 마찬가지였다.

## 3) 중국

1600년 도쿠가와 이에야스가 사쓰마의 다이묘 시마즈 요시히사, 1602년에는 히고肥後의 다이묘 가토 기요마사에게 각각 임진·정유왜란 때 잡혀 일본으로 끌려온 명나라의 포로를 돌려보내라고 명령했다. 도쿠가와 이에야스가 포로를 송환한 목적은 명나라와 교섭을 재개하여 단절된 일명무역을 부활시키는 것이었다. 이에야스는 명나라에 사신을 보내 오랫동안 단절된 감합무역勘合貿易의 회복을 타진했다. 명나라는 2척의 상선을 일본에 보내는 것을 검토했으나 끝내 성사되지 않았다.

1606년 명나라의 책봉사가 유구에 왔다. 사쓰마의 다이묘 시마즈 요시히사島津義久는 유구에 명나라와 일본이 교역할 수 있도록 주선해 달라고 요청하는 한편 직접 명나라의 책봉사에게 서신을 보내 명나라 상선을 사쓰마로 보내달라고 요청했다. 그러나 유구는 요시히사의 요청에 미온적이었고, 명나라 사신도 요시히사의 요청을 받아들이지 않았다.

1607년 5월 조선 사절이 일본에 와서 에도 막부의 쇼군 도쿠가와 히데타다와 오고쇼 이에야스를 차례로 알현했다. 이때 이에야스는 임진·정유 왜란 때 일본으로 끌려온 명나라 포로를 돌려보냈다. 양국의 적대관계가 청산되었다고 판단한 이에야스는 유구를 통하여 명나라와의 무역을 부활시키려고 했다. 1610년 이에야스가 명의 복건성福建省에 교역을 요청하면서 동남아시아 각 지역을 왕래하는 일본의 무역선이 중국에 표착할 경우 보호해 달라고 요청했다. 하지만 명나라는 해금정책을 내세우며 이에야스의 요구에 응하지 않았다. 그래서 두 나라의 무역선이 명나라 영토 밖에서 만나 교역했다. 그 장소는 타이완이나 필리핀의 루손 섬 등이었다.

1610년 중국 광동성廣東省 상선이 일본의 나가사키에 입항했다. 에도 막부는 무역을 허가하는 주인장을 발급했다. 그해 말에 내항한 중국 상선에게도 모든 편의를 제공하면서 주인장을 발급했다. 이에야스는 일본인에게 명나라 상선에 위해를 가하지 말라는 명령을 내렸다. 에도 막부는 명나라의 무역선을 우대했다. 그러자 남경南京·복건福建 지방 상인들이 일본으로 와서 교역하기 시작했다.

## 4) 서양

15세기에서 16세기에 걸쳐서 포르투갈을 비롯한 유럽의 가톨릭 국가들이 다투어 해외로 진출했다. 스페인은 아메리카 대륙 개척에 힘쓰면서 동남아시아로도 진출하여 식민도시를 건설했다. 포르투갈은 인도의 고아를 기점으로 동남아시아 각지로 진출했다. 중국은 이미 포르투갈과 스페인의 시야에 들어와 있었지만, 일본은 아직 미지의 세계로 남아있었다.

1543년 8월 명나라로 향하던 포르투갈 선박이 규슈의 남쪽에 있는 섬 다네가시마種子島에 표착했다. 선박에는 중국인 유생과 포르투갈 선원들이 타고 있었다. 그들은 현장으로 달려온 일본의 관리와 필담하며 선박이 표착한 경위를 알렸다. 다네가시마의 영주는 포르투갈 선원에게서 두 정의 뎃포鉄砲 즉, 화승총을 구매했다. 그 후 포르투갈 상인이 일본 규슈九州를 왕래했고, 이어서 스페인·영국·네덜란드 상선이 규슈의 여러 항구에 입항했다. 서양 상인이 일본을 왕래하면서 크리스트교가 전래했다. 일본의 위정자는 무역과 크리스트교 문제에 어떻게 대처할 것인지 고민하지 않을 수 없었다. 16세기 중엽에 혜성처럼 등장한 오다 노부나가와 그 뒤를 이어 일본을 제패한 도요토미 히데요시는 외교관의 역할을 겸하고 있었다.

오다 노부나가 시대의 무역과 크리스트교 전교는 대체로 규슈 지방을 나누어 다스리던 다이묘들의 문제였다. 서양 문화를 호기심 어린 눈으로 바라보았던 노부나가였지만, 그는 무역의 중요성에 눈을 돌릴 여유가 없었다. 불교를 탄압하기 위한 수단으로 크리스트교 전교를 허용했을 뿐이다. 그러나 히데요시는 포르투갈·스페인은 물론 조선·중국·유구 무역을 장악하는 것이 권력 강화에 도움이 된다는 것을 알고 있었다. 도요토미 정권의 일익을 담당하고 있던 호상들도 대외 무역 참여를 희망했다.

그런데 당시 가톨릭 국가 포르투갈·스페인은 크리스트교 해외 전교를 우선시했다. 상선에는 선교사가 승선했고 그들이 상선의 입항지를 결정했다. 선교사는 일본 규슈의 여러 지역 중에서 크리스트교 전교를 허용하는 다이묘가 다스리는 지역의 항구에 닻을 내리도록 지시했다. 선교사는 무역과 전교는 일체라고 생각하고 있었다. 서양 무역을 중시했던 도요토미 히데요시는 무역이 전교와 깊이 관련되어 있다는 것은 알고 있었지만, 가톨릭 국가가 일본을 식민지로 삼는다는 방침을 정하고 있다는 것은 알지 못했다.

1549년 예수회 소속 선교사 프란시스코 사비에르 Francisco Xavier가 규슈의 가고시마鹿兒島에 도착하면서 크리스트교가 일본에 전파되었다. 가고시마의 다이묘 시마즈 다카히사島津貴久(1514~71)는 사비에르에게 크리스트교 전교를 허가했다. 크리스트교 전교를 용

프란시스코 사비에르 초상

인하면 포르투갈과 교역하는 데 유리할 것이라고 여겼다. 그 후 사비에르는 주고쿠中国 지방의 실력자 오우치 요시타카大内義隆(1507~51)의 도움으로 야마구치山口(야마구치현 야마구치시)에 일본 최초의 교회를 세웠다.

프란시스코 사비에르는 크리스트교 전교뿐만 아니라 포르투갈이 일본과의 무역에서 이윤을 극대화하는 방법을 연구했다. 사비에르는 당시 일본에서 가장 번영했던 상업 도시 사카이堺에 상관을 개설할 것을 제안하고, 포르투갈과 일본이 통상할 때 이윤을 많이 남길 수 있는 상

품 목록을 작성하여 본국으로 보냈다. 사비에르는 상품 거래 요령까지 자세하게 기록했다. 예를 들면 후추를 들여올 때 많이 선적하지 말라고 충고했다. 양이 적을수록 오히려 비싼 값에 팔려서 이윤을 많이 남길 수 있다고 말했다. 사비에르는 전교에 힘쓰면서도 포르투갈의 외교관 역할을 자임하고 있었다.

사비에르가 일본에 체재할 때 로마교황청에 자주 서신을 보냈는데, 거기에는 일본을 식민지화하는 계획이 적나라하게 드러나 있었다. 사비에르는 일본인의 영혼을 '해방'시켜 로마 교황을 받들도록 하고, 일본의 국토와 인민을 모두 포르투갈·스페인 국왕의 종으로 삼겠다는 야심을 거침없이 쏟아냈다. 전도의 기반을 다진 사비에르는 1551년 가을 인도의 고아로 돌아갔고, 그 뒤를 이어서 부임한 선교사들이 전도 사업을 계승했다. 선교사들의 부드러운 '음모'를 알지 못한 일본인은 크리스트교에 경도되었다. 신자 수가 매년 증가하여 1556년에는 2,000여 명이 되었다.

1578년 분고豊後의 다이묘 오토모 요시시게大友義鎭(1530~87)가 교회당에서 세례를 받았다. 세례명은 프란치스코였다. 그 뒤를 이어서 오무라 스미타다大村純忠(1533~87), 아리마 하루노부有馬晴信, 구로다 요시타가黑田孝高(1546~1604), 고니시 유키나가小西行長, 다카야마 우콘高山右近, 호소카와 타다오키細川忠興 등 여러 다이묘가 세례를 받았다. 이들을 크리스천다이묘라고 한다. 다이묘들이 크리스트교 신앙을 받아들이자 그들의 가신들은 물론 영내의 백성 중에 크리스천이 되는 자들이 늘어났다.

1587년 6월 19일 도요토미 히데요시가 크리스트교 금지령을 내렸다. 크리스트교 금지령이 내려지기 며칠 전, 히데요시는 대표적인 크리스천다이묘 다카야마 우콘에게 크리스트교를 버리라고 명령했다. 그러나 우콘은 히데요시의 명령에 따르지 않았다. 히데요시는 우콘의 영지를 몰수하고 다이묘 지위를 박탈했다. 히데요시를 더욱 놀라게 한 것은 오무라 스미타다가 자기의 영지 나가사키長崎를 로마교황청에 기진한 사건이었다. 히데요시는 크리스천다이묘가 겉으로는 자기에게 복종하나 속으로는 복종하지 않는 표리부동한 존재라고 생각했다. 크리스천다이묘의 영지에는 많은 크리스천이 있었다. 히데요시는 그들이 오다 정권에 정면으로 맞섰던 잇코잇키一向一揆 조직으로 발전할 가능성이 농후하다고 판단했다. 히데요시는 크리스트교 금지령을 내렸다. 하지만 히데요시는 크리스트교를 탄압하고 선교사를 추방하는 정책을 철저하게 추진하지 않았다. 1592년 3월 히데요시가 조선을 침략했다.

히데요시는 서양 무역을 통하여 전쟁물자를 확보할 필요가 있었다. 그는 결국 무역과 크리스트교 전교의 모순을 해결하지 않은 채 사망했다.

이에야스는 히데요시보다도 더욱 서양 무역에 집착했다. 그런 만큼 서양 무역과 크리스트교 전교의 문제점을 해결하려고 했다. 이에야스는 일본 최고 권력자이며 정토종 신자였다. 유일신에 대한 복종을 군신 간의 의리보다 중시했던 크리스트교에 호감을 느끼지 않았다. 하지만 이에야스는 만년에 이르기까지 크리스트교를 탄압하지 않았다. 이에야스가 크리스트교 전교를 사실상 용인한 것은 서양 무역이 가져다주는 막대한 이윤에 집착했기 때문이다. 1605년경에 일본의 크리스천이 70여만 명으로 늘어났다.

당시 포르투갈 상인은 중국의 마카오를 아시아 무역의 거점으로 삼아 활동했다. 그들은 오랫동안 일본 무역을 독점하며 가라이토唐糸 또는 시라이토白糸라고 불리는 중국산 생사를 일괄 매입하여 일본으로 들여오고, 일본으로부터 주로 은을 가져가는 일을 되풀이했다. 포르투갈 상인의 장사수완은 교묘했다. 일본의 생사 재고가 바닥이 났을 무렵에 생사를 들여와 일방적으로 정한 가격으로 일본 상인에게 팔았다. 그들은 생사 무역으로 50퍼센트 정도의 이윤을 얻었다. 당시 일본 각지의 조카마치城下町가 번영하면서 생사와 비단의 수요가 급증했다. 일본에서 생산되는 생사로는 수요를 충족시킬 수 없었다. 일본의 상인들은 포르투갈 상인이 가져오는 중국산 생사를 구매할 수밖에 없었다.

일본 상인들은 가능하면 자기들이 정한 가격으로 생사를 매입하는 체제를 구축하려고 했다. 도요토미 히데요시는 나가사키를 직할령으로 삼고, 일본 각지에서 생산한 은을 나카사키로 가져와 포르투갈 상인이 들여온 생사를 싼 가격에 구매하도록 조치했다. 도쿠가와 이에야스는 하세가와 후지히로長谷川藤広(1567~1617)를 나가사키부교로 임명하고, 그에게 포르투갈 상인이 수입한 생사의 가격을 통제할 수 있는 권한을 주었다. 그 배경에 고토 쇼사부로, 차야시로지로 등과 같은 어용상인이 있었다.

1604년 5월 포르투갈 상선이 예년과 같이 대량의 중국산 생사를 싣고 나가사키에 입항했다. 그런데 일본 상인이 생사를 매입할 자금이 부족하여 곤란한 지경에 처했다. 그 소식을 들은 이에야스는 사카이·교토·나가사키의 호상들이 단체를 조직하여 생사를 일괄 구매하도록 했다. 이 상인 단체가 이토왓푸나카마糸割符仲間였다. 이에야스는 이토왓푸나카마의 대표자를 이토왓푸토시요리糸割符年寄로 임명하여 중국산 생사의 표준 가격을 정하고, 이토왓푸나카마에 속한 상인들이 그 가격으로 포르투갈 상인이 가져온 중국산 생사를 일괄 매입하여 일본 각지의 상인들에게 배분하는 제도를 확립했다.

훗날 에도와 오사카 호상들이 이토왓푸나카마에 가입했다. 그리하여 교토·사카이·나가사키·에도·오사카 상인들이 이토왓푸나카마를 결성했다. 하지만 생사의 분배는 역시 처음 이토왓푸나카마를 결성한 교토·사카이·나가사키 상인이 주도했다. 이 제도가 시행되면서 막부의 어용상인이 무역의 주도권을 장악했다. 이토왓푸법은 에도 막부의 대외 무역 관리의 출발점이 되었다. 이 법은 생사 무역에 전념하던 포르투갈 상인에게 큰 타격을 가했을 뿐만이 아니라 에도 막부가 호상의 통제를 강화하는 계기가 되었다.

이에야스가 무역을 통제했던 이유는 에도 막부의 재정을 충실하게 하기 위해서였다. 이에야스는 나가사키부교 하세가와 후지히로에게 생사를 필요한 만큼 우선 매입하도록 했다. 그리고 국내의 생사 재고가 바닥이 나서 가격이 급등했을 때 보유한 생사를 시장에 방출하여 막대한 이윤을 얻었다. 1607년에는 포르투갈 상인에게 중국의 금 1만 냥을 수입하라고 명령했다. 이것은 포르투갈 상인의 무역 총액에 해당하는 금액이었다. 이에야스는 다이묘들에게 대규모 토목공사를 명령하고, 그동안 은밀히 대량으로 확보해두었던 목재·석재를 다이묘들에게 되팔아 부를 축적한 것으로 유명했다. 이에야스는 해외 무역에서도 권력을 최대한 이용하여 막대한 이윤을 얻었다.

이에야스는 포르투갈 상인을 견제하면서 스페인으로부터 뛰어난 채광 기술을 받아들이려고 했다. 1599년 이에야스가 후시미성에 머물며 정무를 관장하고 있을 때, 일본에 잠입한 선교사 제로니모 데 제즈스 Jerónimo de Jesús가 검거되었다. 이에야스는 선교사 제즈스를 불러서 스페인, 필리핀, 멕시코 등 외국 사정을 듣고, 그에게 스페인의 식민지였던 필리핀으로부터 조선 기술자, 항해사, 광산 기사 등을 영입하는 데 힘써달라고 요청했다. 제즈스는 훗날 회고록에서 이에야스를 알현했을 때의 분위기를 다음과 같이 회상했다. "이에야스는 나의 밀항한 이야기를 듣고 웃었다. 그리고 지금부터는 도망 다닐 필요가 없고, 스페인 선박은 언제라도 간토 지방의 항구에 와서 교역하고, 광산 채굴 방법을 전수해달라고 말했다."

이에야스의 환대에 힘을 얻은 선교사 제로니모 데 제즈스는 재빨리 도쿠가와 가문의 본거지 에도江戸에 프란시스코파 교회를 세웠다. 이것이 간토 지방에 처음 세워진 크리스트교 교회였다. 선교사 제즈스의 서신을 받은 스페인의 필리핀 총독은 1602년부터 스페인 상선을 일본으로 보냈다. 에도에 프란시스코파 교회가 세워진 것을 기화로, 도미니코파, 아우구스티노파 선교사도 일본으로 건너와 전교하기 시작했다.

1609년 9월 3일 가즈사上総의 이와와다岩和田(지바현 이즈미군 온주쿠마치) 해변에 스페인 선박이 좌초했다. 이와와다 마을 주민들이 그 배에 타고 있던 선원 373명 중 317명을 구조했다. 그 배에는 스페인의 필리핀 임시 총독을 역임했던 돈 로드리고Don Rodtigo de Vivero가 승선하고 있었다. 그는 임기를 마치고 멕시코로 귀환하던 중이었다. 이에야스는 돈 로드리고를 슨푸성으로 불러 융숭하게 대접했다. 이때 돈 로드리고는 이에야스에게 크리스트교를 보호하고, 스페인 선박의 입항지를 제공하고, 네덜란드인을 추방해 달라고 요청했다. 이에야스는 네덜란드인 추방 요청은 거절했으나 나머지 두 건은 승낙하면서 광부 50여 명을 일본으로 보내달라고 부탁했다.

이에야스는 돈 로드리고를 비롯한 스페인 선원에게 선박을 제공하고 교토의 무역 상인 다나카 쇼스케田中勝介를 동행하게 하여 멕시코로 돌려보낸다. 이때 이에야스는 윌리엄 아담스William Adams가 설계하고 감독하여 건조한 대형 범선을 제공했다. 다나카 쇼스케는 일본과 멕시코의 교역 가능성을 타진했으나 만족할만한 답을 얻지 못하고 1611년에 스페인의 답례사 세바스티안 비스카이노Sebastián Vizcaíno와 함께 일본으로 돌아왔다.

도요토미 히데요시는 동남아시아 여러 나라를 대상으로 협박에 가까운 강경한 기조의 외교를 펼쳤다. 하지만 히데요시가 사망한 후 권력을 장악한 도쿠가와 이에야스는 매우 진지한 친선 외교 방침을 내세웠다. 1599년부터 수년 동안 타이, 베트남, 캄보디아 등 여러 나라, 필리핀의 마닐라에 있던 포르투갈 총독, 필리핀의 루손 섬에 있던 스페인 총독 등에게 국서를 보내 우호적인 관계를 맺으려고 했다.

이 무렵부터 일본의 무역선이 서양 여러 나라의 상인과 경쟁하며 동남아시아로 진출했다. 1600년 도쿠가와 이에야스는 동남아시아의 포르투갈·스페인 총독에게 다음과 같은 내용의 서한을 보냈다. "그곳을 방문하는 일본의 선박이 있으면 서면에 찍힌 도장을 증거로 한다. 도장이 없는 선박의 무역을 허가해서는 안 된다." '서면에 찍힌 도장'이란 당시 이에야스가 외교문서에 사용하던 주인朱印을 말하는 것이었다. 이에야스는 朱印으로 막부가 허가한 무역선과 그렇지 않은 선박을 구별

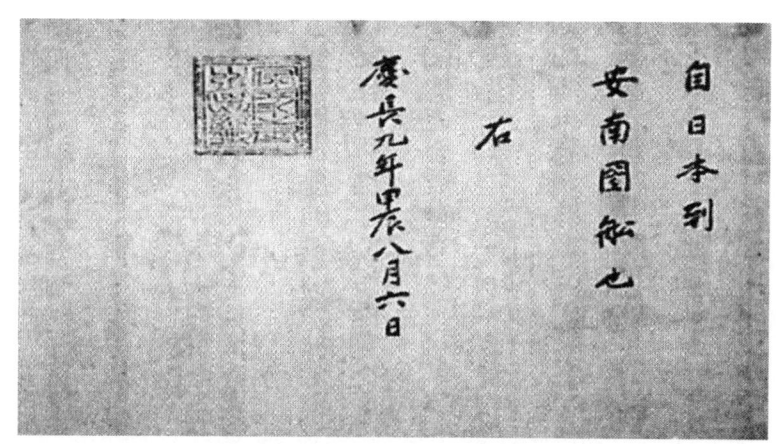
도쿠가와 이에야스가 발급한 주인장, 相国寺 소장

하려고 했다.

에도 막부는 해외로 진출하는 무역선에 도착지와 발행 연월일을 명기한 공문서를 발급했다. 도해를 증명하는 문서를 주인장이라고 했다. 주인장은 일본의 상선이 해적선이 아니라는 것을 증명하는 것이었다. 주인장을 소지한 선박을 주인선이라고 했다. 이에야스는 1604년경에 주인선 무역을 제도화하고 일본 상인이 동남아시아 여러 나라와 무역하는 것을 장려했다. 이에야스가 발급한 주인장은 한번 항해할 때마다, 정해진 상인에 한정하여, 정해진 지역에서만 사용할 수 있었다. 이것을 소지한 선박은 공해나 영해를 막론하고 해적이나 상대 국가가 공격하지 않았다. 주인장의 법적 효력이 매우 컸다는 것을 알 수 있다.

주인선 무역이 개시된 이래 에도 막부가 발급한 주인장이 170여 통에 달했고, 이것을 사용한 무역 상인은 150여 명, 동남아시아를 왕래한 무역선은 350여 척이었다. 주인선은 중국의 마카오와 타이완, 동남아시아의 타이, 베트남, 캄보디아, 필리핀의 루손 섬 등 물자가 풍부한 동남아시아 열아홉 곳의 항구를 왕래했다. 주인선이 자주 왕래하는 항구에는 일본인들이 집단으로 거주하는 니혼초日本町가 번영했다.

주인선 무역은 규슈 지방의 다이묘와 스미노쿠라 요이치角倉与一, 차야시로지로茶屋四郎次郎, 가메야 에이닌亀屋栄任, 스에요시 마고자에몬末吉孫左衛門, 아마가사키야 마타지로尼崎屋又次郎, 기야 야조에몬木屋弥三右衛門, 스에쓰구 헤이조末次平蔵, 아라키 소타로荒木宗太郎, 다카기 사쿠에몬高木作右衛門 등 이에야스와 친분이 있는 호상들이 주도했다.

이에야스는 서양과 서양인에 대한 호기심이 남달랐다. 1600년 4월 네덜란드 상선 리프데Liefde 호가 규슈의 분고豊後(오이타현) 해안에 표착했다. 이 사실을 안 이에야스는 리프데 호의 승무원이었던 영국인 윌리엄 아담스와 네덜란드인 얀 요스텐Jan Josten을 불러 면담한 후 그들을 외교 고문으로 삼았다. 그들에게는 일본과 영국·네덜란드 무역을 알선하고 중개하는 임무가 주어졌다. 그중에서 윌리엄 아담스는 일본에 영주하며 이에야스의 측근으로 활약했다. 그는 미우라 안진三浦按針이라는 일본 이름을 사용했다. 이에야스는 윌리엄 아담스에게 저택과 영지를 하사하고 무사 신분을 부여했다.

영국과 네덜란드는 로마교황청의 영향력에서 자유로운 신교 국가였다. 서양에서 가톨릭 국가 포르투갈·스페인과 신교 국가 영국·네덜란드가 대립하고 있었는데, 서양에서의 대립은 멀리 떨어진 일본에서도 재연되었다. 포르투갈·스페인 상인 앞에 나타난 적은 다름 아닌 영국인 윌리엄 아담스와 네덜란드인 얀 요스텐이었다. 그들은 일본 최고 권력자 도쿠가와 이에야스에게 포르투갈과 스페인이 일본을 식민지로 삼으려는 야심을 품고 있으니 경계해야 한다고 경고했다.

윌리엄 아담스는 항해 기술을 보유하고 있었을 뿐만이 아니라 수학과 천문학에도 조예가 깊었다. 그는 이에야스에게 서양의 과학지식과 정보를 제공했다. 합리적이고 현실적인 이에야스는 아담스에게 기하학과 수학을 배우기도 했다. 아담스는 서양의 최신 공법을 적용한 안진마루按針丸라는 대형 범선을 건조하기도 했다. 이에야스는 아담스를 총애했다. 아담스는 이에야스에게 영국과 직접 통행할 수 있는 북방 항로 개척을 건의했다. 이에야스는 아담스와 함께 지구의를 돌려보면서 북방 항로 개척에 의욕을 보였다.

윌리엄 아담스와 얀 요스텐의 활약으로 에도 막부 내에서 네덜란드·영국과 교역하는 것이 일본에 유리하다는 여론이 조성되었다. 1609년 5월 네덜란드 상선이 히라도平戶(나가사키현 히라도시)에 처음으로 입항했다. 히라도의 다이묘 마쓰라 시게노부松浦鎭信는 네덜란드 선장을 데리고 슨푸성으로 가서 이에야스를 알현했다. 이에야스는 네덜란드와 통상을 허락하고 주인장을 발급했다. 이에야스는 마쓰라 시게노부가 히라도에 네덜란드 상관을 개설하는 것도 허락했다. 상관은 훗날 나가사키로 이전할 때까지 그곳에 있었다.

1613년 8월 영국의 동인도 회사 상선이 국왕 제임스 1세의 국서를 가지고 히라도에 내항했다. 윌리엄 아담스는 영국 선장을 슨푸성으로 안내하여 이에야스를 알현하도록 했다. 이에야스는 영국과 통상을 허락하고 주인장을 발급했다. 주인장에는 자유로운 통상의 조건을 명시하고 관세를 면제한다는 내용이 포함되었다. 이때 아담스는 에도와 가까운 우라가浦賀(가나가와현 요코스카시)에 영국 상관을 두자고 제안했다.

하지만 이에야스는 여러 가지 조건을 고려하여 규슈의 히라도에 영국 상관을 설치하도록 했다.

히라도에 네덜란드와 영국 상관이 동시에 개설되었다. 네덜란드와 영국이 일본에 진출하면서 포르투갈 상인의 이윤이 반감되었다. 네덜란드·영국 상인의 수입품은 포르투갈 상인의 그것과 대동소이했다. 수입품의 고객은 주로 도쿠가와 가문, 다이묘 가문, 대도시의 상층 상공인이었다. 에도 막부의 쇼군과 여러 다이묘는 화약의 원료로 쓰이는 초석과 탄환의 원료로 쓰이는 납 등의 군수품을 매입했다. 대도시의 상층 상공인은 비단, 생사, 면포, 후추 등을 대량으로 매입했다. 수입품의 최대 고객은 역시 도쿠가와 이에야스였다. 이에야스는 네덜란드와 영국 상인에게서 상품을 대량 매입했다. 일본에서 포르투갈·스페인 상인의 무역 활동이 날이 갈수록 불리해졌다. 무역과 불가분의 관계에 있던 포르투갈·스페인의 크리스트교 전교도 한계상황에 직면했다.

이에야스는 외국과의 무역으로 부강해진 서부 일본 다이묘들을 견제했다. 1609년 9월 이에야스는 다이묘가 대형 선박을 보유하는 것을 금지했다. 이에야스는 다이묘가 보유한 대형 선박을 아와지시마淡路島(세토나이카이의 동부에 있는 섬)에 모아놓고 폭파하라고 명령했다. 다이묘가 주인선을 파견할 수 있는 여지를 원천적으로 봉쇄한 것이다. 1616년에는 외국 선박의 입항지를 나가사키와 히라도로 제한했다. 외국 선박이 다이묘의 영지로 입항할 수 없게 되었다.

# 참고문헌

구태훈,『일본고중세사』, 재팬리서치21, 2016

구태훈,『일본근세사』, 재팬리서치21, 2016

구태훈,『오다 노부나가』, 휴먼메이커, 2018

구태훈,『도요토미 히데요시』, 휴먼메이커, 2022

민덕기,『조선시대 일본의 대외 교섭』, 경인문화사, 2010


池上裕子,『戦国時代社会構造の研究』, 校倉書房, 1999

久保健一郎,『戦国大名と公儀』, 校倉書房, 2001

高木昭作,『日本近世国家史の研究』, 岩波書店, 1990

山本博文,『幕藩制の成立と近世の国制』, 校倉書房, 1990

所 理喜夫,『徳川将軍権力の構造』, 1984

山田邦明,『上杉謙信』, 吉川弘文館, 2020

笹本正治,『武田信玄』, ミネルヴァ書房, 2005

今井林太郎,『石田三成』(人物叢書), 吉川弘文館, 1961

中野 等,『石田三成』, 吉川弘文館, 2017

平野明夫,『三河松平一族』, 新人物往来社, 2002

黒田基樹, 『戦国北条一族』, 新人物往来社, 2005

小野信二 校注, 『家康史料集』, (戦国史料叢書6) 人物往来社, 1965

山路愛山, 『徳川家康』(上・下), 岩波文庫, 1988

中村孝也, 『家康伝』, 講談社, 1965

中村孝也, 『家康の臣僚』(武将篇), 人物往来社, 1968

中村孝也, 『家康の政治経済臣僚』, 雄山閣, 1978

中村孝也, 『新訂徳川家康文書の研究』, 日本学術振興会, 1980

北島正元, 『江戸幕府の権力構造』, 岩波書店, 1964

北島正元, 『徳川家康』, 中央公論社, 1963

桑田忠親, 『徳川家康』, 秋田書店, 1979

藤井讓治, 『徳川家康』, 吉川弘文館, 2020

二木謙一, 『徳川家康』, 筑摩書房, 1998

二木謙一, 『関ヶ原合戦』, 中公新書, 1982

二木謙一, 『大坂の陣』, 中公新書, 1983

笠谷和比古, 『近世武家社会の政治構造』, 吉川弘文館, 1993

笠谷和比古, 『徳川家康』, ミネルヴァ書房, 2016

笠谷和比古, 『関ヶ原合戦』, 講談社選書, 1994

笠谷和比古, 『関ヶ原合戦と大坂の陣』(戦争の日本史17), 吉川弘文館, 2007

小和田哲男,『徳川氏の研究』, 吉川弘文館, 1983

小和田哲男,『関ヶ原合戦のすべて』, 新人物往来社, 1984

小和田哲男,『関ヶ原合戦と近世の国制』, 思文閣出版, 2000

小和田哲男,『駿府の大御所徳川家康』, 静岡新聞社, 2007

本多隆成,『初期徳川氏の農村支配』, 吉川弘文館, 2006

本多隆成,『定本徳川家康』, 吉川弘文館, 2010

本多隆成,『徳川家康と武田氏』, 吉川弘文館, 2019


高柳金芳,『徳川妻妾記』, 雄山閣, 2003

内藤 昌,『江戸と江戸城』, 鹿島出版会, 1966

圭室文雄,『江戸幕府の宗教統制』, 評論社, 1971

五野井隆志,『日本キリスト史』, 吉川弘文館, 1990

大石 学,『江戸の外交戦略』, 角川選書, 2009

# 색인

## ㄱ

가나모쿠로쿠쓰이카 37
가리야성 29, 45
가메야마성 77, 78
가메히메 48, 82, 283, 294
가모군 22, 23, 25, 46, 141
가모 우지사토 117, 119, 120, 124
가케가와성 63, 64, 72, 148, 312
가타기리 가쓰모토 228, 238, 239, 244, 268
가토 기요마사 122, 136, 157, 172, 196, 207, 232, 234, 235, 294, 350, 353, 376
가토 요시아키 136, 151, 157, 170, 266
검견법 342, 343
겐치 185, 196, 332, 333, 334, 338, 339, 340, 341, 346, 375
고나라 천황 59
고노에 사키히사 59
고니시 유키나가 122, 123, 137, 158, 161, 165, 168, 382

고리키 기요나가 56, 125, 297
고마키야마성 101, 102, 103
고묘지성 82
고미즈노오 천황 206, 272
고바야카와 다카카게 122, 127
고바야카와 히데아키 144, 147, 153, 154, 157, 158, 159, 160, 166, 173
고산케 274, 293, 357
고야마성 82, 83
고야산 127, 221
고요제이 천황 111, 185, 187, 188, 190, 195, 197, 198, 206, 214
고코묘 천황 279
고쿠다카 211, 233, 333, 341, 342, 346
고토 모토쓰구 241, 242, 245, 248, 254, 257, 258, 259, 260
고토 미쓰쓰구 205
교고쿠 다카토모 158, 255
교토쇼시다이 175, 185, 203, 213, 218, 226, 239, 252
구노잔 273, 275, 276, 278, 279

구노헤 마사자네 120, 347
구니마쓰 269
구로다 나가마사 122, 136, 148,
　　　　154, 155, 157, 170, 173,
　　　　190, 196, 229, 232, 241,
　　　　266, 350
구로다 요시타가 381
구쓰키 모토쓰나 154, 158, 160
구키 요시타카 164
금중병공가제법도 216, 219
기무라 시게나리 241, 242, 247,
　　　　248, 254, 257, 258, 262,
　　　　263
기요스성 47, 101, 103, 149, 150,
　　　　151
기이번 195, 288
기타노만도코로 146, 207
기후성 67, 68, 151, 152, 153
긴키 173, 174, 209
깃카와 히로이에 153, 158

# ㄴ

나가사키 172, 174, 175, 179, 226,
　　　　227, 229, 377, 382, 384,
　　　　385, 392, 394
나가시마성 104
나고야성 10, 121, 122, 123, 124,
　　　　125, 207, 252, 253, 288,
　　　　311, 348, 352, 353
나구라 기하치 65
나루세 마사나리 205
나베시마 가쓰시게 196, 241, 243,
　　　　350
나우케닌 340
나이토 마사나리 301, 307
나이토 이에나가 141, 300
나이토 조안 229
나카무라 가즈타다 158
나카이즈미 111, 251
난부 노부나오 122
네덜란드 224, 378, 387, 390, 391,
　　　　392, 393
노다성 73, 77
누카타군 23, 24, 47, 303, 310,
　　　　311, 334
니라야마성 113, 115, 117, 118
니렌기성 53, 55, 73
니조성 68, 186, 188, 189, 198,
　　　　202, 207, 216, 234, 235,
　　　　244, 251, 255, 256, 258
닛코도쇼샤 277, 279

# ㄷ

다나카 요시마사 158, 165, 170,
　　　　173
다네가시마 378

다이겐 35, 36
다이도지 유잔 316, 341
다이주지 24, 43, 223, 273, 274
다치바나 무네시게 158, 168, 209
다카기 기요히데 300, 306
다카야마 우콘 229, 382
다카텐진성 72, 73, 78, 79, 88,
　　　　298, 304, 309, 315, 316
다케노코시 마사노부 205
다케다 가쓰요리 57, 75, 76, 78,
　　　　79, 82, 83, 87, 88, 89, 92,
　　　　316, 319
다케다 신겐 57, 61, 62, 63, 65, 66,
　　　　67, 71, 72, 73, 74, 75, 76,
　　　　77, 78, 89, 191, 298, 319,
　　　　320
다케치요 29, 30, 32, 33, 34, 35,
　　　　36, 37, 38, 39, 40, 195
다키가와 가즈마스 45, 47
다테 마사무네 119, 120, 122, 133,
　　　　134, 141, 149, 170, 204,
　　　　209, 241, 244, 248, 255,
　　　　259, 261, 262, 292
다하라성 30, 55
데라자와 히로타카 158, 179
덴노지 242, 262, 265, 266, 267
덴료 174, 338, 342
덴마야쿠 111, 352, 356
덴카이 205, 273, 275, 276, 277

뎃포대 81, 82, 197, 247, 248, 249,
　　　　265, 266, 309, 312
도다 야스미쓰 30, 32, 33
도리이 가쓰아키 80
도리이 모토타다 141, 142, 147,
　　　　172, 297, 309, 310
도리이 타다마사 172
도리이 타다요시 34, 39, 141, 309,
　　　　310
도리이 타다히로 300, 310
도묘지 256, 258, 261, 262, 263
도쇼구 58, 279, 289
도쇼다이곤겐 278
도요쿠니 신사 195
도요토미 히데쓰구 124, 126
도요토미 히데요리 15, 126, 133,
　　　　138, 139, 147, 166, 167,
　　　　173, 184, 186, 192, 193,
　　　　195, 197, 199, 201, 202,
　　　　204, 207, 209, 234, 235,
　　　　236, 237, 239, 243, 251,
　　　　254, 268, 321
도이 도시카쓰 256, 270, 275, 301
도자마다이묘 170, 172, 174, 190,
　　　　191, 192, 197, 206, 208,
　　　　209, 210, 211, 302, 336,
　　　　350, 354, 357
도카이도 90, 149, 153, 171, 184
도쿠가와 요리노부 194, 294

도쿠가와 요리후사 294
도쿠가와 요시나오 194, 252, 293, 311, 353
도쿠가와 이에미쓰 232, 278
도쿠가와 히데타다 116, 121, 125, 126, 144, 153, 164, 195, 196, 197, 198, 199, 200, 202, 205, 228, 268, 270, 276, 286, 291, 308, 365, 366, 376
도쿠히메 48, 60, 84, 100, 283, 284, 287, 290, 295
도토미 27, 29, 62, 63, 64, 66, 69, 72, 74, 78, 79, 82, 83, 88, 89, 90, 92, 97, 111, 119, 148, 172, 203, 240, 242, 251, 286, 298, 299, 302, 303, 305, 315, 332, 339, 345

ㅁ

마고메 카게유 352
마쓰다이라 기요야스 25, 26, 27, 59, 334
마쓰다이라 나가치카 25
마쓰다이라 노부미쓰 23, 24
마쓰다이라 노부사다 28, 29
마쓰다이라 노부야스 47, 290
마쓰다이라 노부타다 25, 26
마쓰다이라 마사쓰나 205, 275
마쓰다이라 모토노부 39, 40, 297
마쓰다이라 모토야스 40, 41, 43
마쓰다이라 야스모토 120, 133
마쓰다이라 야스치카 23, 60
마쓰다이라 야스타다 300, 312
마쓰다이라 이에쓰구 52
마쓰다이라 이에타다 62, 141, 147
마쓰다이라 지카우지 22, 58
마쓰다이라 지카타다 24
마쓰다이라 타다테루 202, 256, 261, 286, 292, 338
마쓰다이라 히로타다 28, 29, 30, 32, 303
마쓰라 시게노부 190, 392
마에다 겐이 127, 140, 158, 175
마에다 도시나가 138, 139, 141, 170, 192, 232, 235
마에다 도시이에 115, 124, 127, 129, 130, 131, 132, 135, 136, 138, 235
마키노성 83
막번체제 172
모가미 요시아키 141, 149, 170, 209
모리 가쓰나가 241, 255, 261, 262, 264, 265, 266, 268
모리 나가요시 89, 102, 103

모리 데루모토 127, 144, 152, 158, 167, 168, 210, 232
모치부네성 38, 283
무가제법도 209, 219, 230, 231, 232, 233
무단파 137, 138
무라코시 나오요시 151, 152, 165, 317
무로마치 막부 67, 318, 326, 331
문리파 137, 138
미즈노 노부모토 30, 45
미즈노 타다마사 29, 30
미카와 9, 21, 22, 23, 24, 26, 27, 29, 30, 32, 37, 38, 40, 41, 44, 46, 47, 49, 50, 53, 54, 55, 57, 58, 59, 64, 69, 70, 72, 73, 74, 76, 79, 82, 89, 90, 97, 100, 103, 119, 141, 143, 147, 150, 170, 172, 191, 203, 253, 273, 274, 286, 294, 297, 298, 299, 301, 302, 303, 304, 306, 307, 308, 309, 310, 311, 312, 315, 332, 339, 345
미카와모노가타리 26, 308
미카타가하라 전투 19, 76, 77, 298, 303, 304, 307, 309, 310, 312

## ㅂ

바바 노부하루 75, 76
본슌 203, 275, 276, 277
부케텐소 190, 216, 217
불수불시파 220

## ㅅ

사나다 노부유키 163
사나다 마사유키 114, 150, 153, 158, 163
사도 94, 125, 180, 354, 387
사사법도 219
사쓰마번 373, 374, 375
사와야마성 136, 139, 155, 163, 164, 306
사카이 타다나오 46, 49, 50, 52
사카이 타다쓰구 47, 53, 54, 55, 73, 80, 84, 96, 97, 102, 103, 297, 299, 301, 303, 316
사카이 타다요 204
사카키바라 야스마사 108, 119, 120, 121, 143, 169, 297, 299, 301, 303, 304, 346
사쿠군 92
사쿠라이성 55
사타케 요시노부 122, 141, 149,

150, 168, 209, 241, 247
산마이바시성 117
삿사 나리마사 101
삿타산 67
세키가하라 10, 146, 154, 155,
156, 157, 163, 164, 165,
166, 168, 169, 170, 171,
172, 173, 175, 176, 178,
180, 181, 182, 183, 186,
191, 192, 193, 194, 197,
210, 213, 219, 232, 236,
242, 290, 292, 296, 302,
304, 305, 306, 308, 311,
336, 339, 370
세키구치 요시히로 39, 283
센히메 192, 193, 268
셋푸쿠 85
소 요시토시 360, 361, 362, 363,
364, 365, 366, 368, 370
손문욱 361, 362, 363, 364, 367
쇼만지 49, 50
쇼코쿠지 140, 238, 365
스덴 205, 227, 228, 230, 239,
271, 272, 273, 275, 276
스루가 27, 36, 39, 40, 42, 52, 61,
62, 64, 66, 67, 77, 78, 82,
83, 88, 89, 90, 97, 110,
111, 116, 117, 119, 172,
274, 283, 298, 299, 302,

308, 316, 332, 345
스루가문고 274
스미노쿠라 료이 205
스페인 224, 378, 379, 381, 386,
387, 388, 391, 393
슨푸성 11, 32, 33, 48, 63, 88, 105,
110, 111, 113, 115, 116,
176, 180, 203, 204, 205,
206, 207, 210, 225, 232,
238, 239, 242, 243, 244,
251, 270, 271, 272, 273,
275, 276, 316, 317, 352,
370, 371, 374, 387, 392
시로코하마 90
시마즈 다카히사 380
시마즈 요시히로 144, 147, 158,
162, 167, 186
시마즈 요시히사 132, 376
시바타 가쓰이에 99, 100, 101
신시로성 82, 294
쓰쓰이 사다쓰구 158
쓰코이치란 364
쓰키야마도노 40, 47, 60, 84, 85,
107, 283, 284, 285, 290,
315, 316

## ㅇ

아나야마 노부타다 62, 75, 88, 89,

90, 91, 286
아라카와 요시히로 50, 52
아리마 하루노부 226, 227, 381
아마가사키 174, 175, 177, 178,
　　　　　242, 390
아마노 야스카게 56, 172, 300, 301
아사노 나가마사 122, 127, 232
아사노 요시나가 136, 157, 170,
　　　　　173, 193, 196, 207, 235,
　　　　　350
아사쿠라 요시카게 69
아사히히메 106, 107, 108, 116,
　　　　　284
아시카가 요시아키 67, 68
아쓰미군 30, 55, 79
아자이 나가마사 69
아즈치성 90
아즈키자카 50, 307
아케치 미쓰히데 90, 93
아키모토 야스토모 275
안도 나오쓰구 275, 317
안조성 25, 27, 32, 34, 36
안코쿠지 에케이 158, 167
야마가타 마사카게 62, 74, 75
야마나카성 115, 117
얀 요스텐 390, 391, 392
에치고 67, 71, 191, 210, 339, 351
연공 331, 332, 333, 336, 337,
　　　　　338, 340, 341, 342, 343

영국 57, 224, 302, 320, 334, 378,
　　　　　390, 391, 392, 393
오가사와라 노부오키 78
오가 야시로 79
오기마치 천황 58, 59, 62
오노 하루나가 242, 247, 252, 255,
　　　　　262, 265, 268
오다 노부나가 9, 11, 12, 16, 27,
　　　　　42, 44, 45, 48, 57, 62, 67,
　　　　　76, 78, 81, 82, 84, 88, 89,
　　　　　90, 92, 93, 94, 98, 99, 108,
　　　　　130, 175, 176, 220, 283,
　　　　　290, 296, 297, 299, 306,
　　　　　307, 311, 315, 319, 320,
　　　　　378, 379, 395
오다 노부카쓰 98, 99, 100, 101,
　　　　　102, 103, 104, 117, 127,
　　　　　130, 131
오다 노부타다 88, 130
오다 노부타카 100, 130, 131, 321
오다 노부히데 27, 28, 29, 30, 32,
　　　　　33, 34
오다이 29, 30, 45
오다카성 42, 43
오덴마초 352
오만도코로 107, 108, 110, 116,
　　　　　284
오무라 스미요리 229
오무라 스미타다 381, 382

오사와 모토타네 65
오야마다 노부시게 75
오와리 27, 28, 32, 36, 41, 42, 93,
    101, 102, 103, 147, 149,
    150, 156, 171, 180, 194,
    240, 253, 292, 293, 308,
    311, 357
오와리번 194
오우치 요시타카 380
오카모토 다이하치 226, 227
오카자키성 23, 26, 27, 28, 29, 34,
    38, 39, 43, 44, 50, 52, 53,
    69, 80, 105, 107, 108, 110,
    112, 141, 287, 290, 297,
    302
오케하자마 42, 296, 302, 303,
    306, 308
오쿠다이라 노부마사 80, 82, 102,
    172, 175, 294
오쿠보 나가야스 178, 181, 205,
    299, 301, 338
오쿠보 타다스케 297, 308
오쿠보 타다요 51, 70, 85, 94, 96,
    108, 297, 307, 308
오쿠보 타다타카 26, 308
오타니 요시쓰구 137, 144, 158,
    160, 161, 168
오토모 요시시게 381
와키자카 야스하루 154, 158, 160

와타나베 모리쓰나 300, 310
요네키쓰 쓰네하루 297, 306
요도도노 132, 194, 202, 207, 236,
    239, 243, 249, 250, 251,
    252, 255, 268, 291
요시다성 53, 54, 73, 303, 309
요코스카 83, 88, 392
우에스기 겐신 67, 71, 74, 191
우에스기 카게카쓰 115, 122, 138,
    139, 140, 147, 149, 150,
    168, 190, 209, 247, 248,
    255
우키타 히데이에 127, 144, 158,
    159, 161, 167, 168
윌리엄 아담스 387, 390, 391, 392
유구 196, 372, 373, 374, 375,
    376, 377, 379
유정 362, 363, 364, 367, 368
유키 히데야스 136, 198, 204, 285,
    290
이나 타다쓰구 205, 300, 301, 333,
    338, 339
이누야마성 102, 181, 293
이마가와 요시모토 27, 29, 32, 34,
    36, 37, 38, 39, 40, 41, 42,
    44, 45, 48, 296, 308
이마가와 우지자네 45, 47, 48, 57,
    61, 62, 63, 64
이부키야마 165

색인 405

이시다 미쓰나리  10, 123, 126,
        127, 129, 132, 133, 136,
        137, 138, 139, 141, 143,
        144, 145, 146, 147, 148,
        149, 150, 152, 155, 157,
        158, 159, 161, 163, 164,
        165, 166, 167, 168, 305
이시카와 가즈마사  46, 47, 48, 55,
        99, 105, 297, 299, 309
이시카와 이에나리  64, 274
이와마쓰 하치야  33
이와미  180
이와즈성  23, 25
이와쿠라성  102
이이 나오마사  94, 108, 110, 120,
        121, 123, 133, 142, 151,
        158, 169, 197, 298, 300,
        301, 303, 305, 346
이이 나오타카  248, 263
이이다성  72, 97
이즈미가시라성  270, 271
이케다 데루마사  136, 149, 151,
        157, 170, 196, 232, 235,
        295, 350
이케다 쓰네오키  102, 103
이코마 가즈마사  158
이쿠노  180, 266
이타쿠라 시게마사  275, 277
이토왓푸나카마  384, 385

잇코잇키  49, 50, 51, 52, 53, 55,
        56, 65, 70, 100, 297, 303,
        306, 307, 309, 310, 312,
        382

ㅈ

정면법  342, 343
정이대장군  10, 187, 188, 189,
        198, 199, 213, 348, 365
제공경법도  215
조구지  49, 52
조소카베 모리치카  158, 168, 241,
        255, 263
조카마치  80, 177, 212, 334, 335,
        336, 345, 347, 349, 355,
        356, 384
조코인  251
조타이  140, 365

ㅊ

차야시로지로  91, 108, 205, 271,
        355, 384, 390
차우스야마  245
참근교대  211, 218, 232, 233, 366

## ㅋ

크리스천 165, 225, 226, 227, 228, 229, 382, 383

## ㅌ

탐적사 362
토도 다카요시 263
토도 다카토라 122, 133, 151, 157, 195, 241, 242, 244, 248, 249, 256, 263, 349

## ㅍ

포르투갈 179, 224, 225, 229, 271, 378, 379, 380, 381, 383, 384, 385, 386, 388, 391, 393
프란시스코 사비에르 380

## ㅎ

하라미이시 모토야스 315
하마마쓰성 68, 69, 73, 74, 75, 76, 77, 80, 83, 85, 93, 105, 107, 110, 284, 286, 287, 298, 304, 335
하시바 히데나가 108
하야시 라잔 202, 205, 237, 249, 271, 274, 277
하치스카 요시시게 134, 157, 190, 243, 245, 246, 247
하치스카 이에마사 133, 134, 241
하치야 사다쓰구 50, 51, 297, 308
핫토리 마사나리 300, 312
해사록 370
헤키카이군 23, 25, 306, 309, 310, 334
호리에성 65, 298
호리오 타다우지 158
호리카와성 63, 65
호소카와 타다오키 136, 157, 170, 173, 229, 241, 382
호시자키 98
호이군 23, 47, 48
호조 우지나오 100, 112, 114, 115, 118, 295
호조 우지노리 35, 113, 114, 118
호조 우지야스 57, 61, 73, 74
호코지 130, 237, 252, 322
혼노지 9, 90, 91, 304, 305, 307, 311, 312
혼다 마사노부 52, 70, 197, 206, 256, 300, 301, 341, 365, 371
혼다 마사즈미 205, 226, 239, 251, 256, 273, 275, 277

혼다 시게쓰구 56, 105, 108, 285,
　　　297, 300
혼다 타다카쓰 66, 108, 120, 151,
　　　158, 169, 297, 299, 301,
　　　303, 304, 308, 346
혼다 히로타카 54, 55
혼사로쿠 341
혼쇼지 49
회답겸쇄환사 363, 370
후다이다이묘 169, 171, 172, 174,
　　　197, 205, 206, 210, 302,
　　　338, 350, 357
후시미성 124, 125, 126, 127, 128,
　　　129, 130, 131, 132, 133,
　　　135, 136, 138, 141, 142,
　　　147, 153, 175, 176, 185,
　　　186, 187, 188, 192, 194,
　　　197, 198, 199, 202, 230,
　　　244, 255, 287, 288, 309,
　　　364, 366, 386
후지와라 세이카 124, 125
후카마성 55
후쿠시마 마사노리 133, 136, 148,
　　　149, 151, 155, 157, 158,
　　　166, 170, 173, 190, 211,
　　　229, 236, 241, 243
후쿠시마 마사유키 133
후타마타성 74, 75, 82, 85, 304,
　　　307

히라도 392, 393, 394
히라이와 지카요시 94, 172, 187,
　　　293, 300, 311
히에이잔 221, 222
히코사카 모토마사 205, 301, 333,
　　　338

**구태훈**

성균관대학교 문과대학 사학과 명예교수

**도쿠가와 이에야스**

발행인 구자선
펴낸날 2023년 10월 20일
발행처 (주)휴먼메이커
주　소　경기도 용인시 기흥구 강남서로 9 아카데미프라자 8층 825호
　　　　전화 : 070-7721-1055
이메일 h-maker@naver.com
등　록　제2017-00006호

ISBN 979-11-982304-2-3 03910
정　가　　25000원